新世纪高等院校实验教程系列

生物多样性实习教程

SHENGWU DUOYANGXING SHIXI JIAOCHENG

○ 邓洪平　王志坚　齐代华 主编 ○

西南大学出版社
SWUP 国家一级出版社 全国百佳图书出版单位

图书在版编目(CIP)数据

生物多样性实习教程 / 邓洪平，王志坚，齐代华主编.—重庆：西南师范大学出版社，2012.12

ISBN 978-7-5621-6074-8

Ⅰ. ①生… Ⅱ. ①邓… ②王… ③齐… Ⅲ. ①生物多样性-实习-高等学校-教材 Ⅳ. ①Q16①-45

中国版本图书馆CIP数据核字(2012)第311274号

生物多样性实习教程

邓洪平　王志坚　齐代华　主编

责任编辑：杜珍辉
封面设计：戴永曦
照　　排：张　祥
出版发行：西南大学出版社(原西南师范大学出版社)
　　　　　重庆·北碚　邮编：400715
　　　　　网址：www.xscbs.com
印 刷 者：重庆紫石东南印务有限公司
开　　本：787mm×1092mm　1/16
印　　张：12.75
插　　页：16
字　　数：300千字
版　　次：2013年4月　第1版
印　　次：2023年2月　第2次印刷
书　　号：ISBN 978-7-5621-6074-8
定　　价：39.00元

编委会 / BIAN WEI HUI

主　编：邓洪平　王志坚　齐代华

副主编：张家辉　谢嗣光　孙　敏

肖宜安　孙　军

参编人员（排名不分先后）：

王晓宇　陈晓鳞　陈坤浩　王明书

刘　彬　张志升　林长松　罗安才

张　来　张仁波　龙　云　余顺慧

魏　虹　李先源　蒋洁云　江　波

孙一铭　文海军　李性苑　叶大进

潘　娟　罗毅平　黄　林　金　丽

魏　刚　李宗峰　郭　金

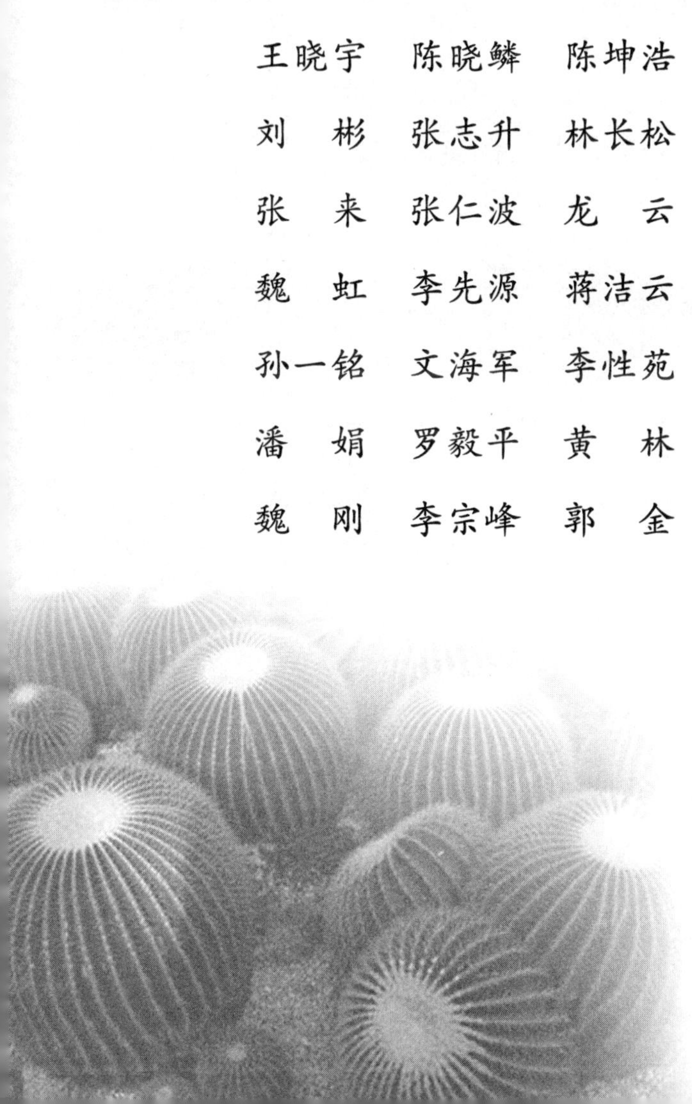

前 言 / QIAN YAN

生物多样性是在一定时间和一定地区所有生物物种和其遗传变异的复杂性以及它们与生态环境有规律地结合所构成的稳定生态综合体。生物多样性实习是包括植物学、动物学、生态学在内的野外综合性实习，是生物学、生态学及相关专业教学计划中不可缺少的重要组成部分，是理论联系实际和巩固课堂教学内容的重要环节，也是实践教学的需要和要求。

我国地处欧亚大陆东南部，位于北纬 4° ~ 52° 、东经 73° ~ 135° ，在约 960 万 km^2 的领土内，气候多样，地貌类型丰富。中国是世界上生物多样性最丰富的国家之一，同时中国生物多样性还具有特有性高，珍稀和孑遗植物较多，生物区系起源古老和经济物种很丰富的特点。但由于环境的破坏、生物资源的过度开发、环境污染和外来种的引入等原因，使生物多样性受到严重威胁，形势十分严峻，如果不立即采取措施，遏制这种恶化的态势，中国的可持续发展不可能实现。因此，作为生物学工作者，必须具备相关的专业基础知识，加强野外实验技能的学习和训练。为此，特编写此书以满足生物多样性实践教学的需要。

本书第一章为生物多样性实习的组织和管理，讲明了实习目标、组织管理、准备工作及考评办法，为教师科学、合理、有效地组织和安排实习工作提供了有力参考，同时也为学生做好实习准备提供了方法指导；第二至四章为本书主题部分，为植物多样性实习、动物多样性实习和生态系统多样性实习，内容包括了动植物物种的野外识别、标本的采集与制作、生物栖息环境及生物与环境之间的关系等，用于指导学生开展野外实践活动，完成常规教学内容；第五章是生物多样性综合调查研究，为拓展学习部分，介绍了综合调查研究的方法，提供了调查研究的参考内容及调查研究报告的撰写范例，用以全面提升学生的基础科研能力。合理运用本书，对培养学生的观察能力、科研能力、分析能力、创新能力以及科研精神和基本的科学素养都是大有裨益的。

本教材适合作为师范院校、农林院校、综合性大学等院校本科、专科、函授、自考等相关专业的教材，也可作为中学生物教师以及植物爱好者的自学参考书。

限于时间和编者的水平，错漏及不足之处在所难免，敬请批评指正！

本书编写者

2013 年 3 月

目 录 /
CONTENTS

第一篇

生物多样性实习的组织与管理

第一篇　生物多样性实习的组织与管理

生物多样性实习是在课堂以外开展的综合性学习活动，这种野外实习不同于校园学习生活，它为学生接近自然、接近社会、接近生活提供了绝佳机会，有助于对学生进行法纪、人身安全、环境保护、爱国主义等各方面的教育。但同时野外实习工作对教学组织和管理也提出了较高的要求，这就需要在实习之前和实习过程中有充分的准备和有效的组织管理，才能保证获得圆满的实习效果。

一、实习目的和总体目标

生物多样性实习是各个高校生物学专业教学计划中的重要组成部分，是理论教学的继续和延伸，也是实践教学中的必修内容。通过开展生物多样性实习，可以帮助学生复习巩固和验证植物学、动物学和生态学的理论知识，同时可以指导学生开展生物标本的采集、制作、鉴定和保存方法的学习和综合运用，以及开展生态多样性综合调查和研究。野外实习的生活和工作条件比较艰苦，师生同吃同住，能够提高学生的生活能力，拉近师生之间的关系，培养学生吃苦耐劳、艰苦奋斗的精神。野外实习以小组为基层工作单位，完成某项或某几项实习任务，要靠全体同学有组织、有纪律地共同努力，互相帮助，因而有助于培养学生的团队协作能力，增强其纪律组织性。通过生物多样性野外综合实习，可以使学生受到一次全面而深刻的学习教育。

1. 巩固和验证理论知识

生物多样性实习是生物学人才培养中的一个不可或缺的重要部分。通过实习教学，可使学生进一步巩固和验证动物学和植物学的基础理论知识，理论联系实际，增强感性认识，比如对植物、动物分类学来说，在野外对不同类群的认识，要比课堂上呆板的讲授要生动形象得多，易于掌握和记忆；对于生态学而言，学生在野外通过考察，了解各种群落类型的组成、特征以及分布规律，从而可加深对生物分布和环境之间相互关系的认识等。

通过生物多样性实习，可以帮助学生扩大知识范围，拓宽知识领域，使学生真正学到课堂上学不到的知识，为将来胜任本专业或其他相关专业的工作打下坚实基础。“纸上得来终觉浅，绝知此事要躬行”，通过野外综合实习，学生能够真正做到把书本理论和生物多样性实际情况有机结合起来，增强对理论知识的理解、熟识和掌握，特别是能很好地理解一些知识难点和正确区分那些容易混淆的知识点，进一步提升生物科学知识素养。

2. 生态与环境保护素质的提高

我国幅员辽阔，气候上南北差异较大，从热带气候可以过渡到寒带气候，从海洋性气候可以过渡到内陆大陆性气候；地理上，从平原到丘陵、低山、高山等，以及土壤环境的差异，孕育了生态环境和生物的多样性。

在野外开展生物多样性实习可以让学生意识到，地域辽阔的大自然和丰富的动植物资源是我们国家的宝贵财富。面临全球环境不断变化，生态资源遭受大量破坏的今天，爱护大自然，珍惜动植物资源，保护我们的美好家园才是对大自然鬼斧神工和动植物千姿百态的最好诠释。

3. 生物标本综合处理能力的培养

生物标本的综合处理，不仅可以巩固已经学习过的生物学知识，而且可以帮助学生提高动手能力。采集、制作、鉴定和保存生物标本是生物学专业学生必须掌握的基本功。虽然这些内容已经在实验课上有所涉及，但毕竟时间有限，训练不足。通过野外实习，学生不仅能识别更多的动物和植物，更重要的是能学会与掌握各类动物和植物标本的采集、制作和保存方法的综合运用。

4. 观察能力和思考能力的培养

观察是认识事物、增长认知能力的重要途径。培养观察力，一要从大处着眼小处着手；二要发挥看、摸、闻、尝多种感官的作用来全面了解生物，只有观察了生境，解剖了果实，才能确切地认识各种神奇的植物；三要抓主要矛盾，根据分类的主要特征，学生应具备把植物鉴定到科、动物鉴定到目的能力。

思考能力就是能够掌握原则和方法，能够举一反三。会思考的人大多有总结归纳的习惯，想有更深入的思考和理解，就要学会把看似分散的知识点连成线、结成网，使学到的知识系统化、规律化、结构化，这样才不会断章取义。在实习过程中，通过引导学生进行思考和总结，可以帮助学生构建完善的知识理论体系。

5. 创新精神和独立实践能力的培养

创新精神是高层次的素质教育，是培养人才的最终目标。创新精神的培养就是要在坚实的理论基础上突破常规的思维模式，寻找到更多解决问题的方法。丰富多彩的野外实习活动有利于创新精神和创新能力的培养。

独立实践能力是一种重要的应用能力。实习指导老师通过现场演示、原理讲解和具体指导等方式，教会学生掌握野外实习的技能和方法，培养学生的独立实践能力，使之能较熟练准确地查阅文献、检索表和其他工具书，能制作生物标本（植物腊叶标本、动物剥制标本、昆虫干制标本），会配制消毒液和保存液，会使用野外作业工具如标本采集器具、数码相机、GPS 全球定位仪等，并养成良好的动手兴趣和习惯，完成力所能及的野外实习任务。

6. 基础科研能力的培养

科研能力是科学素养的核心，是运用已有知识和科学方法在探索新知识和解决新问题的过程中所形成的各种心理品质和能力。在野外生物多样性实习活动中加强学生基础科研能力的训练，是培养创新人才的一条重要途径。

培养学生的基础科研能力，可通过生物多样性综合调查研究项目这一载体来实现。在已开展基础实验能力训练的基础上，通过指导教师给定一定的题目，引导学生制定综合研究方案并完成研究过程。通过开展这样的分组综合调研活动，切实培养学生的查阅文献资料、制定研究方案、观察推理、归纳总结以及使用工具等基础能力，同时培养学生自学能力、思维能力、发现问题并解决问题的能力、创新能力等。

二、实习的组织与实施

生物多样性野外实习属于实践教学环节，主要特点是：(1) 教学活动主要在野外进行，大自然就是大课堂，对教师的教学组织能力要求高；(2) 教学时间短而集中，一般为10天左右，要在这么短的时间内完成实习任务，师生的劳动量极大；(3) 实习指导教师要负责整个实习的衣食住行、后勤保障和日常生活管理，责任重大。因此，野外实习完全不同于课堂教学和实验室教学。这些特点决定了实习之前和实习过程中师生必须有非常充分的准备，要从实习的目的与要求、时间与地点、内容与方法、组织与实施、注意事项与考核等诸多方面进行全方位的思考和准备，才能获得高效而圆满的效果。

1. 实习计划的确定

实习计划是实习工作顺利进行的重要保证，在很大程度上关系到整个实习工作的全局，因此，必须重视实习计划的制订工作。对实习计划的要求，一是具有科学性，二是具有切合实际的可操作性。因此，制订实习计划要把握以下几个方面：

(1) 以实习大纲为依据。实习大纲是实习教学的纲领性文件，它基于培养目标，经过充分论证，具体规定了实习教学的总要求、内容和标准，因而是组织实习教学的决定性依据。

(2) 确定野外实习的时间。生物实习对自然环境和气候条件有较高的要求，一方面是因为充足的生物资源需要良好的环境条件，另一方面实习的顺利实施也需要适宜的气候条件。所以要根据当地的自然环境特征和气候特点，因地制宜地组织开展实习工作。

(3) 确定野外实习的地区、路线和主要实习点。自然保护区、森林公园等是生物多样性特别丰富的区域，可以作为生物多样性实习的首选，不同的地区也可以根据实际，选择适合开展实习的山地环境。选择好实习地区后，要进行野外预调查，通过预调查进一步确定实习路线。

(4) 制订详细的实习计划。根据教学实习目的，确定详细的实习日程，写出每一天的实习路线、地点及主要内容。日程的安排，既要考虑实习内容的合理顺序，又要考虑交通和路线的条件，尽量做到经济、合理。实习中要保留适当的休息时间，特别是在野外工作量大、学生容易疲劳的情况下，休息之后可以收到更好的实习效果。实习计划应写明各阶段对学生的主要要求。

(5)做好经费预算。在初步确定实习的时间、地点、主要路线和主要实习内容后，立足实际，做出科学合理的经费预算。

2. 实习地点的选择

适宜的野外实习基地，是提高生物多样性野外实习质量的重要保障，也是实习成功的前提和基础。

实习地点的选择，一方面要满足实习的需要，达到一定的教学目的，动植物种类越多且植被群落类型越丰富的地区作为生物多样性野外实习地可以很好地满足野外实习的要求，学生在这样的环境中实习，能对课堂教学做最高效的补充，会让学生感到充实而满足，避免野外实习教学工作流于形式。

实习地点的选择，另一方面要方便，有利于实习工作的组织和实施。在保障充足的学习资源的前提下，为保证野外实习的顺利进行，还要考虑实习基地的交通状况和生活设施条件，同等条件下优先选择交通便利、路途较近、生活设施条件齐全的地区，这样既可以满足野外实习的要求，又可以节省人力、物力和财力，同时也能提高实习的效率。

综合而言，一个优良的实习地点，要具有典型性和多样性的自然景观，具有丰富的植物种类和数量，受人为干扰较少并具有方便的交通条件。因此，最好能够在学校周边选择并建立固定的实习地点。我们国家的许多自然保护区和森林公园就可以作为首选的优质实习地点，附录中列举了部分以供选择。

3. 实习的组织

要做好生物多样性野外综合实习，完成野外实习的各项任务，达到野外综合实习的目的，必须重视和做好实习的组织工作。

(1) 制订好实习的计划和安排。指导教师根据教学工作的安排，提出实习的计划，包括实习时间的确定和实习地点的选择；同时，要事先与实习单位进行联系，并与相关人员就实习具体事项进行细致周到的安排；做出合理的经费预算。

(2) 指导学生做好实习前的准备。实习前对学生进行实习动员，说明实习要求，指导学生进行实习前的准备，包括思想、知识和生活等方面。由于野外调查对安全有特殊要求，在出发前要将相应的药物和野外探险常备物件器具准备齐全，为顺利完成实习教学任务作好充分准备。

(3)加强实习期间的纪律要求。指导教师要对实习学生进行安全教育，严格遵守实习纪律，要求学生充分了解实习期间的注意事项，提高学生对事故的预见和处理方面的能力和知识。实习期间，要求学生不能随意行动，要求学生完全听从实习单位人员的安排并听取指导教师的意见，进行严格考勤。

(4) 实施分组管理。根据实习的需要，一般应将学生分组，每组8~10人，男女生搭配合理，由组员选出或指导教师指定组长，对组员进行考勤并负责组员的安全管理，有情况及时报告。如无特别安排，所有学生的活动要以小组为单位，不能单独行动。

(5) 明确实习任务。指导老师负责统一安排实习内容及实习方式，指导学生观察、采集和制作动植物标本、成绩考核及编写实习报告。

4. 实习用品的管理

(1) 器具和药品的领用与管理

学生在去实习前，由班长集中借领实习用品。班长需带本人学生证，到实习带队老师处借领，于野外实习结束后及时归还。学生在借用野外实习用品期间，在每天实习开始前需备齐当天实习的必需物品，由专人分工携带；应爱护和保管好野外实习用品，尤其是有毒物品和药品，避免丢失或损坏。

(2) 个人生活用品的准备

①文具与参考书　塑料夹子、有关实习指导书、表格、笔记本、笔袋、削笔刀、橡皮和透明胶带等。

②电子设备　照相机（电池、充电器、内存卡）、手机（充电器）、MP3（电池、充电器）。

③日用品和衣物　遮阳帽、T恤衫、长袖外衣、长裤、秋衣、袜子、雨衣（伞）、洗漱用具（牙刷、牙膏、杯子、香皂、毛巾、洗发水和梳子）、防晒霜、拖鞋、合脚的运动鞋、风油精、花露水、指甲刀、水果刀、卫生纸、纸巾、湿巾、水杯、塑料袋和接线板等。

④证件和其他　身份证、学生证、地图、车票和钱物等。

⑤药品　晕车药、感冒药、退烧药、理气药（如藿香正气水）、止泻药、消炎药、创可贴和特殊药品（依据个人所需）等。

(3) 实验废弃物的处理

①应按废弃物类别准备相应的收集容器，容器必须合格。在废弃物收集容器上应明确标示出其中废弃物的种类和性质，并保持清晰可见。废弃物收集容器应存放在适当场所，最好是有通风设备的地点。

②不具相容性的废弃物应分别收集。

③产生具有放射性的废弃物和具有感染性的废弃物应密封保存，明确标示出其种类、性质和数量。所有废弃物应妥善保存，等到实习结束后统一处理。

三、野外实习的安全防护

野外实习安全是校园安全的延伸，也是教育安全的重要环节，对于构建和谐校园、和谐教育乃至和谐社会都有重要的意义。野外实习中可能发生的自然事故、随机事故和人为事故的概率虽不可能为零，但完全可以运用现代安全科学的理论和实践方法将安全风险降到最低点。因此，要加强纪律教育和安全教育，提高安全意识，完善野外实习日常安全管理制度。

1. 实习纪律与要求

（1）实习学生应严格遵守《×× 大学本科生实习教学工作管理办法》中规定的各项内容、实习单位制定的各项规章制度和指导教师宣布的实习纪律，特别是安全制度和实习现场规章。

（2）加强实习安全防范意识。指导教师在实习前要做好充分准备，若在外地实习要检查学生的生活必需品，带好常用药物及器具等。遇到突发事件，有教师在场时，指导教师应沉着冷静，带领学生度过危机；只有学生在场时，大家要团结合作；当一个人遇到险情时一定要灵活多变，想办法自救及以最大的耐心等待救援。

（3）实习期间，学生应加强和指导老师的联系沟通，有问题及时反映，遇到困难及时汇报，保证实习善始善终。凡中途因不良行为和表现，或未经老师同意擅自终止实习的，除查明原因予以纪律处分外，实习成绩按不合格处理。

（4）实习期间，要讲文明礼貌，尊敬师长，团结同学，言行举止大方得体，努力塑造学生的美好形象。

（5）实习时必须穿平底鞋，严禁赤脚或穿拖鞋、高跟鞋及裙子参加实习。

（6）在湖畔、河边、坡地行走，注意防滑，不允许私自爬坡或攀援，更不允许到松动、容易滑塌的地方走动。在河边、湖边实习时，绝不允许到水边嬉戏、游泳和洗手。

（7）实习学生一般不得请假，如因特殊情况需请假者，必须按规定办理请假手续，一天以内由本专业指导教师批准；两天以内（含两天）由实习指导老师审核同意并上报实习单位领导批准；五天以内由实习负责老师转报教务处批准；五天以上由教务处上报学院分管教学的领导批准。

（8）实习学生必须严格遵守实习时间，按规定时间到达实习地点，实习结束后立即返校，不得擅自去他处游玩，违反者以旷课论，严重者取消实习资格。

（9）实习前复习相关理论知识及实习参考书，了解实习的各项安全规程规定。自带记录用笔记本、笔。在实习过程中，要认真听指导老师的讲解，认真观察，做好笔记。

（10）实习结束后，每个学生应在规定时间内提交实习日记及一份独立编写的实习报告。

2. 安全知识及野外生存常识

野外实习中由于天气状况及环境的复杂性，因此，要求学生能预防危险及在发生意外的情况下，学会基本的应急处理方法。常见的有防中暑、防冻伤、防坠崖、防溺水、防蛇虫叮咬和食物中毒等。

（1）保持良好的状态

保持良好的状态包括保持良好的生理状态和保持良好的心理状态。

野外实习中要保持良好的生理状态，养成良好的睡眠时间，营养均衡。应确定睡眠休息时间早晚的上限和下限，如晚上11点半至第二天早晨6点，以保证充分的休息。

野外实习中也应保持良好的心理状态。常用某些哲理或某些名言安慰自己，鼓励自己同痛苦、逆境作斗争。自娱自乐，会使你的情绪好转。语言也是影响情绪的强有力工具，如你悲伤时，朗诵滑稽、幽默的诗句，可以消除悲伤。用“制怒”、“忍”、“冷静”等自我提醒、自我命令、自我暗示，也能调节自己的情绪。另外，对不良情绪可以通过适当的途径排遣和发泄。

（2）防中暑

夏季避免中暑重在预防，外出要做好防晒工作，戴太阳镜、遮阳帽等，穿透气性好的棉质衣服。进行长时间户外活动时，要准备好防暑药品，中午至下午2时阳光最强时，尽量不要待在户外。饮食方面，应注意补充水分。另外，身体中的一些微量元素会随着水分的蒸发被带走，应适当喝一些盐水。食物方面，要补充足够的蛋白质，如鱼、肉、蛋、奶和豆类，还应多吃能预防中暑的新鲜蔬果，如西红柿、西瓜、苦瓜、桃、乌梅和黄瓜等。

当自己或同伴出现大量出汗、口渴、头晕、胸闷、恶心、全身无力、注意力不集中等症状时，就要意识到可能中暑了。这时，要避免在强烈的阳光下或闷热的环境中停留，尽快离开，转移到阴凉的通风处坐下休息。对于表现为面色潮红、皮肤发热的，要根据现有条件给予降温处理，如迅速转移至阴凉通风的环境中躺下，头稍垫高，解开外衣，用纸扇扇风或用冷水擦身或喷淋，也可将冰块装在塑料袋内，放在额头、颈部、腋下和大腿根部，尽快使体温下降并至清醒。神志清醒者，可服用清凉饮料、糖盐水及人丹、十滴水或藿香正气水等清热解毒药，在两侧太阳穴擦些清凉油等。若昏迷不醒，则可针刺或掐病人的人中穴（位于鼻唇之间中上三分之一交界处）、内关穴（位于手腕内侧上方约5㎝处）以及合谷穴（即虎口）等。在积极进行上述处理的同时，应将其尽快送往医院抢救。

（3）防坠崖和防溺水

很多山路杂草丛生，最好确定路线视野后再登山；如果与别人在小路上相逢，要礼让或沿着山壁行走，免得发生坠崖意外。要防止滑坡和塌方，塌方起初会比较慢，所以脚上感觉不对就马上跳、跑开，反应快绝对来得及；青石很少会大面积坍塌，但因为青石本身有很多纹路，所以往往会产生小面积的塌方，造成上面人员坠崖，在青石端口时后脚支撑，前脚或者边缘脚要用力轻、虚，可以先用虚力探路；麻石几乎没有纹路，但往往端口的麻石都很松，还互不相连，很容易会一整块的塌下去，往往一块就有几十吨，所以在山崖口三米处就要特别小心，注意地上的裂缝。要注意山皮，也就是覆盖在岩石上的那层泥，一般有多年生灌木和结篓草或者树木的山皮结构会稳固一些，如果是光秃秃的山皮或者是下雨后，那就要小心了，但草多更需要防滑。如果是在上、下悬崖，一般来说尽量不要面对、背对崖壁，要斜向、侧身，以便随时调整重心。还有就是任何时候都要保持有一个稳固的支撑点和一个控制平衡的拉力点；另外就是要控制呼吸，让呼吸保持平稳，所有动作尽量保持同一个节奏，千万不要跳，那很危险。

河流是山区和平原地区经常遇到的障碍，遇到河流时要时刻注意，以防溺水。如果遇到河流，切记不要草率入水，要仔细观察之后再确定渡河的地点和方法。山区河流通常水流湍急，水温低，河床坎坷不平。涉渡时，为了保持身体平衡，应当用一根杆子支撑在水的上游方向，或者手执重达15~20㎏的石头。集体涉渡时，可三四人一排，彼此环抱肩部，身体最强壮的位于上游方向。

(4)防蛇虫叮咬

南方的蛇,特别是长江以南的蛇大多都有毒性。雷雨前(或洪水后),蛇类纷纷出洞,所以进入这些地区要格外小心,要带些药以备用。据统计,蛇伤大部分都在小腿以下部位,因此,在野外应选择高帮鞋,尽量避免穿凉鞋。还有的蛇喜欢上树(如竹叶青、蝮蛇等),所以穿越丛林时,戴帽子、扣紧衣领显得尤为重要。尽量避免在草丛里休息,如果迫不得已,最好拿棍子在草丛里清理一下。看到蛇时,也不要靠得太近,大多数蛇类只有在感受到威胁时才会主动攻击人,因此,看到蛇时远远避之才是上策,避蛇时要跑"S"字形路线。

在丛林中休息时,应选择草少、干燥、阳光充足的地方休息,不要在杂草丛生且有污水的地方坐卧、晾晒衣服或物品。注意不要捣破蚂蚁洞、马蜂窝,以防受到它们的攻击。

外出作业时,应携带一些常用蛇药,实习队常备有绑扎用的布条、小刀、双氧水等急救用品,最好能备有蛋白水解酶、普鲁卡因、一次性注射器等组成的急救包,以便发生意外时及时处理。

另外,若不幸被蛇咬伤,应该先分清是无毒蛇咬伤还是毒蛇咬伤。被毒蛇咬伤的伤口,绝大多数情况下留有两个大而深的牙痕,由于毒牙之后还有预备牙以及咬人角度不同,故有时可见到1、3或4个牙痕。如果被毒蛇咬伤,尽量保持镇静,不要奔跑,放低伤口位置。迅速用绳带、手帕或将衣服撕成布条扎在伤口的近心端,防止蛇毒向全身扩散。结扎时间不能过长,约15 min左右放松一次,间隔3 min后再扎起来,以免血液循环受阻,导致局部组织坏死。同时用双氧水或0.1%高锰酸钾溶液清洗留在伤口表面的毒液,也可用清水或食盐水清洗。用清洁的小刀以"十"字状剥开伤口,使毒液流出或通过拔火罐把毒液吸出,从伤口周围向伤口挤压排毒20~30 min。之后按说明书在伤口外敷蛇药或口服蛇药,切忌用止血药止血。在野外采取上述急救措施后,还应该送医院观察治疗。若条件许可,应尽可能抓住该蛇,同时携带此蛇去医院,以利于采取相应的抗毒血清救治(抓蛇时一定要注意安全)。

被无毒蛇咬伤的伤口,局部留有4行均匀而细小的牙痕。伤口出血不多,且很快就会止血结痂,周围不出现肿胀,或仅有轻微红肿,按一般外伤处理即可。

(5)注意食物安全

野外实习时要特别注意食物安全。用于路途中食用的食物要原料新鲜、加工透彻,并保存妥善。各种荤食最好是真空包装的,耐储存又便于携带,但开袋后要尽量一次食用完毕;自制食品要烧熟煮透,直接带出的,最好当日早晨加工并晾冷后包装;加工后冷藏或冷冻再带出的,最好临行前取出,妥善保存并尽快吃完;干粮类食品,以烘烤、油炸类比较保险,包子、夹心蛋糕等水分含量高的食品容易变质,要注意保存。

就餐要选择清洁、卫生,有合法资质的场所。就餐时要注意查看就餐点是否有卫生许可证、营业执照、从业人员健康证明等,餐具是否清洁或为一次性用品。不要到无证的地方用餐。

谨慎采食野果野菜。大多数人喜欢品尝野味,在野外采食野菜野果,但由于实习生对植物的认识程度有限,容易造成误采、误食,对人体造成伤害。而且实习地点距离医院路途较远,不利于医疗救助,一旦发生中毒,生命将受到严重威胁。因此在实习时,如果没有经过专家认可,实习生不要采挖、品尝野蘑菇、山野菜等野果野菜。

发现食物中毒要及时抢救。一旦发现有食物中毒症状，如呕吐、腹泻、腹痛，甚至出现抽搐、痉挛时，应及时拨打求助电话第一时间抢救食物中毒者。如果能确定是由食物引起的，病情危重时可在救援人员到达前采用刺激咽喉催吐的方法，减轻中毒和危害程度。

四、实习必备的用具和药品

“工欲善其事，必先利其器”。充分准备实习用具和药品，是实习工作顺利推进的重要保障和先决条件。原则上，应在实习开始前尽量准备好仪器设备、采集工具、记录工具、药品和参考书。

1. 实习必备的用具

植物学野外实习的用具包括：采集包、采集桶、采集箱（或采集袋）、标本夹、吸水纸、掘根器（或铁铲）、枝剪（或高枝剪）、手锯、钢卷尺、采集记录册、号牌、照相机、手持小放大镜、铅笔等。

动物学野外实习的用具包括：望远镜、照相机、放大镜、录音机、录音笔、布口袋（采集袋）、蛙网、水网、浮游生物网、水桶、捕蛇夹、捕鼠夹、整理箱、竹竿或木棍（长1.5m左右）、聚光手电筒、诱虫灯、温度计、毒瓶、毒管、指形管以及医用青霉素瓶、小铁铲、镊子、小刀（电工刀）、毛笔、方手帕（小毛巾）、小布袋、活虫笼等。

生态学野外实习的用具包括：辐射仪、照度计、干湿球温度表、最高温度表、最低温度表、曲管地温表、望远镜、照相机、测绳、样绳、钢卷尺、皮尺、胸径尺、钢卷尺、罗盘、海拔表、手持式GPS、坐标纸、样方表格、铅笔、记录本、植物标本夹、枝剪、手铲、小刀、削土刀、小铁铲、铝盒、标签、酒精、方格绘图纸等。

室内工作器具包括：显微镜、双筒解剖镜、解剖刀、解剖剪、镊子、解剖针、标本瓶、标本盒（木制）、切片盒、烧杯、培养皿、表面皿、量筒、吸管、骨匙、游标卡尺或直尺、电子分析天平、载玻片、盖玻片和大头针等。

下面对部分用具做简要说明：

标本夹和吸水纸： 标本夹是用坚韧的木板条钉制成的空格夹板，每幅两块，常规尺寸是长40~45cm、宽30~35cm。标本夹最好是轻便的，易于途中携带，用来就地加压标本。使用时，在标本夹中垫上多层吸水纸，放好标本后用绳子捆紧。吸水纸可以用草纸、毛头纸或旧报纸。

捕捉网（扫网）： 专用于捕捉灌木丛、草丛、树枝上的昆虫和蜘蛛等无脊椎动物，可由渔具店里的抄网改制而成。网柄长一般为1.2~2.5m，网口内径30~45cm，网袋由筛网或纱网制成，长约50cm。使用时不一定非要看到对象，一面扫，一面前进，待一定时段后将网内容物倒出，即可取出很多虫子，一起放入毒瓶杀死。对于一些小型种类，扫网是最好的捕捉工具。

毒瓶： 可用广口瓶或专门的特制毒瓶。制作时先在瓶内放5g氰化钾（KCN）块或粉末，上盖一层（约2cm）干木屑，用木棒压紧，再在木屑上浇铸一层（约1cm）熟石膏糊或干粉，用干粉时，需压实后用吸管吸水滴于其上，使表面全部浸湿。最后用滤纸剪一圆纸铺于石膏表面，并用解剖针在纸上扎孔（5~8个），以利毒气的通过。为避免瓶中的昆虫在死之前互相撞扑，可在瓶内放少量1 cm 宽的长纸条。在瓶外，应以红色“毒瓶”或“剧毒”等鲜明字样制作标签贴于其上。在野外使用时，毒瓶应放于操作者的下风口打开；观察瓶内标本时，应隔瓶侧观，不可打开瓶子并使鼻子靠近瓶口。平时应由专人负责，妥善保管，严防顽童窃走或遗失。毒瓶损坏后应注意善后工作，不得一走了之，碎渣毒物一律挖坑深埋。

红外触发相机：用于在没有人员在场的情况下，拍摄野生动物的静态照片或动态影像。其中，拍摄装置的触发方式可以是以固定时间间隔持续触发拍摄的，也可以由动物触发拍摄。在动物的调查中，主要采用的是后面一种，即在动物经过相机可探测区域时，相机自动检测到动物体温的变化，而触发拍摄。不同型号的相机使用可能略有差异，不过一般的方法如下：包括准备工作、野外布设、检查回收、储存卡回收与下载4个步骤。具体操作方法参照相机使用手册，如视保嘉 SG550（图1-1）。其中，应该注意的是选择、确定合适的布设位点。这需要根据调查对象的生物学特性、调查具体环境与调查季节不同而具体分析，通常包括兽径、水源地、食物树木等。一般可以根据兽类活动的痕迹（粪便、足迹、食迹等）选择在兽径、小溪、水塘、食源等附近，以期收到尽量多的动物活动数据。

图 1-1 SG550 红外监控摄像机

望远镜：望远镜是生物多样性野外实习中必备的工具，在远距离观察尤其是对动物的观察中显得尤为重要。常用的望远镜有双筒望远镜和单筒望远镜两种（图 1-2）。双筒望远镜重量适中、视野宽阔，便于搜索观察对象，适合野外实习中使用。单筒望远镜放大倍数较高，适合观察远距离的水鸟和旷野鸟类，但其体积较大、较重，常需固定在三脚支架上使用，操作不如双筒望远镜方便。

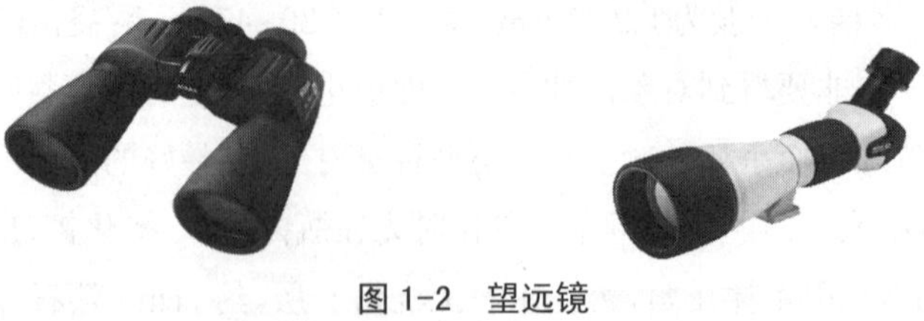

图 1-2 望远镜

手持式太阳辐射仪：可以实时监测太阳辐射瞬时值，具有携带方便、操作简单、测试准确、功能齐全等优点，适合野外测定，主要用于测定生态系统中太阳总辐射量，更换不同探头可以测量紫外线、光合有效、红外等波段的能量。

照度计：或称勒克斯计，是一种专门测量光度、亮度的仪器仪表。主要测量生态系统中的光照强度(照度)，即物体表面所得到的光通量与被照面积之比。照度计通常由硒光电池或硅光电池和微安表组成。

2. 实习必备的药品

(1)麻醉药品

乙醚、碘液、硫酸镁饱和液或10%硫酸镁溶液、1%可卡因硫酸盐、0.1%水合氯醛和10%酒精。

(2)保存液及其他药品

①甲醛：市售甲醛含37%~40%甲醛，使用时作100%。一般配制浓度为5%~7%。除了带石灰质外壳的动物标本外，均适用。

②酒精：主要成分为乙醇，浓度为95%。适于浸制蜘蛛、鼠妇、多足类和贝类标本，使用浓度为75%~80%。

③樟脑精块：有驱虫防蛀作用，用于昆虫及脊椎动物干制标本的保存。

④氰化钾(钠)：粉末或块状，潮解后产生氰酸气，有剧毒，是昆虫毒瓶的主要药物。使用时注意妥善保管和废物的处理。

⑤乙酸乙酯：无色透明液体，有水果香。易挥发，对眼、鼻、咽喉有刺激作用。可以用来制作简易毒瓶。

⑥鲁哥氏液：用于固定藻类植物和浮游动物的麻醉。配制方法是，5 g 碘和10 g 碘化钾溶于85 mL 蒸馏水中，碘的总浓度为150 mg/mL。

⑦急救药品：包括蛇药片和蛇毒血清、风油精、红药水、藿香正气液、碘酒、创可贴、纱布、药棉、绷带和胶布等。

五、实习总结与考核评价

生物学野外实习的总结与考核是对野外实习总体体系执行情况的反馈。通过总结与考核，可以有效地督促学生认真学习，巩固学习成果。同时，总结考核的结果还对下一届学生具有榜样示范作用。加强野外实习的总结和考核，切实发挥其在生物学野外实习中的积极作用，能有效地促进学生的综合素质教育，提高学生的独立操作能力，从而提高生物学野外实习的整体质量。

1. 实习总结报告

(1)班组及个人实习报告

野外实习报告是个人、小组、班级和实习队对野外实习期间各方面工作的书面总结，是学生对野外实习收获的综合反映。野外实习总结报告的撰写格式如下：

①前言：简述野外实习的目的意义和行程安排。

②野外实习基地的自然与社会概况。

③野外实习的方法、路线及时间。

④野外实习的成果：实习报告的主要部分，包括动物与植物名录、资源分类与分析、重要动物与植物列举、动物和植物与环境的关系等内容。

⑤野外的实习体会和建议：表达对野外实习的专业收获和思想提高。

(2) 实习总结大会

所谓善始善终，野外实习总结大会是对整个实习工作的全面总结和评价。除了对实习成果进行总结外，还应对实习考核综合评分值高的优秀学生和好人好事进行表扬鼓励，由院系颁发证书；对违纪现象进行批评，以弘扬正气，纠正错误。优秀实习生评选的主要目的在于激励上进，以资鼓励。

(3) 实习展览

返校后举办实习展览或橱窗宣传是实习政治思想教育和宣传工作的延伸。在老师指导下，学生分门别类地把采集制作好的动、植物标本或化石摆上展台，把代表性的照片制成展板，写出解说词，组织专人开展生物科普教育和环境教育。这不仅能吸引其他专业的师生了解异域风情和不同类型的生物，更能提高人们对生物学的关注和兴趣，扩大生物学专业的影响。

2. 调查报告

(1) 探究性实习调查报告

探究性实习的目的在于改变学生以单纯地接受老师传授知识为主的学习方式，为学生构建开放的学习环境，提供多渠道获取知识并将学到的知识加以综合应用于实践的机会，促成学生形成积极的学习态度和良好的学习策略，培养其创新精神和实践能力。探究性实习调查报告是野外实习过程中的重要环节。评价这一环节的内容与方式必须充分关注学生的实习态度，重视实习的过程，重视交流与合作，重视动手实践。

(2) 相关论文的公开发表

该项主要评价野外实习是否提高了学生的科研能力和写作能力。整理实习材料，并将之撰写成相关科研论文是锻炼和提高学生自学能力、科研能力和综合素质的重要方式，文章的公开发表是对学生辛勤工作的最佳回报。在实习指导老师的指导下，学生在野外实习后完成了对几个常驻实习基地的动物和植物资源调查，发表相关科研论文，可以产生良好的社会效益。

3. 实习考核评价

(1) 野外实习期间的表现

对学生在野外实习期间的表现进行考核，是野外实习考核的重要内容，但又是难度较大的项目，因为它既难以量化，精确度又不易掌握。这项考核由学生自评、小组考评和实习指导老师考评3项内容组成。考核的内容有实习期间的纪律表现、实习态度与成绩、对基本知识的掌握程度等。

(2) 辨认动植物

动植物的辨认是对学生野外实习收获的直接考核。考核方式有口试和笔试两种(笔试时老师要准备统一的答题纸)。考核场所有室内和室外两种。动物的考核以标本辨认为主,可将已制作好的标本展示出来,让学生填写种名和所属科名,也可以就某些植物的主要特征让学生答题,但题目宜细不宜大,宜简不宜繁,以应用为主。植物的辨认,一般采用让学生识别植物标本的方法进行,即由学生写出每种植物的种名和所属的科名;也可采用野外植物辨认考核法(路考),老师每次带两个学生到一定路段,指定路旁边常见植物和具有典型性状的植物20种,让学生写出植物种名和科名,由老师予以评分。

(3) 动植物标本制作考核

实习指导老师要把握好对整个小组的考评情况。小组间可以有差异。比如有的小组采集制作的生物标本数量多、质量好,记录齐全规范,标本保存得好,昆虫针插的位置正确,植物标本花、果实、种子俱全,小组考评分数就应高些,反之则低些。

(4) 自然环境和植被特征分析

通过对自然环境和植被的调查研究,学会分析自然环境的特征以及该环境及垂直土壤分布差异条件对天然植被的影响,并能对植被种间联结特点进行归纳总结,撰写高质量的生态学实习总结报告。

(5) 报告

在完成野外实习各项任务的基础上,根据实习的要求撰写一份高质量的实习报告,内容包括实习目的、实习要求、实习内容(分植物、动物、生态三部分写)、效果自评和实习感受等。

第二篇

植物多样性实习

第二篇　植物多样性实习

植物是生命的主要形态之一，是生物圈第一性的生产者，绿色植物光合作用是地球上最为普遍、规模最大的反应过程，在有机物合成、存储能量和净化空气，保持大气中氧气含量和碳循环的稳定等方面起着很大作用，奠定了农业生产的基础。同时，植物是地球环境的卫道士，源源不断地制造氧气，维持着大气中的氧气、二氧化碳和氮气的平衡，维护了地球的生命系统。植物的多样性，最基础的是植物的种类多样性，整个植物界包括藻类、菌物、地衣、苔藓、蕨类、种子植物，共超过55万种；我国植物资源丰富，仅被子植物就有3万多种，占世界被子植物总数的10%以上，此外，还有裸子植物约250种、蕨类植物约2600种、苔藓植物约2200种以及大量的菌藻植物。学习、研究植物的种类多样性，对于正确认识和评价植物在整个自然界的作用及其生存发展现状和演化趋势，以及开展植物多样性的合理利用与保护具有重要的意义。本章依据植物的类群，介绍在野外实习过程中观察和认识各植物类群的基本方法，并对各类群植物物种多样性进行介绍和展示。

一、藻类植物

藻类为一群形态结构简单的低等植物，其植物体没有根、茎、叶的分化，一般呈丝状、枝状、球状、片状等。藻类在自然界中几乎到处都有分布，主要生长在水中，但是在潮湿的岩石上、墙壁和树干上、土壤表面等地方也都有分布。藻类光合作用所固定的能量约占地球上总光合作用所固定能量的40%，是水体食物网的基本环节；同时藻类对于人类的生产、生活亦具有十分重要的意义，被广泛用于食品、医药等行业。

1. 藻类植物的采集方法

（1）浮游藻类的采集

①浮游藻类采样点的布设

水面宽小于50m时，只设中间一条垂线，水面宽50~100m时，在左、右近岸有明显水流处设两条垂线。

②定性采集

用25号浮游生物网在采样点的水面和水面下（0.5m处）以20~30cm/s的速度作“∞”形往复缓慢拖动。拖网时间为3~5min，将采得的水样倾入标本瓶中，加入鲁哥氏液固定。室内用显微镜观察鉴定。

硅藻种类多的样品，把其他类群的藻类观察完后，用浓硫酸处理洗净后进行鉴定。

③定量采集

采用深水采样器，按布设断面的左右点进行采集，采水样1000 mL，经25号浮游生物网过滤后装入标本瓶中，用鲁哥氏液固定。室内静置48 h，在沉淀过程遇到有伪空泡的一些蓝藻可能不下沉。加入液体洗涤剂（1000 mL 水中加10 mL 洗涤剂）提高沉降速度。静置后用虹吸管缓慢在水面以下吸去多余水样，浓缩至30 mL。充分摇匀后，用定量吸管取0.1 mL 注入计数框内在镜下计数。每个样品数三遍，当三遍计数的数量差异较小时，就取其平均值。如果差异过大，要重新进行计算。浮游生物定量的计算方法较多，一般按下列公式进行计算。

$$N=\frac{n\cdot V_1}{V_2\cdot V_3}$$

式中：V_1 为浓缩样体积（mL）；V_2 为计数体积（mL）；V_3 为采样量（L）；

n 为计数所得个体数。

（2）附生藻类的采集

生长在其他物体（如石头、贝壳、水草、枯枝等）上的附生藻类，用镊子采取或用刀刮取，或连同基物（如水草）取下，以取到整个藻体，包括基部的固着器。漂浮在水面的附生藻类，用勺子或镊子采取；生长在土壤上的，用刀铲取时应尽量少带泥土（如做土壤藻类研究，则应分层采土进行培养）；岩石上不易刮取的藻类，可敲取小石块一同采集。

（3）采样记录

采样结束后，应填写采集记录表，见表2-1。

表 2-1 藻类植物野外采集记录表

标本号数__________采集时间_____年___月___日
产地（如在山上需注明海拔）__________
生境种类及情况__________
气温、水温或土温_____pH 值_____水透明度_____
生态习性（浮游、固着、附生或气生等）__________
藻体或群落形态__________质地__________
颜色__________数量（多、少、稀有）__________
藻类俗名__________
用途（当地群众利用情况）__________
学名__________
采集人__________鉴定人__________

2. 藻类植物标本的制作

藻类植物标本的制作常采用玻片标本的制作方法，以便于在显微镜下进行观察和识别。玻片标本按保存时间分为临时玻片标本和永久玻片标本；按制作方法分为切片法、装片法、涂片法、压片法等。藻类植物可以通过制作临时玻片标本进行观察和识别，具体方法是：

（1）取载玻片与盖玻片各一片，用软布擦干净，由于盖玻片很薄，擦时要小心，可用左手拇指和食指夹住盖玻片边缘，把纱布平铺在右手手掌上，从上下两面轻轻夹住盖玻片，平均使用力量慢慢轻擦，这样才不会把盖玻片擦碎。

(2) 用滴管吸取1~2滴藻类标本液，放在载玻片中央。

(3) 用镊子夹取一片干净的盖玻片，先以盖玻片的一边斜着与小水滴接触，然后便慢慢放下盖玻片，将观察材料全部盖上，操作时，防止盖玻片骤然下降，以免发生气泡，妨碍观察效果。

(4) 制作好的玻片，要求盖玻片与载玻片之间恰好被水分充满；当水分不足时，可用滴管从盖玻片一侧的边缘滴少许水分，在另一侧用吸水纸吸，从而使盖玻片与载玻片之间被水分充满；当水分多余时，可用吸水纸吸去多余水分。

注：①临时玻片如需短期保存，可滴入10%甘油水溶液，并放在小培养皿中，上加盖子，减少蒸发，如需长期保存，则应通过固定、染色、脱水、透明、加拿大胶封藏等步骤。②有的固着藻类含有丰富的胶质，尤其是一些大型藻类，可以将其制成腊叶标本进行保存。

3. 藻类植物的代表类群

(1) 蓝藻门

色球藻属 *Chroococcus*　植物体少数为单细胞，多数为2、4、6甚至更多细胞组成的群体。群体胶被较厚，透明黄褐色。细胞球形、半球形或卵形，个体胶被均匀或分层。常见种类如色球藻(图2-1：A)。

微囊藻属 *Microcystis*　植物体是球形、不规则形或具有很多穿孔的浮游性群体。群体胶被均质无色，往往呈分散的黏质状。细胞球形或长圆形，排列紧密。生长于湖泊、池塘中。常见种类如微囊藻。

颤藻属 *Oscillatoria*　单列细胞不分枝丝状体，单生或聚集成群，无鞘。藻丝能颤动，横壁细胞收缢或不收缢，顶端细胞多样。细胞短柱形或盘状。常见种类如颤藻(图2-1：B)。

念珠藻属 *Nostoc*　植物体是由一列细胞组成的不分枝的丝状体。丝状体常常无规则地集合在一个公共的胶质鞘中。细胞圆形，排成一行如念珠状。常见种类如发菜 *N. flagelliforme*。

鱼腥藻属 *Anabeana*　细胞圆形，连接成直的或弯曲的丝状体，单一或集结成团，浮生于水中，但无公共的胶质鞘。常见种类如鱼腥藻(图2-1：C)。

真枝藻属 *Stigonema*　植物体是单列细胞或多列细胞构成的不规则分枝的丝状体。许多丝状体集生在一起，呈黑褐色绒毛状。丝状体有厚而坚硬的胶质鞘。常见植物如真枝藻。

(2) 裸藻门

裸藻属 *Euglena*　细胞纺锤形、长纺锤形或圆柱形，前端宽而钝圆，后端锐，无甲鞘。有两根鞭毛。细胞核大，圆形。

柄裸藻属 *Colacium*　细胞有壁，无鞭毛，以细胞前端的胶质柄附着于轮虫、枝角类的浮游动物体上。细胞可以从母体上脱出，发育成单鞭毛的游动动物。

(3) 甲藻门

多甲藻属 *Peridinium*　藻体单细胞，椭圆形、卵形或多角形。背腹扁，背面稍凸，腹面平或凹入，纵沟和横沟明显，细胞壁由多块板片组成。细胞核大，一个(图2-1:D)。

角藻属 *Ceratium* 植物体单细胞，不对称形，顶端有板片突出形成的长角，底部有2~3个短角。载色体多数，橙黄色。细胞核一个，有眼点。

枝甲藻属 *Dinoclonium* 植物体是分枝的丝状体，有匍匐枝和直立枝之分。载色体多数。生殖时每个细胞产生1~2个游动孢子。

(4) 金藻门

锥囊藻属 *Dinobryon* 多为树状群体，浮游。细胞具圆锥形、钟形或圆柱形的囊壳。原生质体前端具2条不等长的鞭毛，长的一条伸出囊壳外，基部以细胞质短柄附着于囊壳的底部(图2-1:E)。

合尾藻属 *Synura* 球形或长圆形群体。细胞长圆形，前端广圆，具两条等长鞭毛，后端延长成细丝状，胶柄互相联系成放射状排列的群体。表皮坚固，外部覆盖螺旋形排列的具短刺的硅质鳞片。

(5) 黄藻门

黄丝藻属 *Tribonema* 植物体为单列不分枝的丝状体，细胞圆柱形或腰鼓形，细胞壁由2个"H"形节片套合而成。色素体1至多个，周生，盘状、片状或带状，无蛋白核(图2-1:F)。

无隔藻属 *Vaucheria* 植物体为管状多核体，侧面或不规则分枝。细胞质外层为多数椭圆形或透镜形的色素体，内层具多个小的细胞核。

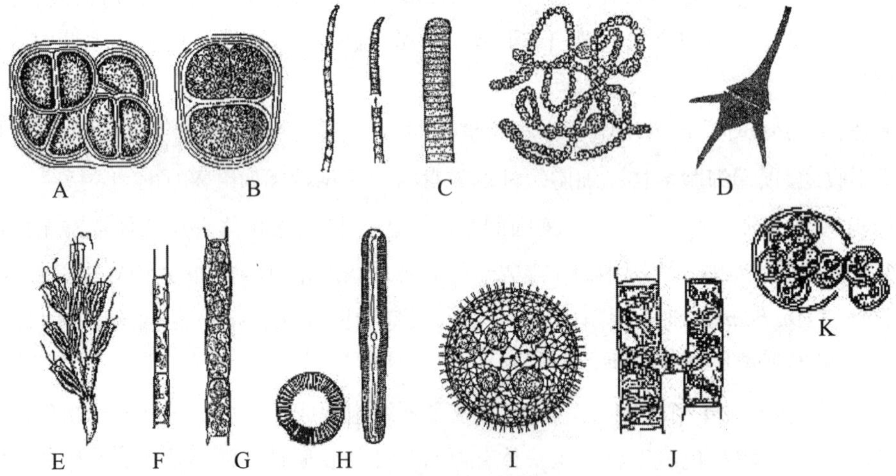

图2-1 藻类植物代表类群

A. 色球藻属 B. 颤藻属 C. 鱼腥藻属 D. 多甲藻属 E. 锥囊藻属 F. 黄丝藻属 G. 小环藻属 H. 羽纹藻属 I. 团藻属 J. 水绵属 K. 小球藻属

(6) 硅藻门

小环藻属 *Cyclotella* 单细胞或有些种类以壳面互相连接成链状群体。细胞圆盘状或鼓形；壳面圆形；边缘具放射状排列的孔纹或线纹，中央部分平滑或具放射状排列的孔纹。带面光滑，无间生带。色素体小，盘状，多数(图2-1:G)。

羽纹藻属 *Pinnularia* 单细胞或连成丝状群体。壳面线形、椭圆形或披针形，两侧平行。两面具壳缝，常在近中央节和极节处膨大。壳面具横的平行肋纹。色素体2块，位于细胞带面两侧，常各具1个蛋白核(图2-1:H)。

(7) 绿藻门

衣藻属 *Chlamydomonas* 植物体为单细胞，卵形、椭圆形或圆形。体前端有两条顶生鞭毛，鞭毛是衣藻在水中的运动器官。细胞壁分两层，内层含纤维素，外层由果胶质包着。眼点为橙红色，位于体前端载色体膜与光和片层之间。

团藻属 *Volvox* 植物体由数百至上万个细胞组成，排列成一层空心球体，球体内充满胶质和水。从表面上看，细胞是多边形的，各细胞间有原生质体相连(图2-1:I)。

水绵属 *Spirogyra* 植物体是由一列细胞构成的不分枝的丝状体，细胞圆柱形。细胞壁分两层，内层由纤维素构成，外层为果胶质。壁内有一薄层原生质，载色体带状，一至多条，螺旋状绕于细胞周围的原生质中(图2-1:J)。

小球藻属 *Chlorella* 植物体单细胞，小型。单生或聚集成群，群体内细胞变异较大。幼小细胞的细胞壁薄，老年细胞壁常不规则增厚并明显分层(图2-1:K)。

轮藻属 *Chara* 植物体大型，直立具分枝。茎明显分化为节与节间两部分。每个节上生长有一轮长度限定的短枝及能继续生长的侧枝。地下部分为无色的茎和假根。

(8) 红藻门

紫菜属 *Porphyra* 植物体是叶状体，形态变化很大，有卵形、竹叶形、不规则圆形等，边缘多少有些皱褶。基部楔形或圆形，以固着器固着于海滩岩石上。细胞单核，有1枚星芒状载色体，中轴位，有蛋白核。

(9) 褐藻门

海带属 *Laminaria* 孢子体分成固着器、柄和带片3部分。固着器呈不分枝的根状。柄无分枝，圆柱形或略侧扁。带片生长于柄的顶端，不分裂，没有中脉。

二、真菌和地衣

这里所讲的真菌主要是指大型真菌，是真菌中形成大型子实体的一类，泛指广义上的蘑菇或蕈菌。它们往往能形成肉质或胶质的子实体或菌核，大小足以让肉眼辨识和徒手采摘；大型真菌大多数属于担子菌门，少数属于子囊菌门；根据资源价值，可分为食用菌、药用菌和毒菌等几类。

地衣是真菌和藻类的复合体。地衣的形态是由真菌的菌丝决定的，一般有3种类型：(1)壳状地衣。地衣体是颜色深浅不一的壳状物，紧贴在基物上，以菌丝与基质紧密连接，有的还生出假根伸入基质中，因此，很难剥离；(2)叶状地衣。地衣体呈片状，四周有瓣状裂片，常由腹部生出一些假根或脐，附着于基质上，易与基质剥离；(3)枝状地衣。地衣体树枝状，直立或下垂，仅基部附着于基质上。

1. 真菌和地衣的采集方法

(1) 真菌的采集方法

采集土生、草地生和林上地生等真菌的子实体时，可用刀或小铲挖取，注意连菌柄基部的菌托也一起挖出，然后轻轻去除附着的土；采集木生的子实体时，要用刀(或锯)削取(或锯取)基质的一部分；生长在树叶上或树枝上的病害菌则连枝、叶采下。

采集真菌标本时，要注意以下事项：

①注意标本的完整性：对地上的伞菌类和盘菌类，要带根轻轻拔起或使用铲子挖掘；对树干上的菌类，可用刀带树皮一起剥下或锯下一段树枝。不同质地的菌类要分开放置。

②标本较多时，应采集不同发育期的个体。

③采集时要立即进行记录，把标本的形态大小、颜色、附属物、着生位置、乳汁颜色、特殊气味等做详细的记录，记录表见表2-2。

④采集时注意把标签挂在标本上，使图片采集信息和实物一一对应。

⑤肉质子实体易破损，采到以后立即放入纸袋中，并向袋内吹气，再封紧袋口。

(2) 地衣的采集方法

枝状地衣，直接从基部拔起即可。生长在树皮上的叶状、壳状地衣，用小刀连同树皮一同剥下；生长在枝、叶上的地衣，连同枝、叶一起剪下；生长在岩石上的壳状地衣，用凿子连同着生地衣的岩石表面凿下；生长在土壤上的地衣，用刀连同基质挖出。

采集地衣时要注意采集完整的地衣原植体，并尽可能采到具子囊果的地衣。标本用标本纸袋装好，并记下产地、基质、海拔和生境等。标本纸袋内放入标签，标签号应与记录本登记号保持一致。

表 2-2 大型真菌野外采集记录表

记录号________________________________日期______年____月____日
采集地________省________县(市)______________________________
采集地形：□空旷地 □路边 □山谷 □山腰 □山顶 □干境 □湿境　海拔__________米
□阴地 □阳地 □草原 □阔叶林下 □针叶林下 □混交林下 □其他__________
基物：□树木 □腐木 □树桩 □土 □枯枝 □落叶 □粪 □其他______________
生长状况：□单生 □散生 □群生 □丛生 □簇生 □其他______________
质地：□肉质 □膜质 □蜡质 □革质 □胶质 □木栓质 □纸质 □其他__________
外形类别：□核菌类 □炭角菌型 □银耳类 □木耳类 □花耳类 □伞菌类 □牛肝菌型
□盘菌类 □羊肚菌型 □马鞍菌型 □腹菌类 □鬼笔型 □马勃型 □蛋巢菌型
□非褶菌类：□鸡油菌型 □革菌型 □珊瑚菌型 □杯状菌型 □齿菌型 □孔状菌型
菌盖：□全缘 □开裂 □条纹 □条棱 □卷曲 □上翘 □反卷　颜色及其他__________
□干燥 □湿润 □粘滑 □鳞片 □毛 □粉末 □块状鳞片 □其他__________
□菌管 □菌褶：□密 □中 □稀 □直生 □离生 □弯生 □延生　颜色及其他__________
菌肉：□肉质 □其他________□厚 □薄 □脆 □韧　颜色及其他______________
菌柄：□无 □中生 □侧生 □实 □空 □松软 □脆 □长____cm □粗____cm □颜色________
菌环：□无 □上部 □中部 □下部 □早脱 □晚落　菌托：□无 □外形______________
乳液：□无 颜色__________　气味：______________________________
其他：____
采集人______________________　鉴定人______________________

2. 真菌和地衣标本的制作方法

（1）真菌标本的制作方法

叶部病害的标本可制成腊叶标本，方法同种子植物的腊叶标本制作方法一致；各种大型真菌子实体标本，通常烘干或晒干后，放在塑料袋内，然后再放入樟脑丸等防腐剂；一般标本也可以用4%~5%的甲醛浸泡液保存。

（2）地衣标本的制作方法

一般地衣植物经阴干后，用标本纸袋包装保存；易碎的标本，最好用纸盒包装保存。叶状地衣、枝状地衣也可以压成腊叶标本保存；如果采集的标本失水变得干燥，必须用水喷湿，使其变软，然后再压制成腊叶标本。

3. 大型真菌代表类群

（1）子囊菌亚门 Ascomycotina

虫草属 *Cordyceps*　本属子座大部分从昆虫体上发生，肉质，一般为棒状，直立（图2-2：A）。代表：冬虫夏草 *C. sinensis*。

羊肚菌属 *Morchella*　腐生菌，子实体有菌盖和菌柄，菌盖近球形或圆锥形，边缘全部和柄相连，表面有网状棱纹；柄平整或有凹槽（图2-2：B）。代表：羊肚菌 *M. esculenta*。

马鞍菌属 *Helvella*　菌盖呈马鞍状，平或卷曲；柄圆柱形或有凹槽；地上生（图2-2：C）。代表：马鞍菌 *H. elastic*。

盘菌属 *Peziza*　盘菌属子囊盘中型至大型，通常杯状，无柄或近于无柄（图2-2：D）。代表：泡质盘菌 *P. vesicalosa*。

（2）担子菌亚门 Basidiomycotina

银耳属 *Tremella*　担子果胶质，无柄，分瓣，卷曲成花朵状，纯白或微黄，半透明；担子有隔，深埋于担子果表层的子实层内；大多腐生，分布普遍（图2-2：E）。代表：银耳 *T. fuciformis*。

木耳属 *Auricularia*　担子果胶质或仅表面胶质，耳状、盘状或杯状，常呈红褐色，干后皱缩，黑褐色（图2-2：F）。代表：木耳 *A. auricula*。

鸡油菌属 *Cantharellus*　菌盖肉质，子实层上有皱褶或横形棱脉；地上生（图2-2：G）。代表：鸡油菌 *C. cibarius*。

猴头属 *Hericium*　担子果锥形，块状或分支，肉质，软刺发达，长，下垂；木生。代表：猴头菇 *H. erinaceus*。

灵芝属 *Ganoderma*　担子果一年生，木质，有侧生柄或无柄；有坚硬具油漆光泽的皮壳；子实层体托管状，管口小；孢子卵形，有截头，双层壁；外壁无色光滑，内壁褐色（图2-2：H）。代表：灵芝 *G. lucidum*。

蘑菇属 *Agaricus*　菌盖肉质，形状规则，多为伞形，菌柄中生，肉质，易与菌盖分离；有菌环，菌褶离生，初期白色或淡色，后变为紫褐色或黑色（图2-2：I）。本属中有许多种可供食用。代表：

蘑菇 *A. campestris*。

香菇属 *Lentinus* 担子果木生，半肉质至革质，坚韧，干时收缩，湿润时恢复原状；菌盖不规则，菌柄偏生或近中生；菌褶延生，薄，质韧，褶缘有锯齿；孢子印白色，孢子无色。代表：香菇 *L.edodes*。

鹅膏菌属 *Amanita* 生于土上，肉质，速腐性，菌盖伞形，具有菌环和菌托，菌柄易与菌盖分离，菌褶离生，孢子无色(图2-2：J)。本属大部分有毒。代表：豹斑鹅膏 *A. pantherina*。

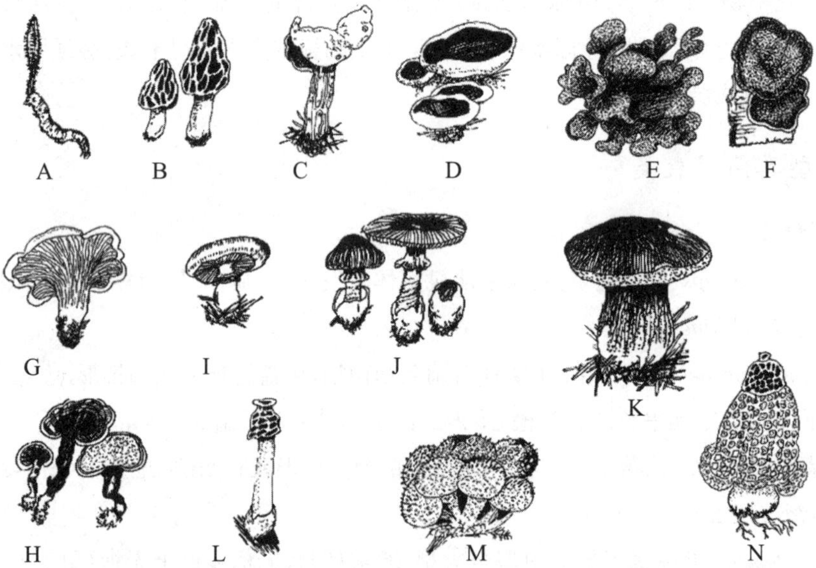

图2-2 大型真菌代表类群

A. 虫草属 B. 羊肚菌属 C . 马鞍菌属 D. 盘菌属 E. 银耳属 F. 木耳属 G. 鸡油菌属 H. 灵芝属 I. 蘑菇属 J. 鹅膏菌属 K. 牛肝菌属 L. 鬼笔属 M. 马勃属 N. 竹荪属

牛肝菌属 *Boletus* 菌盖近光滑或有绒毛，柄粗壮，常有网纹；菌肉肥厚；子实层体管状，单层或多层；地上生(图2-2：K)。代表：美味牛肝菌 *B. edulic*。

白蚁伞属 *Termitomyces* 子实体肉质，开伞即老；生于白蚁巢逐出物上，具有长的假根或无明显假根。代表：条纹白蚁伞 *T. striatus*。

鬼笔属 *Phallus* 担子果幼小时生地下或半地下生，菌蕾近球形；成熟时地面生，有一长而不分支的孢托；孢子着生在菌盖表面或孢托上部的外表面，黏液状，腥臭(图2-2：L)。代表：红鬼笔 *P. rubicundus*。

马勃属 *Lycoperdon* 多为球形，一般没有菌柄，未成熟前是白色，成熟后为褐色，内部为粉末状(图2-2：M)。可入中药，用于止血。代表：小马勃 *L. pusillus*。

竹荪属 *Dictyophora* 与鬼笔属特征相似，但菌盖下有网状菌幕(图2-2：N)。代表：长裙竹荪 *D. indusiata*。

4. 地衣的代表类群

文字衣属 *Graphis* 地衣体壳状，生于树皮上，表生或内生，无皮层或具微弱的皮层；子囊盘曲线形，稀为长圆形，深陷于基物表面或突出（图2-3：A）。

茶渍衣属 *lecanora* 地衣体呈壳状，或中部壳状而周围裂片状，稀为鳞状；表面光滑，或多疣粒，也有龟裂为负网状的，色泽不一。子囊盘呈盘状，生于地衣体表面或陷生，囊盘壳外有地衣裳体结构的囊盘托（图2-3：B）。

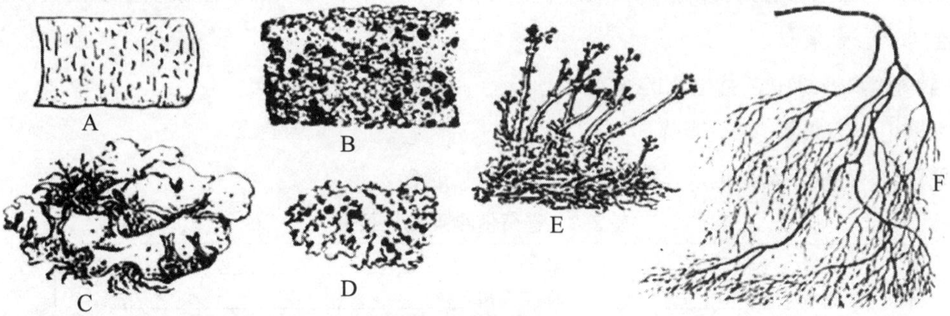

图 2-3　地衣代表类群

A. 文字衣属 B. 茶渍衣属 C. 地卷衣属 D. 梅衣属 E. 石蕊属 F. 松萝属

地卷衣属 *Peltigera* 地衣体叶状或鳞片状；子囊盘大，半被果形，生于裂片的顶端表面或叶缘表面，或在叶面中央并凹陷（图2-3：C）。

梅衣属 *Parmelia* 地衣体叶状，较薄，上、下皮层间无膨胀空腔；上表面灰色、灰绿色、黄绿色至褐色，具粉芽或裂芽，或无；下表面淡色、褐色至黑色，边缘淡色，有假根（图2-3：D）。

石蕊属 *Cladonia* 果柄皮层菌丝排列方向与果柄垂直；果柄单一中空，柱状或树枝状多分枝，末端扩大或不扩大；子囊盘蜡盘形（图2-3：E）。

松萝属 *Usnea* 地衣体丛枝状，直立、半直立至悬垂；枝体圆柱形至棱柱形，通常具软骨质中轴。子囊盘茶渍型，果托边缘往往有纤毛状小刺（图2-3：F）。

三、苔藓植物

苔藓植物多生长于阴湿的环境中，是一群小型的多细胞绿色植物，大致可以分为两种类型：一种是苔类，保持叶状体的形状；另一种是藓类，开始有类似茎、叶的分化。

1. 苔藓植物的采集方法

苔藓植物的采集应根据其生长基质的特点，采用不同的方法。

（1）水生苔藓植物的采集

对于生长在水中或沼泽中的苔藓植物，可用镊子采取，也可以用手直接采取，如水藓、大灰藓、泥炭藓等。采集后可将标本装入瓶中，也可以将水甩去或凉一会儿，装入采集袋中。对于漂浮在水面的植物如浮苔等，可以用小纱网捞取，然后将标本装入瓶中。

（2）石生和树生苔藓植物的采集

对于固定在石面的苔藓植物可以用采集刀刮取，如黑藓、泽藓、曲尾藓等。对于生长在树皮上的植物，可以用采集刀连同一部分树皮剥下。生长于小树枝或树叶上的苔藓，则可以采集一段枝条连同叶片一起装入采集袋中，如扁枝藓、平藓等。

（3）土生藓类的采集

土壤上生长的苔藓植物种类最多，如角苔科、地钱科、葫芦藓科、金发藓科等。对于这些植物，在松软土上生长者，可以用手或小铲子直接采取；在稍微硬一点的土壤上生长的可以用采集刀连同一层土采取。

（4）墙缝、石缝中苔藓植物的采集

可以用小刀采集，如小墙藓。

采集时，应做好采集记录，填好采集记录表，见表2-3。

表2-3 苔藓植物采集记录表

编号________时间________采集人________________________
地点____________________海拔高度________________________

生境　林下（林型及主要树种）________________________
　　　林缘______草地____土坡____岩面____洞穴______水中______
基质　花岗岩____砂岩____风化页岩______石灰岩______石隙______
　　　玄武岩____粘土____砂土__________壤土______钙质土______
　　　土壁______岩面薄土______腐殖质______附生（树名）______
生活型　漂浮__________固着________附着________悬垂________

群落情况　优势________片状________稀疏________夹杂________
光照条件　林荫________洞穴________散光________直射光________
水温条件　静水____流水____沼泽____湿润滴水____多云雾____干燥___
配 子 体　鲜绿____黄绿____灰绿____白____金黄____红______紫______
　　　　　黑______有光泽____纤细_____粗壮__________扁平________
生殖器官　雄__雌__未成熟____成熟_____老________脱______芽孢____
孢　　子　蒴萼________蒴帽________成熟________幼小________
俗　　名　____
学　　名　____

2. 苔藓植物标本的制作方法

苔藓植物体较小，易干燥，一般不易发霉腐烂，颜色也能保持长久。其标本的制作比较简单，一般采用直接晾干入袋保存的方法：先将标本放在通风处晾干，尽量去掉所带泥土，然后将标本装入用牛皮纸折叠的纸袋中，就可以长期保存了。

3. 苔藓植物的代表类群

（1）苔纲

地钱属 *Marchantia* 叶状体具气室和气孔的分化，气孔有4个环绕细胞。基本组织有黏液细胞和油胞。雌雄器托均高于叶状体，盘形浅裂。胞芽杯生于叶状体上表面，杯状（图2-4：A）。

鞭苔属 *Bazzania* 植物体匍匐，具两种分枝，侧分枝叉状，与茎同形；腹分枝细长，鞭状。叶细胞方形或六边形。腹叶发达，横生茎上。

角苔属 *Anthoceros* 植物体叶状，圆形，多层细胞，无气室。精子器和颈卵器位于叶状体背部，颈卵器无外壁，孢蒴长角形，无柄，成熟后2瓣裂(图2-4:B)。

耳叶苔属 *Frullania* 植物密集平铺生长，茎规则或不规则羽状分枝。叶3列，侧叶近横生或稍斜列。背瓣大，顶端常内卷。叶细胞圆形或椭圆形，细胞壁均匀加厚(图2-4:C)。

细鳞苔属 *Lejeunea* 植物体小，带叶宽0.3~2.2mm，匍匐生长。叶3列，侧叶2列，卵形，全缘。腹叶2裂。叶细胞较大，壁薄，无油胞和假肋(图2-4:D)。

(2) 藓纲

葫芦藓属 *Funaria* 土生喜氮植物。叶丛生于茎的上部，卵形或舌形，排列疏松。雌雄同株，雌、雄生殖器官分别生长在不同的枝上，精子器棒状，颈卵器瓶状(图2-4:E)。

白发藓属 *Leucobryum* 植物体密集丛生，浅绿色或灰白色，茎直立，单一或分枝。孢子体顶生或侧生，蒴柄细长，胞蒴偏斜，蒴盖圆锥状(图2-4:F)。

凤尾藓属 *Fissidens* 植物体多土生或石生，稀树生。茎直立，单一或不规则分枝。叶互生，排成扁平的2列。胞蒴顶生或腋生(图2-4:G)。

黑藓属 *Andreaea* 生长于高山和严寒地区。植物体棕色或黑棕色，直立丛生。孢子体的孢蒴长圆形，有蒴帽、蒴柄，无蒴盖。孢蒴成熟后孢子囊壁四纵裂(图2-4:H)。

泥炭藓属 *Sphagnum* 植物体灰白色或灰黄色，丛生呈垫状，上部不断生长，下部逐渐死亡。茎直立，顶端分枝短而密集。叶片由单层细胞构成，无中肋(图2-4:I)。

羽藓属 *Thuidium* 植物体匍匐生长，茎和主茎上密生鳞毛。枝叶和茎叶异型，茎叶多具纵褶，下延，下部卵圆形。主枝叶与茎叶近似，较小(图2-4:J)。

灰藓属 *Hypnum* 植物体匍匐，常交织成大片生长。茎不规则或规则羽状分枝，分枝末端镰刀状。叶细胞狭长形，多平滑无疣；叶基细胞多厚壁，具明显壁孔。

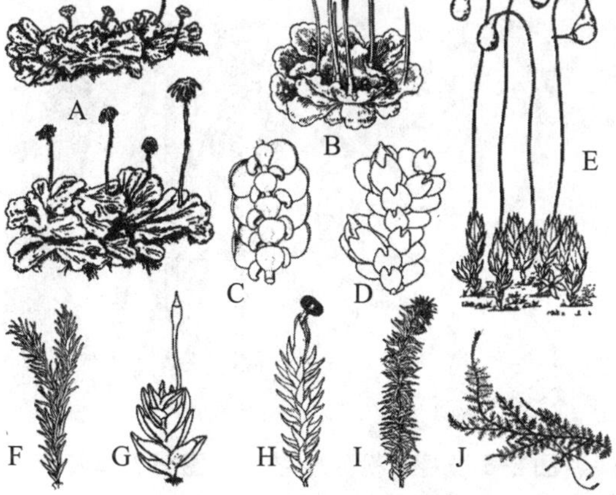

图2-4 苔藓植物代表类群

A. 地钱属 B. 角苔属 C. 耳叶苔属 D. 细鳞苔属 E. 葫芦藓属 F. 白发藓属 G. 凤尾藓属 H. 黑藓属 I. 泥炭藓属 J. 羽藓属

四、蕨类植物

除极少数原始种类（如松叶蕨）仅具假根外，蕨类植物均生有不定根，部分种类生有真根或不定根。茎通常为根状茎，少数生有直立的地上茎。叶有大型叶和小型叶之分，小型叶无叶柄，维管束无叶隙，只有一条不分支的叶脉；大型叶有叶柄，维管束有或无叶隙，常有分支的叶脉。

1. 蕨类植物的采集方法

蕨类植物的采集方法同种子植物的采集方法基本一致，具体采集方法参考后文，但采集时需要注意以下几个问题：

① 应采集具有孢子的植物体；

② 有些蕨类具有二型叶，需要一起采集，例如紫萁；

③ 大型蕨类（如桫椤科植物）应采集带有孢子的部分叶。

2. 蕨类植物标本的制作方法

蕨类植物标本的制作方法参考种子植物标本的制作方法。

3. 蕨类植物的代表类群

（1）石松科 Lycopodiaceae

石松属 *Lycopodium* 主茎长而匍匐，疏生小叶，发出斜向上直立的侧枝。叶螺旋排列或轮生，披针形、线形或钻形，全缘，少有锯齿。孢子囊穗圆柱形，顶生。能育叶不同于不育叶，阔卵形或阔披针形，边缘干膜质并有锯齿。代表：石松 *L. japonicum*（图2-5）。

垂穗石松属 *Palhinhaea* 主茎匍匐，发出疏生成树枝状的直立侧枝；侧枝圆柱形，有纵棱。叶线状钻形，顶端锐尖，螺旋排列。孢子囊穗短小，无柄，成熟时略下垂或外倾。代表：垂穗石松 *P. cernua*（图2-6）。

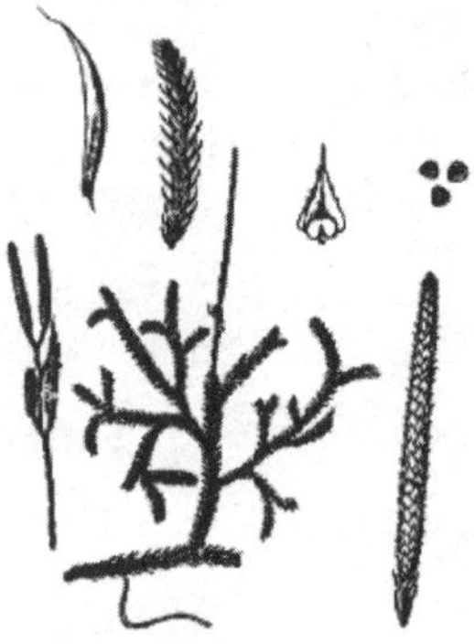
图 2-5 石松

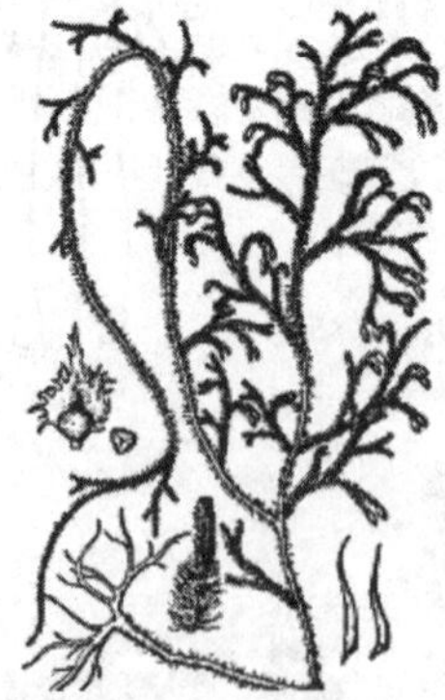
图 2-6 垂穗石松

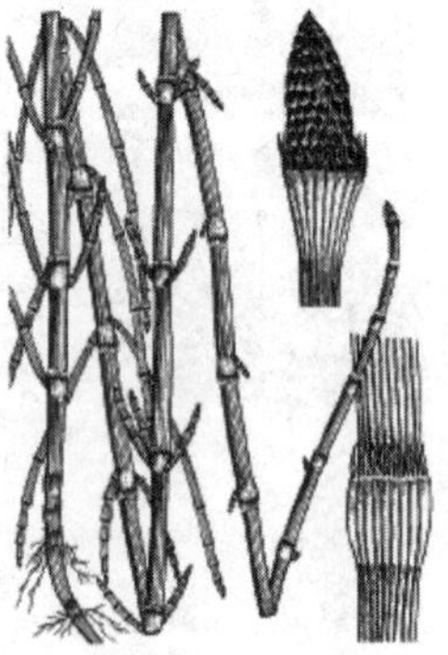
图 2-7 笔管草

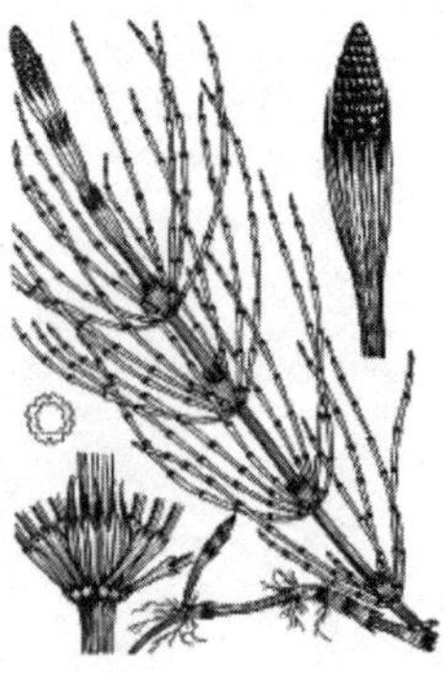
图 2-8 披散问荆

（2）卷柏科 Selaginellaceae

卷柏属 *Selaginella* 遍体无毛，少有被毛。茎直立，匍匐或斜升，分枝多，常排成一个平面。

叶舌状，单叶，细小，仅具中脉，通常二型，呈4行排列；侧叶两行向两侧开展，稍大；中叶两行，交互着生，稍小；叶腋有1枚膜质叶舌。孢子同型或异型，紧密地集生于枝顶；大孢子囊圆球形；小孢子囊肾形。代表：伏地卷柏 *S. nipponica*、翠云草 *S. uncinata*（图版Ⅱ：E）、江南卷柏 *S. moellendorffii*。

（3）木贼科 Equisetaceae

木贼属 *Hippochaete* 多年生草本。地上茎质较硬，能育的和不育的同形，无分枝或稍有少数不规则分枝。鞘齿薄膜质，逐渐脱落，囊穗尖头。代表：笔管草 *Hippochaete debilis*（图2-7）。

问荆属 *Equisetum* 草本。根状茎横走，表面光滑；地上茎一年生。鞘齿质厚，草质，宿存。囊穗钝头。代表：问荆 *E. arvense*、披散问荆 *E. diffusum* D.Don（图2-8）。

（4）紫萁蕨科 Osmundaceae

紫萁蕨属 *Osmunda* 根状茎粗壮，直立或斜升。叶簇生；叶柄基部膨大，两侧延展，呈翅状；叶大，二型；幼叶卷曲；孢子囊成熟后即枯萎。孢子囊在能育羽片上密集着生，圆球形，有柄，顶端纵裂。代表：紫萁 *O. japonica*。

（5）里白科 Gleicheniaceae

芒萁属 *Dicranopteris* 根状茎横走，密被毛。叶远生；顶芽常不发育，主轴一至多回二叉分枝；叶脉羽状，侧脉多回分叉。孢子囊群圆形，着生于小脉中部；无囊群盖。代表：芒萁 *D. pedata*（图版Ⅱ：C）。

里白属 *Diplopterygium* 植株高大，直立。根状茎横走，密被红棕色鳞片。叶远生，有长柄，主轴粗壮，单一，不为二叉分枝。孢子囊群小，圆形无盖。代表：里白 *D. glaucum*、中华里白 *D. chinense*（图版Ⅱ：D）。

（6）海金沙科 Lygodiaceae

海金沙属 *Lygodium* 缠绕性攀援植物。根状茎长而横走，有毛而无鳞片。叶远生或近生；叶轴无限延长；羽片近二型，掌状或羽状；叶脉羽状，分离。孢子囊大，生于小脉的顶端。代表：海金沙 *L. japonicum*（图版Ⅱ：K）。

（7）蚌壳蕨科 Dicksoniaceae

金毛狗属 *Cibotium* 根状茎粗壮，木质，密被金黄色长柔毛。叶一型；叶片大，广卵形，三回羽裂至羽状；边缘有锯齿；叶脉分离。孢子囊群圆形，着生于下表面叶缘的小脉顶端，囊群盖革质，形如蚌壳。代表：金毛狗 *C. barometz*（图2-9）。

（8）桫椤科 Cyatheaceae

桫椤属 *Alsophila* 树形蕨类，多不分枝。叶大型，丛生茎顶；叶柄长，粗壮，深禾秆色；叶片通常三回深羽裂，羽轴上面常被毛。孢子囊群圆形，着生于侧脉中部；囊群盖圆球形。代表：桫椤 *A. spinulosa*（图版Ⅱ：N）。

黑桫椤属 *Gymnosphaera* 植株大多为灌木状，通常不具高大的地上主干。叶簇生；大型或中型；叶柄和叶轴紫黑色；一至二回羽状；叶脉羽状，分离，侧脉单一。孢子囊通常着生于侧脉中部，沿中脉两侧排成两行，无囊群盖。代表：齿叶黑桫椤 *G. denticulate*、华南黑桫椤 *G. metteniana*（图2-10）。

图 2-9 金毛狗

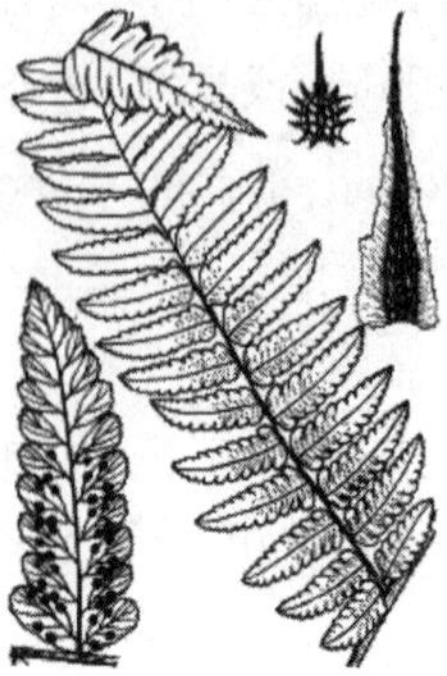

图 2-10 华南黑桫椤

图 2-11 乌蕨

图 2-12 蕨

（9）鳞始蕨科 Lindsaeaceae

乌蕨属 *Sphenomeris* 根状茎长而横走，密被棕褐色鳞片。叶近生；三至四回羽状细裂，无毛；叶脉二叉，分离。孢子囊群单生于近叶缘的小脉顶端，每个囊群仅生于1条小脉上；囊群盖卵形；孢子囊有细柄。代表：乌蕨 *S. chinensis*（图2-11）。

（10）蕨科 Pteridaceae

蕨属 *Pteridium* 陆生中型植物。根状茎长而横走，密被锈黄色、多细胞短毛，无鳞片。叶远生；叶片二至多回羽状；叶脉分离，侧脉通常二叉。孢子囊群生于叶缘内的一条联结脉上；囊群盖线形；孢子囊环带纵行。代表：蕨 *P. aquilinum* var. *latiusculum*（图2-12）。

（11）凤尾蕨科 Pteridaceae

凤尾蕨属 *Pteris* 根状茎短，直立或斜升，被鳞片。叶簇生；叶柄上面具沟，叶片为一回羽状或二至三回羽裂，羽片条形，常分叉。孢子囊群线形，着生于叶缘内的连接脉上；囊群盖膜质，由变质的叶缘反折而成。代表：蜈蚣草 *P. vittata*（图版Ⅱ：O）、井栏边草 *P. multifida*、凤尾蕨 *P. nervosa*。

（12）中国蕨科 Sinopteridaceae

金粉蕨属 *Onychium* 根状茎长而横走，被鳞片。叶远生或近生；叶轴禾秆色，无毛，上面有一条纵沟；叶片三至四回羽状细裂，末回裂片先端急尖，全缘。能育裂片连同发育的孢子囊群形似荚果状，囊群沿两侧着生，圆形；囊群盖短线形；孢子囊大，环带纵行。代表：日本金粉蕨 *O. japonicum*（图2-13）。

（13）铁线蕨科 Adiantaceae

铁线蕨属 *Adiantum* 根状茎短而直立，或长而横走，被鳞片。叶簇生或二列散生；一型；叶柄细圆；叶片一至四回羽状，稀单叶。孢子囊群近叶缘生；囊群盖由反卷的叶缘形成；孢子囊梨形，具纵行环带。代表：扇叶铁线蕨 *A. flabellulatum*、铁线蕨 *A. capillus-veneris*（图版Ⅱ：F）。

（14）裸子蕨科 Hemionitidaceae

凤丫蕨属 *Coniogramme* 根状茎横走。叶远生或近生；较大，一至三回奇数羽状复叶；叶脉羽状，多分离；叶纸质，光滑或疏被毛。孢子囊群细线形，沿侧脉及小脉着生，不伸达叶边；无囊群盖。代表：凤丫蕨 *C. maxima*。

（15）书带蕨科 Vittariaceae

书带蕨属 *Vittaria* 附生植物。根状茎稍短，横走。叶近生或近簇生，无柄或有短柄，线形或长条带形，全缘。孢子囊群线形，靠近叶缘；无囊群盖；孢子囊环带纵行而中断。代表：书带蕨 *V. flexuosa*（图2-14）。

图 2-13 日本金粉蕨

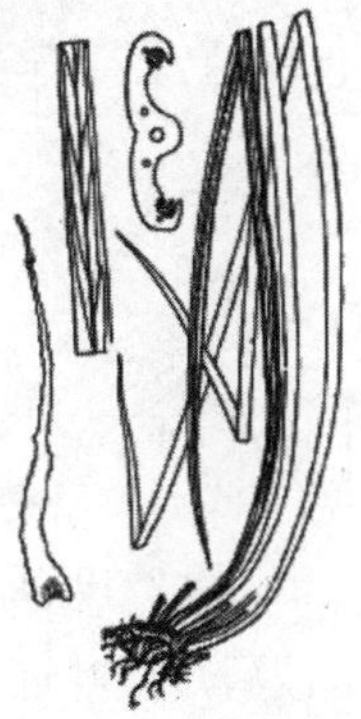

图 2-14 书带蕨

图 2-15 渐尖毛蕨

图 2-16 披针新月蕨

（17）金星蕨科 Thelypteridaceae

毛蕨属 *Cyclosorus* 根状茎横走，稀直立。叶远生或近生，少有簇生；叶柄禾秆色，常被毛；叶片二回羽裂，少有一回羽状，羽片多数；叶脉羽状，侧脉单一。孢子囊群圆形，常背生小脉中部；囊群盖圆肾形，多数被毛；孢子椭圆形，单裂缝。代表：渐尖毛蕨 *C. acuminatus*（图2-15）、干旱毛蕨 *C. aridus*。

新月蕨属 *Pronephrium* 根状茎长而横走，疏被鳞片。叶疏生；叶一型或少有近三型，一回羽状，羽片较大，不裂，全缘或具粗锯齿；叶多少被有针状毛。孢子囊群圆形，在侧脉间排成整齐的两行，成熟时常成对汇合成新月形；孢子椭圆形，单裂缝。代表：披针新月蕨 *P. penangiana*（图2-16）。

（18）铁角蕨科 Aspleniaceae

铁角蕨属 *Asplenium* 中、小型石生或附生植物，少有土生。根状茎横走，斜升或直立。叶远生、近生或簇生；叶柄禾秆色，上面有纵沟；叶片单一或一至三回羽状；叶脉分离。孢子囊群为线形或长圆形，常沿小脉上侧着生；囊群盖朝向中脉开口。代表：铁角蕨 *A. trichomanes*、北京铁角蕨 *A. pekinense*（图2-17）。

（19）乌毛蕨科 Blechnaceae

狗脊蕨属 *Woodwardia* 根状茎粗短，直立或斜升，被棕色披针形大鳞片。叶大，一型，二回羽裂；羽片披针形，互生，分离，具短柄。孢子囊群长圆形或线形，着生于主脉两侧的网眼上，与主脉平行；囊群盖与囊群同形，成熟时开向主脉。代表：狗脊蕨 *W. japonica*（图版Ⅱ:J）、顶芽狗脊蕨 *W. unigemmata*。

（20）鳞毛蕨科 Dryopteridaceae

贯众属 *Cyrtomium* 根状茎短，斜升或直立。叶丛生，基部被鳞片；鳞片大，边有睫毛。叶片长圆形至披针形，一回羽状；羽片镰刀形或卵形；中脉明显，小脉网状。孢子囊群生中脉两侧；

囊群盖大，圆盾形，盾状着生；孢子椭圆形，有阔翅。代表：镰羽贯众 *C. balansae*、贯众 *C. fortunei*（图版 II：B）。

图 2-17 北京铁角蕨

图 2-18 斜方复叶耳蕨

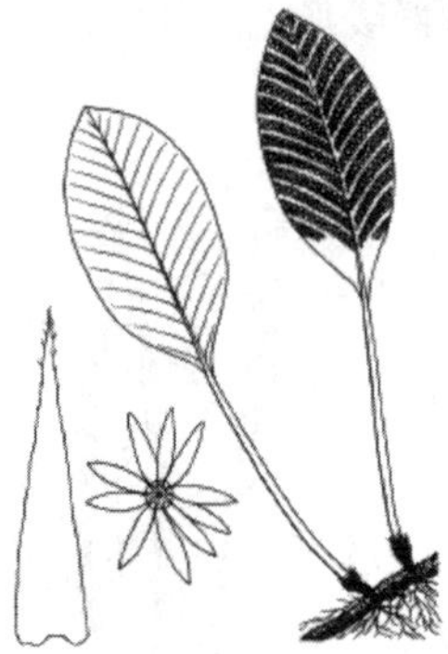

图 2-19 矩圆石韦

图 2-20 槲蕨

复叶耳蕨属 *Arachniodes* 根状茎粗壮，横卧，密被鳞片。叶远生或近生；有柄；二回羽状至五回羽裂，基部一对羽片最大；叶脉羽状分裂；叶革质或坚纸质。孢子囊群圆形，着生于小脉背部或顶端；囊群盖圆肾形；孢子椭圆形。代表：斜方复叶耳蕨 *A. rhomboidea*（Wall.）Ching（图 2-18）、镰羽复叶耳蕨 *Arachniodes falcate*。

鳞毛蕨属 *Dryopteris* 根状茎直立或斜升，密被鳞片。叶簇生；叶柄上凹下凸，多少被鳞片；叶片常较大，一至四回羽状。叶脉羽状，分离。孢子囊群圆形，着生于小脉背部或顶端；囊群盖圆肾形，以缺刻着生。代表：红盖鳞毛蕨 *D. erythrosora*（图版 II：L）。

（21）肾蕨科 Nephrolepidaceae

肾蕨属 *Nephrolepis* 具短而直立的根状茎和长而横走的匍匐茎。叶簇生；叶片长而狭，一回羽状，羽片多数，无柄，披针形，顶端渐尖，基部不对称；中脉显著，小脉伸达近叶缘。孢子囊群和盖圆肾形；囊群盖以缺刻着生。代表：肾蕨 *N. cordifolia*（图版 II：G）。

（22）水龙骨科 Polypodiaceae

水龙骨属 *Polypodiodes* 中、小型附生植物。根状茎长而横走，黑褐色，多少被白粉。叶远生，一型；叶柄基部有关节，光滑；叶脉明显。孢子囊群圆形，着生于内藏小脉顶端；孢子囊椭圆形，单裂缝。代表：水龙骨 *P. nipponicia*。

瓦韦属 *Lepisorus* 常绿或落叶的小型附生植物。根状茎横走，较粗壮，密被鳞片。叶近生，一型；单叶，披针形，向两端渐变狭；中脉明显，侧脉不明显；叶近革质。孢子囊群圆形或椭圆形，分离，在中脉与叶片边缘之间排成一行；孢子囊有长柄，孢子椭圆形。代表：百华山瓦韦 *L. paohuashanensis*。

石韦属 *Pyrrosia* 小型附生植物。根状茎横走，密被鳞片。叶一型或少有二型；叶片披针形或长圆形；单叶，全缘，少有分裂；侧脉明显，小脉网状，不明显；叶通常革质，表面常有洼点。孢子囊群圆形，几乎满布叶片下面；孢子囊环带纵行。代表：矩圆石韦 *P. martini*（图 2-19）、有柄石韦 *P. petiolosa*。

（23）槲蕨科 Drynariaceae

槲蕨属 *Drynaria* 根状茎粗大，横走，肉质，密被鳞片。叶二型；不育叶矮小，无柄，枯黄色；

能育叶高大，有柄，一回羽状深裂。孢子囊群圆形，着生于网脉的交结点上，无囊群盖。代表：槲蕨 *D. roosiike*（图2-20）。

（24）苹科 Marsileaceae

苹属 *Marsilea*　浅水生植物。根状茎细长横走，有节，节上生不定根。叶近生或近簇生；二型；不育叶叶柄细长而柔弱；叶片由4片小叶组成，漂浮于水面；叶脉明显；能育叶特化为孢子果，孢子果椭圆形。孢子囊线性或椭圆柱形。代表：苹 *M. quadrifolia*。

（25）槐叶苹科 Salviniaceae

槐叶苹属 *Salvinia*　小型水生漂浮植物。茎纤细，漂浮水面，被毛，无真正的根。叶无柄，3叶轮生，排成3列。孢子果异型，簇生于假根基部。代表：槐叶苹 *S. natans*。

（26）满江红科 Azollaceae

满江红属 *Azolla*　小型水生漂浮植物。茎纤细，曲折，两侧交替分枝。有两行并列的互生叶，下有须根垂悬于水中；叶片上下二分裂，上裂片绿色，下裂片近膜质，沉没于水中。大孢子果卵形，小孢子果圆形。代表：满江红 *A. imbricate*。

五、种子植物

种子植物是植物界最高等的类群。按照种子是否有果皮包被，种子植物分为裸子植物和被子植物两大类群。其中裸子植物因胚珠和种子裸露而得名，其胚珠不为大孢子叶所形成的心皮所包被，故产生的种子没有果皮包被。被子植物又叫有花植物，花是被子植物最显著的特征；具有雌蕊和果实，胚珠包藏在子房内。

1.种子植物的采集方法

（1）标本的采集时间

各种植物生长发育的时期有长有短，开花结果的季节也有所不同，因此，必须在不同的季节进行采集。应根据要采集植物的生长发育时期，决定外出采集的时间，否则过了季节，有些种类就采不到了。

（2）标本的采集地点

采集地点的选择直接关系到能否采到符合要求的标本，因为在不同的生境中所生长的植物是有所差别的。生长在林下的植物是不会出现在空旷的草原上的；高山的龙胆不会出现在低海拔的平原；水里则生长着适应水生环境的水生植物。有些植物具有一定的区域性，如缙云黄芩只分布在重庆市缙云山。

（3）完整标本的采集

采集标本时，除采集植物的营养器官外，还必须采集花或果实，因为花、果是鉴别植物种类的重要依据。如伞形科、十字花科等，没有花、果是无法鉴定到种的。对于一些具有地下茎（鳞茎、块茎、根状茎等）的科属，如百合科、石蒜科等，在没有采集到地下茎的情况下也难以鉴定。对于雌雄异株、异花的植物，应分别采集雌雄株和雌雄花，以便分类鉴定。

(4) 草本植物标本的采集

应采集带根的全草。如发生基生叶和茎生叶不同时，要注意采集基生叶。对于高大的草本植物，采下后可以折成“V”或“N”字形，然后再压入标本夹内；也可以选其形态上有代表性的部分剪成上、中、下三段，分别压入标本夹内。水生草本植物，提出水面之后很容易缠成一团，如金鱼藻、狸藻等，可以用硬纸板在水中将其拖出，连同纸板一起压入标本夹中。

(5) 木本植物标本的采集

由于木本植物一般较为高大，不能采集整体标本，只能采集其植物体的一部分。但必须注意，采集的标本应该尽量可以代表植物的特征，可以采集一段带叶、花或果实的枝条。如果有相机，则最好拍几张该植物的图片，以弥补标本的不足。有些植物，一年生枝条和老枝有所不同，如毛白杨的幼叶和老叶，因此幼叶和老叶都应采集。对于一些先花后叶的植物，可以先采集花枝，待叶子长出来之后，再补上叶子，如二乔玉兰。由于一些乔木的树皮的颜色或剥裂情况是鉴定植物种类的重要依据，因此可以采集一块树皮附在标本中，如桦木属。

(6) 大型标本的采集

有些植物的叶片较大，例如一些棕榈科、天南星科植物的叶片等，不可能采集整片叶子。这类标本可以采集植物叶子的一部分。若是单叶可沿中脉的一边剪下，或剪一个裂片；若是复叶可采总轴一边的小叶，但无论怎样采都必须留下叶片的顶端和基部，或顶端的小叶。大型花序，也只能采集其中的一部分，如向日葵的花序。

(7) 寄生植物标本的采集

寄生植物，如菟丝子、桑寄生等，采集时应连同寄主植物一起采下，并分别注明寄生植物或附生植物的名称及其寄主植物的名称。

(8) 标本的采集份数

一般采集2~3份，用相同的标本编号。标本除自己保存外，如遇到疑难物种，可以交给研究部门，代为鉴定。如果遇到稀有的或奇异的等可以多采几份。

(9) 认真做好野外记录

植物的产地、生长环境、性状、采集时期等都应该做好详细的记录(见表2-4)，这些对于标本的鉴定均有很大的帮助。在野外采集标本时，应尽可能地随采、随记录、随编号，以免忘记或者编错号。另外，在野外时，可以向当地人询问，对当地植物的俗名、利用情况等也应该做相应的记录。

2. 种子植物标本的制作方法

这里，主要介绍腊叶标本的制作方法。

(1) 植物标本的压制

在标本采来后，当天晚上就应以干纸更换一次，借此要对标本进行整理。第一次整理最为重要，由于植物在标本夹内压了一段时间，植物基本被压软了，这时想如何整理都行，如果等标本快干时再去整理就容易被折断。整理时要注意不使多数叶片重叠。叶子要正面和反面的都有，以便观察叶的正、反面上的特征。落下来的花果和叶要用纸袋装起来，和标本放在一起。标本中间隔的纸多一些，就压得平整，而且干得也快，头三天每天应换2次干纸，后两天每天换一次即可，直至标本完全干为止。

表 2-4　种子植物采集记录表

采　集　记　录
标本号数：________________
采 集 人：________________采集号数：________________
采集日期：________年________月________日
产　　地：________________
环　　境：________地形：________海拔：________米
土　　壤：________________
小 环 境：________________
生　　态：________________
性　　态：________________
高　　度：________米，胸高直径：________米
形　　态：树皮________________
根________________
茎________________
叶________________
花________________
果________________
附　　记：________________
科　　名：________________
中　　名：________________俗名：________________
学　　名：________________

在换纸或压标本时，植物的根部或粗大的部分要经常调换位置，不可集中在一端，致使高低不均，同时要注意尽量把标本向四周放，绝不能都集中在中央，否则也会造成边空而中央突起很高，致使标本压不好。在压标本或换纸时，各标本要力争按编号顺序排列，换完一夹，应在夹上注明几号到几号的标本、采集的日期和地点。这样做既有利于将来查找，又可以及时发现在换纸过程中丢失的标本。

换纸时还应注意，一定要换干燥而无皱褶的纸。纸不干吸水力就差，有皱褶会影响标本的平整。对体积较小的标本可以数份压在一起(同一号的)，但不能把不同种类(不同号)的标本放在一张纸上，以免混乱。对一些肉质植物，如景天科的一些植物，在压制时，须把它们先放入沸水中煮3~5 min，然后再用一般方法压制，这样处理可以防止落叶。换纸时最好把含水多的植物分开压，并增加换纸的次数。

(2) 腊叶标本的制作

植物标本在上台纸前，还应进行消毒。消毒的方法就是把标本放进消毒室和消毒箱内，将敌敌畏或四氯化碳、二硫化碳混合液置于玻皿内，利用气熏杀标本上的虫子或虫卵，约三天后即可取出上台纸。

上台纸：就是用白色台纸（白板纸或卡片纸8开，约39 cm × 27 cm），平整地放在桌面上，然后把消毒好的标本放在台纸上，摆好位置，右下角和左上角都要留出贴定名笺和野外记录笺的位置。这时，便可用小刀在标本的各部的适当位置上切出数个小纵口，再用具有韧性的白纸条，由纵口穿入，从背面拉紧，并用胶水在背面贴牢。这种上台纸的方法，既美观又牢固，比在正面贴的方法要好得多。上台纸时最好不用浆糊，因为浆糊容易生虫，损坏标本。对体积过小的标本，如浮萍，不便用纸条固定时，可将标本放在一个折叠的纸袋内，再把纸袋贴在台纸的中央，这样在观察时可随时打开纸袋。

凡经上台纸和装入纸袋的高等植物标本，经正式定名后，都应放进标本柜中保存。

3. 种子植物的代表类群

（1）苏铁科 Cycadeceae

苏铁属 *Cycas* 本属植物为不分枝且具棕榈状树冠的乔木，茎上具叶基和先端呈刺状的盾状叶。叶通常有两种，一为鳞片叶，褐色，短而小；另一种为绿色营养叶，一回羽状复叶，大型，革质螺旋状排列。雌雄异株，球花着生在树干顶端，雄球花长圆柱形，雌球花扁球形。种子大，卵形或稍扁。代表：苏铁 *C. revoluta*（图版III：A）、四川苏铁 *C. szechuanensia*（图2-21）。

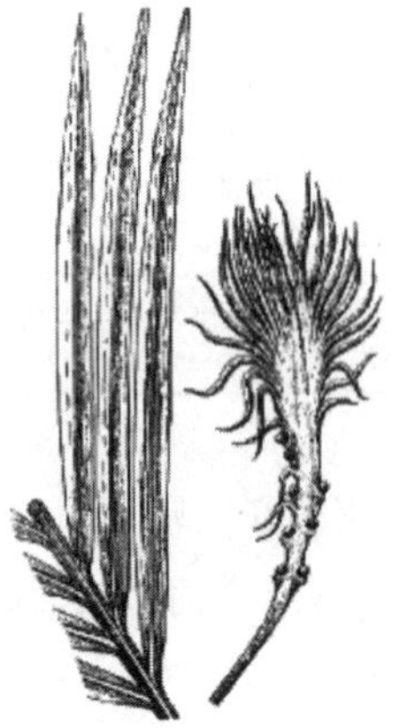

图 2-21 四川苏铁

图 2-22 华山松

图 2-23 水杉

（2）银杏科 Ginkgoaceae

银杏属 *Ginkgo* 大型单轴分枝的落叶乔木，有长短枝之分，相应的叶的叶柄、叶裂有长短、深浅之分。雌雄异株，雄花小孢子叶排成葇荑花序，雌花具一长柄，柄的顶端生2珠领，上生胚珠。代表：银杏 *G. biloba*（图版III：B）。

（3）松科 Pinaceae

雪松属 *Cedrus* 常绿乔木，树冠尖塔形，枝有长短枝之分。叶在长枝上稀疏互生，在短枝上近簇生状，针形，坚硬，常呈三棱。球花单性，雌雄异株，雄球花穗状，雌球花卵圆形。球果第二年成熟，直立短枝顶端。代表：雪松 *C.deodara*（图版III：G）。

松属 *Pinus* 常绿乔木，稀灌木，有树脂。冬芽明显，具多数覆瓦状排列的鳞片。枝常轮生，有长短枝之分，短枝极不发达。针叶通常2、3或5针成一束。球花单性，雌雄异株，雄球花腋生，成簇生于当年生枝的下部，雌球花生于近新枝顶端。代表：华山松 *P. armandi*（图2-22）、马尾松 *P. massoniana*（图版III：E）、黑松 *P. thunbergii*。

（4）杉科 Taxodiaceae

水杉属 *Metasequoia* 落叶乔木，大枝不规则轮生，小枝对生或近对生。冬芽卵圆形，交叉对生。叶条形，交叉对生，基部扭转，在枝上呈二列羽状排列，叶质柔软，秋末同侧生小枝一同掉落。球花单性，雌雄同株。雄球花单生枝顶或叶腋，梗短；雌球花单生于去年生枝顶端或近顶端，具短梗。球果近球形，当年成熟。代表：水杉 *M. glyptostroboides*（图2-23）。

杉木属 *Cunninghamia* 常绿乔木，树皮条状开裂，枝轮生，平展或向上斜伸。叶螺旋状着生在侧枝上扭转成假二列排列，披针形，先端尖，基部下延，边缘有细锯齿。球花单性，雌雄同株。雄球花圆锥状或穗状，多簇生枝顶；雌球花1~3个着生枝顶。代表：杉木 *C.lanceolata*（图版III：H）。

柳杉属 *Cryptomeria* 常绿乔木，树皮红褐色，裂成长条状脱落，树冠为尖塔形。叶螺旋状排列，钻形，先端尖，基部下延。球花单性，雌雄同株。雄球花单生小枝上部叶腋，常密集，呈短穗状，矩圆形；雌球花近球形，无梗，常单生枝顶。代表：柳杉 *C.japonica* var. *sinensis*（图版III：F）。

（5）柏科 Cupressaceae

侧柏属 *Platycladus* 常绿乔木或灌木，大枝直伸或斜展，同侧小枝排成一平面。叶二型，交叉对生，背面有腺点，基部下延生长。球花单性，雌雄同株，单生于短枝顶端。球果当年成熟，卵圆形，熟时开裂。代表：侧柏 *P. orientalis*（图版III：M）。

柏木属 *Cupressus* 常绿乔木，小枝斜伸或下垂。叶鳞形，幼苗和萌生枝叶为刺形，刺叶3或4叶轮生，叶背通常有腺点。球花单性，雌雄同株，单生于枝顶。球果第二年夏天成熟。种子微扁，有棱脊，两侧具窄翅。代表：柏木 *C.funebris*（图2-24）。

圆柏属 *Sabina* 常绿乔木或灌木，直立或匍匐，小枝不排成一平面。叶刺形或鳞形，刺叶常3叶轮生，腹面有具白粉的气孔带；鳞形叶交叉对生背面有腺点。球花单性，雌雄异株或同株，单生于枝顶；雄球花卵圆形或矩圆形，雌球花近球形。球果浆果状，合生。代表：圆柏 *S. chinensis*。

（6）罗汉松科 Podocarpaceae

罗汉松属 *Podocarpus* 乔木或灌木。叶螺旋状散生、对生或近对生，鳞形、条形、条状披针形、卵形。雌雄异株，稀同株；雄球花穗状，单生或簇生叶腋，或呈分枝状；雌球花单生叶腋，稀顶生。种子核果状，全为肉质假种皮所包裹，当年成熟，着生于肉质或非肉质的种托上。代表：罗汉松 *P. macrophyllus*（图2-25）（图版III：N）。

（7）红豆杉科 Taxaceae

红豆杉属 *Taxus* 常绿乔木或灌木，树皮呈不规则片状开裂。叶条形，直或微弯呈镰刀状，螺旋状着生，基部扭转排成二列，基部下延生长，叶内无树脂道。雌雄异株，球花单生叶腋或枝顶，雄球花卵圆形。胚珠直立，受精后发育成红色的杯状肉质的假种皮。种子当年成熟，坚果状，生于肉质杯状的假种皮中。代表：南方红豆杉 *T. wallichiana* var. *mairei*（图版Ⅲ：O）。

图 2-24 柏木

图 2-25 罗汉松

图 2-26 枫杨

（8）胡桃科 Juglandaceae

胡桃属 *Juglans* 落叶乔木，小枝有片状髓。羽状复叶，互生；无托叶。雄花序为葇荑花序，着生在去年生枝条的叶痕腋内；雌花序为少花至多花的顶生穗状花序，子房1室，胚珠单生。果为核果，外果皮肉质，不开裂，内果皮坚硬，骨质，有不规则的槽纹；无胚乳，子叶肉质。代表：胡桃 *J. regia*（图版Ⅳ：A）。

枫杨属 *Pterocarya* 落叶乔木，小枝髓部片状分隔。叶互生，羽状复叶，小叶近对生，无柄。葇荑花序单性下垂；雄花序腋生于叶痕或芽鳞内；雌花序单生于小枝顶端，子房具不完全的4室。果为坚果，有翅，外果皮薄革质，内果皮木质坚硬。代表：枫杨 *P. stenoptera*（图2-26）、湖北枫杨 *P. hupehensis*。

化香树属 *Platycarya* 落叶乔木，小枝髓部不呈薄片状分隔而为实心。奇数羽状复叶，有长柄；小叶对生，无小叶柄，卵状披针形，边缘有重锯齿。雄花序及两性花序共同形成直立的伞房状花序束；雌花序由密集而呈覆瓦状排列的苞片组成。果排成球果状的果序；小坚果扁，两侧有窄翅，苞片覆瓦状。代表：化香树 *P. strobilacea*（图版Ⅳ：B）。

（9）杨柳科 Salicaceae

杨属 *Populus* 落叶乔木。枝有长枝和短枝；常有顶芽。叶有长柄，叶片常大而阔。花先叶开放；葇荑花序总状，下垂；花有杯状或碟状花盘；苞片上部条裂。风媒花。代表：北京杨 *P.* × *beijingensis*、中东杨 *P.* × *berolinensis*、钻天杨 *P. nigra* var. *italica*（图2-27）。

柳属 *Salix* 落叶或稀为常绿乔木或灌木。冬芽仅有1片鳞叶，无顶芽。叶常长大于宽。花先于叶开放或于叶后开放；葇荑花序穗状，常直立；苞片全缘或具不规则细钝齿。虫媒花。蒴果2瓣裂。代表：白柳 *S. alba*、秦岭柳 *S. alfredii*、垂柳 *S. babylonica*、秋华柳 *S.variegata*。

（10）桦木科 Bulaceae

桦木属 *Betula* 落叶乔木或灌木。树皮多为白色，常呈片状或块状剥落，枝条皮孔横扁。单叶，互生；托叶早落。雌雄同株；雄葇荑花序通常2~4个簇生小枝顶端；雌葇荑花序单生或2~4个生于短枝顶端，圆柱状至球状，无花被。小坚果小，扁，通常边缘有翅；种子单生。代表：亮叶

桦 *B.luminifera*（图2-28）。

桤木属 *Alnus* 落叶乔木或灌木。单叶，互生；托叶披针形或卵形，早落。花单性，雌雄同株；雄葇荑花序为圆柱状；雌花序单生或聚成总状或圆锥状。果序为球果状，单生或聚生成总状或圆锥状。小坚果扁，通常有翅；种子单生。代表：桤木 *A. cremastogyne*（图2-29）。

（11）壳斗科 Fagaceae

栎属 *Quercus* 乔木或灌木。雄花排成细弱、下垂的葇荑花序；雌花序单生或两朵簇生，在总苞中有1朵花。坚果近球形、长圆形，基部或全部被总苞所包被，外面的鳞片覆瓦状排列或合生成环状。代表：乌冈栎 *Q. phillyraeoides*（图2-30）、白栎 *Q. fabri*（图2-31）、栓皮栎 *Q. variabilis*（图2-32）。

栗属 *Castanea* 落叶乔木。树皮沟裂，小枝无顶芽。单叶，互生，托叶早落。雄花序为直立的葇荑花序；雌花序着生于雄花序的基部，通常3朵花聚生于一多刺的总苞内。壳斗球形，2~4裂，密被分枝长刺；坚果，球形或扁圆形。代表：板栗 *C. mollissima*（图版Ⅳ：C）。

栲属 *Castanopsis* 常绿乔木，稀为灌木。单叶，互生。雄花序为直立的葇荑花序，雄花通常3朵簇生；通常有退化子房；雌花单生，稀3朵歧伞排列，着生于同一总苞内。坚果1~3个生于球形或碗状的壳斗内，外具刺状鳞片。代表：栲 *C. fargesii*、短刺米槠 *C. carlesii* var. *spinulosa*(图2-33)。

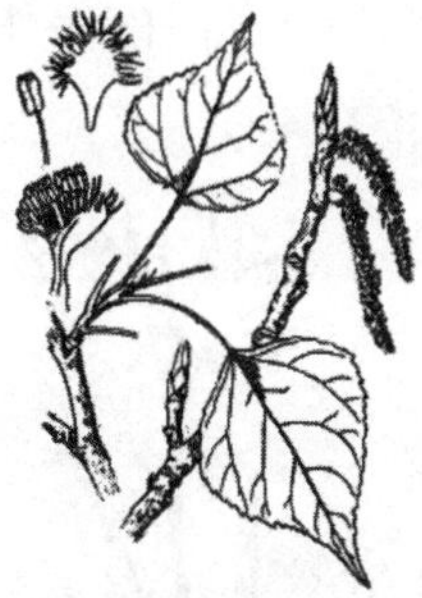

图 2-27 钻天杨

图 2-28 亮叶桦

图 2-29 桤木

图 2-30 乌冈栎

图 2-31 白栎

图 2-32 栓皮栎

图 2-33 短刺米槠

图 2-34 木姜叶柯

石栎属 *Lithocarpus* 常绿乔木。枝有顶芽。叶互生，全缘或有锯齿。直立葇荑花序；雌花在总轴的下部；雄花3至数朵簇生，花萼杯状，覆瓦状排列。壳斗内有坚果1个（稀2~5个），壳斗部分被包被；坚果着生于壳斗底部，有些种类和壳斗壁愈合。代表：川柯 *L. fangii*、木姜叶柯

(缙云甜茶) *L. litseifolius*（图2-34）。

（12）榆科 Ulmaceae

榆属 *Ulmus* 落叶或常绿乔木，少数为灌木。叶互生，基部偏斜，叶脉羽状；托叶早落。花两性，早春先叶开放或秋季开放，簇生，或成短总状花序；花被片基部合生，钟形；雄蕊与花被片同数；子房上位，1室。翅果扁平，果核周围有膜质翅，先端有凹缺。代表：榔榆 *U. parvifolia*（图2-35）、榆树 *U. pumila*。

朴属 *Celtis* 落叶或常绿乔木，少数为灌木。树皮灰色，不开裂。单叶，互生，二列，边缘有锯齿或全缘，基部有三出脉。花杂性同株，雄花生在新枝下部，雄蕊4~5枚；子房无柄，1室。核果卵圆形或圆球形，单生或2~3个生于叶腋或呈总状。代表：朴树 *C. sinensis*（图2-36）、紫弹朴 *C. biondii*。

山黄麻属 *Trema* 常绿灌木或乔木。单叶，互生，叶脉基部三处，稀羽状或掌状，有锯齿及短柄。雌雄同株或异株，花小；花被片镊合状排列；雄蕊直立，子房1室。核果较小，无翅，常具宿存花被。代表：羽脉山黄麻 *T. levigata*、银毛叶山黄麻 *T. nitida*。

（13）杜仲科 Eucommiaceae

杜仲属 *Eucommia* 落叶乔木。树皮灰褐色，内含栲胶，折断后有多数银白色细丝。叶互生，具短柄，无托叶。花单性异株，无花被，先叶开放；雄花簇生，雄蕊6~10枚，花药条形；雌花单生于小枝下部，由两个合生心皮组成。翅果长椭圆形，果皮薄革质。单种科，我国特有：杜仲 *E. ulmoides*（图2-37）。

图2-35 榔榆

图2-36 朴树

图2-37 杜仲

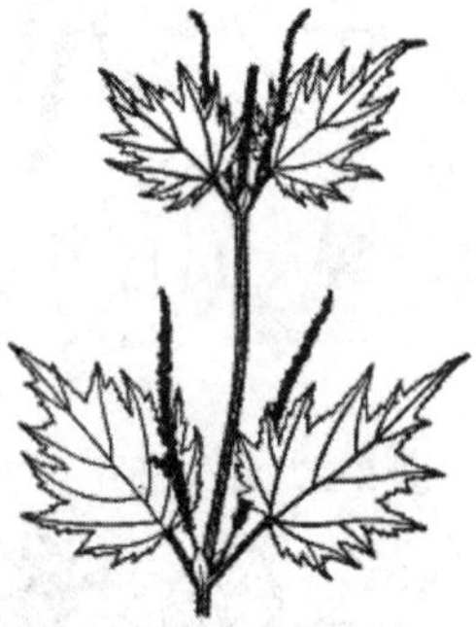

图2-38 裂叶荨麻

（14）荨麻科 Urticaceae

荨麻属 *Urtica* 一年生或多年生草本。具刺毛。单叶对生，边缘有锯齿或掌状分裂，托叶离生或在叶柄基部间合生。花单性；花序穗状或聚伞状。果实为瘦果，小，长圆形，扁平。代表：裂叶荨麻 *U. fissa*（图2-38）。

花点草属 *Nanocnide* 多年生草本。具细长而丛生的茎。叶互生，边缘具粗圆齿，基脉三至五出；托叶侧生，分离。花单性，雌雄同株；雄花序为聚伞花序，具梗；雌花序团聚，无梗。瘦果，长椭圆形，光滑。代表：毛花点草 *N. lobata*（图版Ⅳ：E）、花点草 *N. japonica*。

冷水花属 *Pilea* 一年生或多年生草本，通常多含液汁。叶对生，全缘或有锯齿，叶脉通常三出，稀为羽状脉；托叶合生，常早落。腋生聚伞花序，花单性。瘦果，卵形或椭圆形，稍扁平。代表：

花叶冷水花 *P. cadierei*（图版Ⅳ：D）、翅茎冷水花 *P. subcoriacea*、疣果冷水花 *P.verrucosa*。

赤车属 *Pellionia* 多年生草本。叶互生，二列，大小近相等。雌雄异株，雌花及雄花均排成腋生聚伞花序；雄蕊5枚，与花被片对生。瘦果，小，光滑或有小疣点。代表：赤车 *P. radicans*（图2-39）、大叶赤车 *P. macrophylla*。

图2-39 赤车

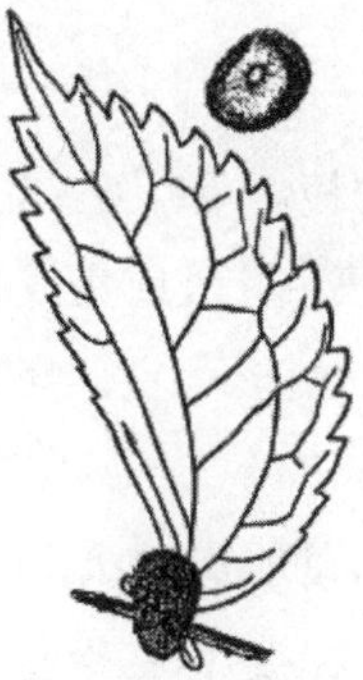

2-40 骤尖楼梯草

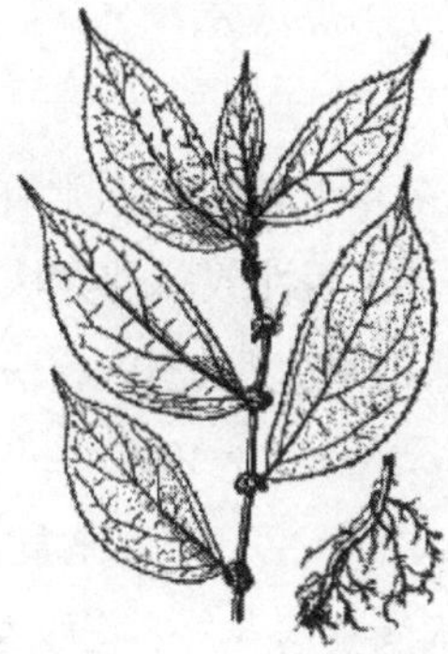

图2-41 多序楼梯草

图 2-42 苎麻

楼梯草属 *Elatostema* 草本或亚灌木。叶互生，二列，具短柄或无柄；两侧不对称，狭侧向上，宽侧向下。花小，单性，常聚生于无梗或有梗、具总苞的花序托上。瘦果小，狭卵形或椭圆形。代表：骤尖楼梯草 *E. cuspidatum*（图2-40）、多序楼梯草 *E. macintyrei*（图2-41）、宜昌楼梯草 *E. ichangense*。

苎麻属 *Boehmeria* 小乔木、灌木或多年生草本。叶互生或对生，边缘有牙齿，基出脉3条；托叶分生，稀合生，脱落。团伞花序腋生；总苞膜质，小。瘦果卵球形至倒卵球形，包于宿存花被中，果皮薄，有时具翅。代表：苎麻 *B. nivea*（图2-42）、序叶苎麻 *B. clidemioides* var. *diffusa*。

雾水葛属 *Pouzolzia* 草本或灌木。叶互生，或下部的对生；全缘或有锯齿，三出脉；托叶离生或基部合生。腋生团伞花序，花单性，雌雄同株。瘦果卵形，为花萼所包围。代表：雾水葛 *P.zeylanica*、红雾水葛 *P. sanguine*（图2-43）。

图2-43 红雾水葛

图2-44 糯米团

图2-45 水麻

图2-46 齿果酸模

糯米团属 *Gonostegia* 草本或亚灌木。叶对生或3枚轮生，或上部的叶互生，全缘；侧脉不分枝，直达叶尖。花单性，雌雄同株，腋生穗状花序或簇生。瘦果小，具数条突起纵肋。代表：糯米团 *G. hirta*（图2-44）。

水麻属 *Debregeasia* 灌木或小乔木。叶互生；基部三出脉；托叶2裂。花先排成球形的团伞花序，再排成腋生聚伞花序；花单性，同株或异株。果实由许多瘦果结成圆头状。代表：水麻 *D.orientalis*（图2-45）。

（15）山龙眼科 Proteaceae

银桦属 *Grevillea* 乔木。单叶互生，叶片多次羽状分裂，裂片披针形。总状花序，花橙黄色。蓇葖果，种子有翅。代表：银桦 *G. robusta*。

（16）蓼科 Polygonaceae

酸模属 *Rumex* 一年生或多年生草本。茎常有沟棱。单叶互生，全缘或羽状分裂，边缘常呈波状；托叶鞘易破裂而早落。花两性或单性异株，簇生叶腋或集成腋生或顶生圆锥花序；花被片6，排成2轮，内轮3片于果时增大呈翅状；子房三棱形，1室。瘦果三棱形。代表：皱叶酸模 *R. crispus*、齿果酸模 *R. dentatus*（图2-46）。

荞麦属 *Fagopyrum* 一年或多年生草本。茎直立，幼时肉质状。叶互生，三角状或箭形，有柄；托叶鞘膜质，无缘毛。总状或伞房花序；花两性；花被片5；雄蕊8枚，2轮，外轮5，内轮3；花柱3个，柱头头状。瘦果三棱形。代表：荞麦 *F. esculentum*（图2-47）、金荞麦 *F. dibotrys*（图版Ⅳ：F）。

图2-47 荞麦

图2-48 火炭母

图2-49 厚皮香八角

图2-50 白兰花

蓼属 *Polygonum* 一年生或多年生草本，稀半灌木。茎直立或平卧缠绕，节明显膨大。单叶互生，全缘，稀分裂；托叶鞘筒状，全缘，少有分裂，多具缘毛。花簇生，排成穗状、头状或圆锥状花序，顶生或腋生；花小，两性；雄蕊多为8枚；花柱2~3个，柱头头状。瘦果，三棱形或双凸透镜形。代表：红蓼 *P. orientale*、火炭母 *P. chinense*（图2-48）、杠板归 *P. perfoliatum*。

（17）仙人掌科 Cactaceae

仙人掌属 *Opuntia* 肉质小灌木。茎节扁平，棍棒状或近球形。叶小，早落。花单生于节的上部，辐射状；花冠美丽，绿色、红色或黄色；雄蕊多数，短于花瓣；花柱单生，柱头裂片短。浆果，有刺或无刺。代表：缩刺仙人掌 *O. stricta*、单刺仙人掌 *O. monacantha*、梨果仙人掌 *O. ficus-indica*、胭脂掌 *O. cochinellifera*。

（18）八角科 Illiciaceae

八角属 *Illicium* 常绿灌木或小乔木。各部光滑无毛，芳香，有辛辣味。单叶互生，但通常聚生或假轮生于小枝的顶部，革质，全缘；无托叶。花单生或有时2~3朵聚生于叶腋或叶腋之上；

两性，辐射对称；雄蕊多数；花柱短而弯曲。聚合果成熟时由数个至十余个木质的蓇葖果组成，呈星芒状；蓇葖果长圆形至宽椭圆形。代表：厚皮香八角*I.ternstroemioides*(图2-49)、小花八角*I. micranthum*、大花八角*I. macranthum*。

（19）木兰科 Magnoliaceae

木兰属 *Magnolia*　常绿或落叶乔木。叶互生，全缘，极少数先端2裂；托叶膜质，早落。花通常较大，多单生于枝的顶端，花被片9~15片，每3片一轮；雄蕊多数；离生心皮多数。果实为聚合蓇葖果，假种皮鲜红色，肉质。代表：玉兰*M. denudata*、二乔玉兰*M. soulangeana*、紫玉兰*M. liliflora*（图版Ⅳ:H）、厚朴*M. officinalis*、荷花玉兰*M. grandiflora*（图版Ⅳ:I）。

含笑属 *Michelia*　常绿乔木或灌木。叶互生，革质，全缘。花单生叶腋，芳香；花被片花瓣状，6~12片，每轮3片。雄蕊多数，离生心皮多数，聚合蓇葖果穗状，部分不育；种子红色或褐色，肉质。代表：白兰花*M. alba*（图2-50）、含笑*M. figo*、深山含笑*M. maudiae*。

鹅掌楸属 *Liriodendron*　落叶乔木。叶互生，马褂形，先端截平。花大，杯状，单生枝顶；花被片9片，排成3轮；雄蕊多数，离生心皮多数；果为聚合果，成熟时自果托脱落。代表：鹅掌楸*L. chinense*。

（20）蜡梅科 Calycanthaceae

蜡梅属 *Chimonanthus*　落叶或常绿灌木。鳞芽裸露，不为叶柄包被。叶纸质或近革质，叶面粗糙。花芳香，腋生，先叶开放，或花叶同放，花被片黄白色，或有紫红色条纹；心皮离生。果托坛状。代表：蜡梅*C. praecox*。

（21）樟科 Lauraceae

樟属 *Cinnamomum*　常绿乔木或灌木。单叶互生或近对生，革质，全缘，多为三出脉。圆锥花序、总状或聚伞状，腋生；两性花，花被宿存；发育雄蕊常9枚，花药4室；子房上位。代表：樟*C. camphora*（图2-51）、银木*C. septentrionale*（图2-52）、天竺桂*C. japonicum*。

图2-51　樟

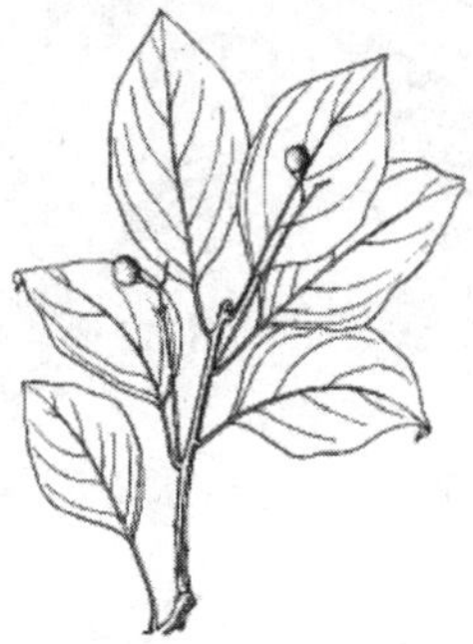

图2-52　银木

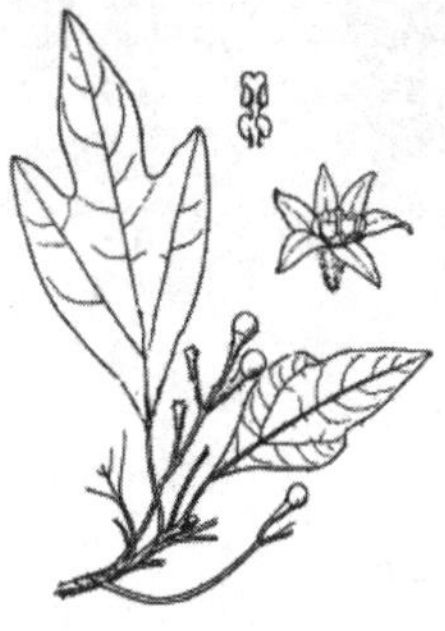

图2-53　檫木

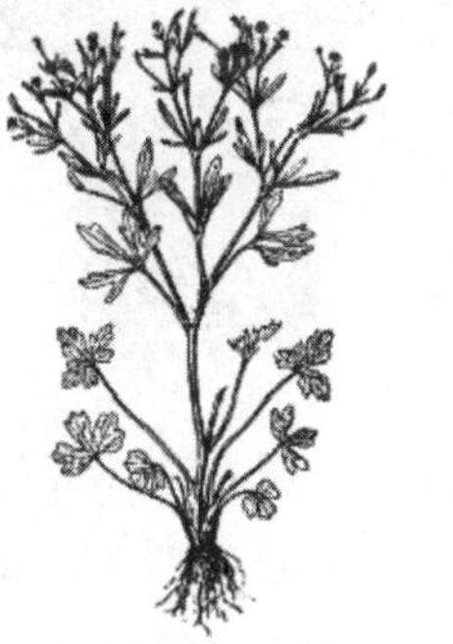

图2-54　石龙芮

木姜子属 *Litsea*　常绿或落叶小乔木。叶互生或近轮生，羽状脉。伞形花序或伞形聚伞花序；花单性，雌雄异株；花被裂片6，排成2轮，早落；能育雄蕊9枚或12枚，每轮3枚，花药4室；子房上位。浆果状核果。代表：近轮叶木姜子*L. elongata* var. *subverticillata*（图版Ⅳ:J）、绒叶木姜子*L. wilsonii*、毛叶木姜子*L. mollis*。

楠木属 *Phoebe*　常绿乔木或灌木。顶芽大。叶革质，全缘，互生，羽状脉。圆锥花序，腋生或聚生无叶短枝上；花被裂片6，排成2轮；子房上位，卵状或圆球状。宿存花被裂片紧贴果实基部。代表：桢楠 *P. zhennan*、白楠 *P. neurantha*、紫楠 *P. sheareri*。

此外，常见的还有檫木属 *Sassafras* 的檫木 *S. tzumu*（图2-53），叶顶端3裂；山胡椒属 *Lindera* 的山胡椒 *L. glauca*。润楠属 *Machilus* 的润楠 *M. pingii*，和楠木属的最明显的区别在于宿存花被裂片反卷；无根藤属 *Cassytha* 的无根藤 *C. filiformis*，寄生的草质藤本，穗状花序，雄蕊9枚，浆果。

（22）毛茛科 Ranunculaceae

毛茛属 *Ranunculus* 一年生或多年生草本。叶互生，全缘，分裂或复叶；叶柄基部多扩展，呈鞘状。花序单生或成圆锥状；花萼5，早落；花瓣5或多数，常为黄色；雄蕊多数，心皮多数。瘦果，密集成头状。代表：扬子毛茛 *R. sieboldii*、毛茛 *R. japonicus*、石龙芮 *R. sceleratus*（图2-54）（图版Ⅳ：K）。

黄连属 *Coptis* 多年生草本。根状茎黄色，生多数须根。叶基生，3或5全裂；叶柄长。花小，辐射对称，萼片5，黄绿色或白色；雄蕊多数，心皮5~14个，基部有柄。蓇葖果具梗；种子褐色，长椭圆形。代表：黄连 *C. chinensis*（图2-55）。

铁线莲属 *Clematis* 常绿或落叶木质藤本，少数为直立灌木。叶对生，有柄，常卷曲攀援；单叶、羽状复叶或3出复叶。聚伞花序；无花瓣；雄蕊多数；心皮多数。瘦果多数，集成头状，成熟时花柱伸长呈羽毛状。代表：小木通 *C. armandii*（图2-56）、铁线莲 *C. florida*。

本科常见植物还有唐松草属 *Thalictrum* 的多枝唐松草 *T. ramosum*、银莲花属 *Anemone* 的野棉花 *A. vitifolia*。

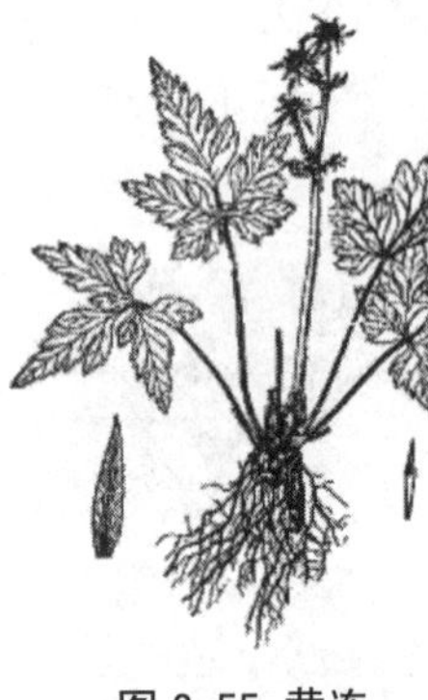
图2-55 黄连

图2-56 小木通

图2-57 桑

图2-58 黄葛树

（23）桑科 Moraceae

桑属 *Morus* 落叶乔木或灌木。无顶芽，腋芽覆瓦状。单叶互生；有托叶，披针形，早落。葇荑花序腋生，有梗；雌花果期变肉质，子房一室，胚珠倒生。小瘦果多数，形成聚花果。代表：桑 *M. alba*（图2-57）、鸡桑 *M. australis*。

榕属 *Ficus* 常绿或落叶乔木或灌木，有时为藤本状。有白色乳汁。托叶合生，包围顶芽，脱落后留下环状痕迹；单叶互生，少为对生，全缘，偶有锯齿或分裂。隐头花序；花序单生或成对腋生。瘦果种子状，淡棕黄色。代表：黄葛树 *F. virens* var.*sublanceolata*（图2-58）、菱叶冠毛榕 *F.*

gasparriniana var. *laceratifolia*、榕树 *F. microcarpaf.*、无花果 *F. carica*、地果 *F. tikoua*（图2-59）。

构属 *Broussonetia* 落叶乔木或灌木。无顶芽，腋芽小。单叶互生；托叶侧生，脱落后留下环痕。花单性，异株或同株；雄花序呈葇荑状；雌花序集呈头状。聚花果，球形，果熟时肉质；种子圆形。代表：构树 *B. papyifera*（图2-60）、藤构 *B. kaempferi* var. *australis*。

本科常见植物还有柘属 *Cudrani* 的柘树 *C. tricuspidata*。

图 2-59 地果

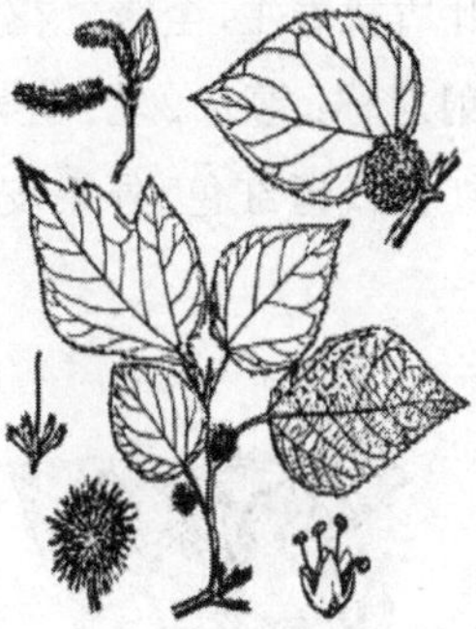
图 2-60 构树

图 2-61 十大功劳

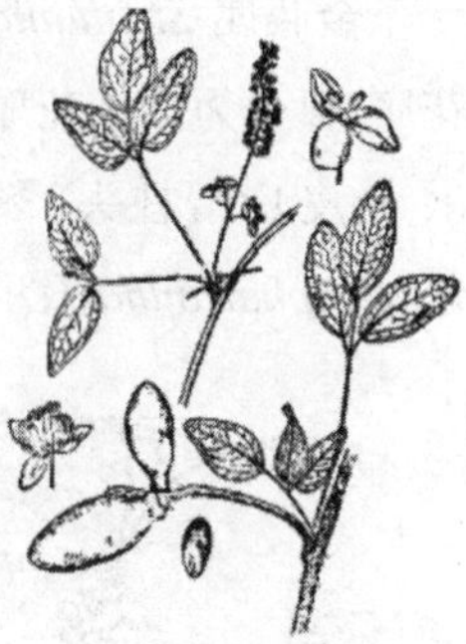
图 2-62 白木通

（24）小檗科 Berberidaceae

鬼臼属 *Dysosma* 多年生草本。根状茎粗壮而横走，茎直立，单生。叶盾状，多为掌状分裂。花数朵簇生，或呈伞形花序；花两性，下垂；花瓣6瓣；雄蕊6枚；子房1室，花柱显著，柱头膨大。浆果，种子多数。代表：云南八角莲 *D. aurantiocaulis*、八角莲 *D. versip*。

南天竹属 *Nandina* 常绿灌木。叶互生，为二至三回羽状复叶，小叶全缘；无托叶。花小，白色，聚成顶生或腋生的大型圆锥花序；花两性；花瓣6瓣；雄蕊6枚，与花瓣对生；子房1室。浆果球形，红色或橙红色。代表：南天竹 *N. domestica*。

十大功劳属 *Mahonia* 常绿灌木或小乔木。奇数羽状复叶，偶仅3小叶，互生；小叶边缘具刺齿，少有全缘；托叶小。花黄色，两性，多为总状花序；萼片9片，成3轮；花瓣6瓣，成2轮。浆果球形，深蓝色或黑色，常被蜡状白粉。代表：十大功劳 *M. fortunei*（图2-61）、宽苞十大功劳 *M. eurybracteata*、小果十大功劳 *M. bodinieri*。

（25）木通科 Lardizabalaceae

木通属 *Akebia* 落叶或半常绿木质藤本。光滑无毛。叶为掌状复叶，有长柄；小叶有短柄。腋生总状花序，雌雄同株；萼片3片；雄花雄蕊6枚，离生；雌花心皮3~12个，1室，胚珠多数。浆果长椭圆形，肉质；种子多数，黑色。代表：白木通 *A. trifoliata* subsp. *australis*（图2-62）、木通 *A. quinata*、三叶木通 *A. trifoliata*。

牛姆瓜属 *Holboellia* 常绿木质藤本。光滑无毛。掌状复叶，有长柄；小叶3~9片，全缘，有柄。少数花排成腋生总状花序；雌雄同株，萼片6片，花瓣状，近肉质；蜜腺细小。浆果富含浆汁，成熟时开裂；种子多数，黑色。代表：五月瓜藤 *H. angustifolia*、短蕊八月瓜 *H. brachyandra*、牛姆瓜 *H. grandiflora*、八月瓜 *H. latifolia*。

（26）防己科 Menispermaceae

秤钩风属 *Diploclisia* 木质藤本。枝常长而下垂。叶革质，具掌状脉；叶柄非盾状或近基部着生。聚伞花序腋生或聚伞圆锥花序生于老枝上；花单性；花瓣6瓣；雄蕊6枚，分离。雌花萼片和花瓣与雄花相似；不育雄蕊6枚；心皮3个。核果倒卵形或长圆状狭倒卵形；种子马蹄形。代表：秤钩风 *D.affinis*（图2-63）、苍白秤钩风 *D. glaucescens*。

千金藤属 *Stephania* 攀援灌木或藤本。叶盾状着生，全缘。花成小聚伞花序，再排列为伞形花序，很少为圆锥花序或总状花序；雄花辐射对称；萼片2轮；花瓣1轮。雌花萼片和花瓣各1轮；心皮1个，柱头3裂。核果鲜时近球形，红色或橙红色，外果皮肉质，无毛。代表：金线吊乌龟 *S. cepharantha*（图2-64）。

图 2-63 秤钩风

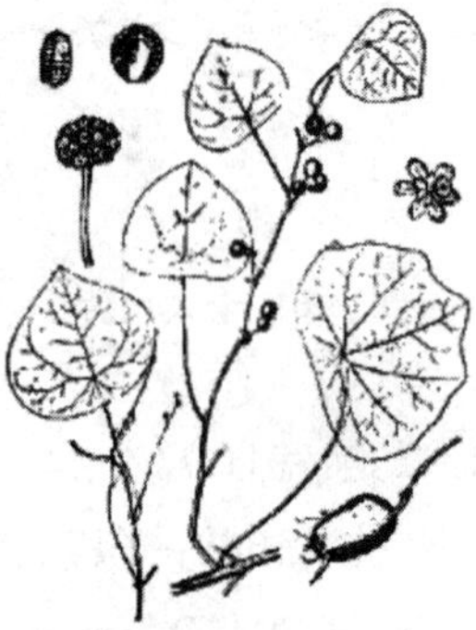
图 2-64 金线吊乌龟

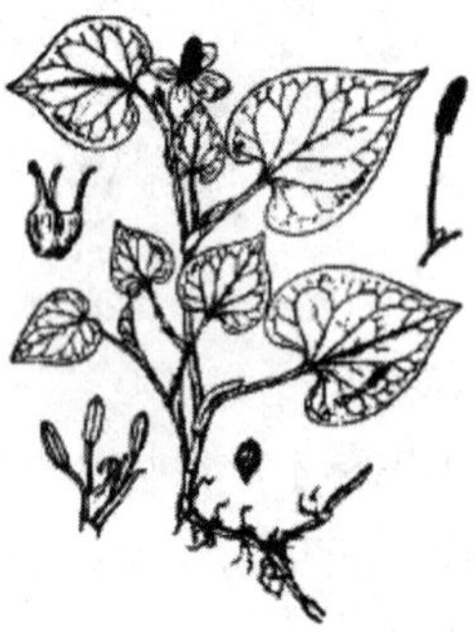
图 2-65 蕺菜

图 2-66 石楠藤

（27）睡莲科 Nymphaeaceae

莲属 *Nelumbo* 多年生水生草本。根状茎粗壮，横生，节上生须根。叶大，圆形，通常伸出水面；叶柄常有刺。花大，单生，颜色多样，白色、黄色、红色或粉红色，花梗粗长，直立；花瓣和雄蕊多数；子房上位，柱头顶生。果为聚合果，由多数小坚果组成，外果皮革质，坚硬，光滑。代表：莲 *N. nucifera*。

睡莲属 *Nymphaea* 多年生水生草本。根状茎横生或直生。叶浮于水面，通常为心形。花大，多色而艳丽；萼片4片；花瓣多层；雄蕊多数。果实为一海绵质的浆果，在水中成熟；种子细小。代表：睡莲 *N. tetragona*、白睡莲 *N. alba*、雪白睡莲 *N. candida*。

（28）三百草科 Saururaceae

蕺菜属 *Houttuynia* 草本。叶心形，密生细腺点，全缘，具柄；托叶膜质。穗状花序，基部有4片白色花瓣状的总苞；花小，两性；雄蕊3枚，花丝长；子房上位，花柱3个。蒴果，于花柱间开裂；种子卵圆形。代表：蕺菜 *H. cordata*（图2-65）。

（29）胡椒科 Piperaceae

胡椒属 *Piper* 攀援藤本或灌木，稀草本或小乔木。植株常有香气；节膨大。叶互生，全缘。花通常单性，异株，密集成穗状花序；苞片盾状或杯状；雄蕊2~6枚。浆果为黄色或红色。代表：石楠藤 *P. wallichii*（图2-66）（图版Ⅳ：M）、华南胡椒 *P. austrosinense*、蒌叶 *P. betle*。

（30）金粟兰科 Chloranthaceae

草珊瑚属 *Sarcandra*　半灌木。无毛，木质部具管胞。单叶对生；叶柄基部合生。花两性；花序顶生，通常由3个穗状花序组成；无花萼和花冠；雄蕊1枚；子房卵形或圆形。核果成熟时为红色或橙红色；种子含丰富的胚乳，胚微小。代表：草珊瑚 *S. glabra*（图2-67）、海南草珊瑚 *S. glabra* subsp. *brachystachys*。

（31）芍药科 Paeoniaceae

芍药属 *Paeonia*　多年生草本、半灌木或柔软灌木。地下部块状或粗厚。叶大，互生，单叶3裂、三出或羽状复叶；无托叶。花大，顶生；萼片革质，宿存；雄蕊多数。蓇葖果；种子大，胚乳丰富，胚小。代表：芍药 *P. lactiflora*、美丽芍药 *P. mairei*、牡丹 *P. suffruticosa*（图2-68）。

（32）猕猴桃科 Actinidiaceae

猕猴桃属 *Actinidia*　木质藤本。髓实心或呈层片状；冬芽小。叶互生；无托叶。花单生或成腋生的聚伞花序；单性与两性共存或单性雌雄异株；花瓣5瓣；雄蕊多数；子房上位，多室。果为浆果；种子多数。代表：硬齿猕猴桃 *A. callosa*、肉叶猕猴桃 *A. carnosifolia*、城口猕猴桃 *A. kouensis*。

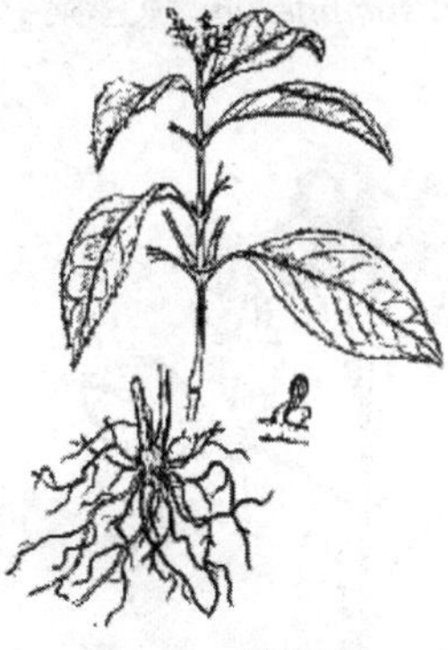

图2-67 草珊瑚

图2-68 牡丹

图2-69 陕西短柱茶

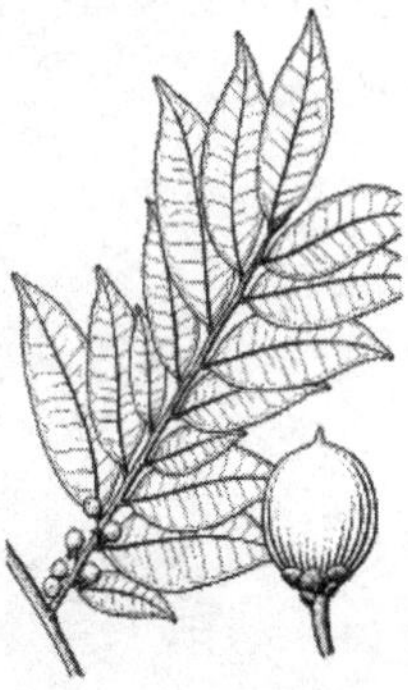

图2-70 钝叶柃

（33）茶科 Theaceae

茶属 *Camellia*　叶有短柄；叶片革质，叶缘有锯齿。花单生于叶腋或枝顶，或2~4朵成聚伞花序；花两性；花冠白色或红色。蒴果有脱落性中轴；种子亚球形，有棱角，无翅。代表：陕西短柱茶 *C. shensiensis*（图2-69）、重庆山茶 *C. chungkingensis*。

柃属 *Eurya* 常绿灌木或乔木。冬芽裸露，细枝圆柱形或有棱。单叶，互生，革质，常排成两列。花两性，雌雄异株，小型，腋生，单生或簇生于短花序梗上；小苞片宿存；花瓣基部连合；花柱分离或结合。果实为核果状浆果，种子少数至多数。代表：钝叶柃 *E.obtusifolia*（图2-70）、细齿叶柃 *E. nitida* var. *nitida*、细枝柃 *E. loquiana*、岗柃 *E. groffii*。

大头茶属 *Gordonia*　常绿乔木。叶革质，互生。花单生或簇生；苞片脱落；萼片宿存；雄蕊多数，基部连合，附着于花瓣基部，花药丁字着生。蒴果长椭圆形，木质，胞背开裂，中轴宿存；种子扁，无胚乳。代表：四川大头茶 *G. acuminata*、广西大头茶 *G. kwangsiensis*。

厚皮香属 *Ternstroemia* 常绿乔木或灌木。无毛。单叶，革质，螺旋状排列，全缘或近全缘。

花两性，单生于叶腋，有梗；萼片基部连合，宿存；花瓣覆瓦状排列。浆果；种子小，马蹄形，压扁，有胚乳。代表：四川厚皮香 *T. sichuanensis*（图2-71）。

（34）藤黄科 Guttiferae

金丝桃属 *Hypericum* 草本或灌木。单叶，通常对生，纸质，全缘，常有腺点；有短柄或无。花单生或排成顶生或腋生的聚伞花序；黄色，很少粉红色或淡紫色，萼片5片；花瓣5瓣；雄蕊多数；子房上位。蒴果室间开裂；种子圆柱形或小球形。代表：元宝草 *H. sampsonii*、金丝梅 *H. patulum*、贯叶连翅 *H. perforatum*。

（35）罂粟科 Papaveraceae

紫堇属 *Corydalis* 草本。直立、平卧或蔓生。通常具根茎或块茎。叶基生或茎生，二回羽状，三出全裂后深裂。总状花序；萼片2片，很小；花瓣4瓣；雄蕊6枚，二体；子房1室，柱头2裂。蒴果长圆形或线形或卵形；种子细小。代表：尖距紫堇 *C. sheareri S.Moore*(图2-72)、毛黄堇 *C. tomentella*、全冠黄堇 *C. tongolensis*。

罂粟属 *Papaver* 草本，少为灌木状。具粗毛或白粉，通常含乳汁状液。叶浅裂或深裂。花单生，有长梗；萼片2片，早落；花瓣4瓣或较多；心皮多数。蒴果，成熟时在柱头辐射状分枝下方有1轮孔裂口；种子小，多数。代表：虞美人 *P. rhoeas*（图2-73）、罂粟 *P. somniferum*、鬼罂粟 *P. orientale*。

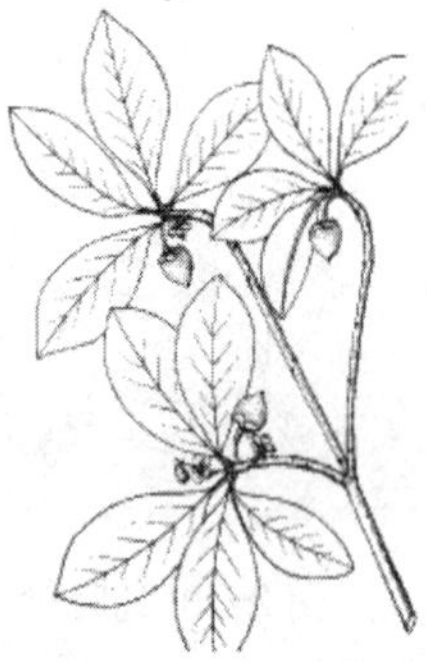
图 2-71 四川厚皮香

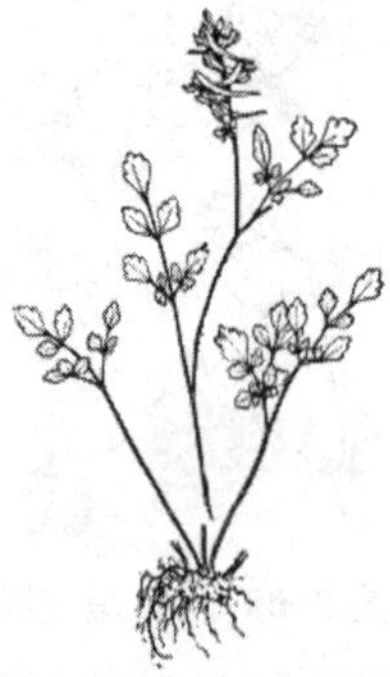
图 2-72 尖距紫堇

图 2-73 虞美人

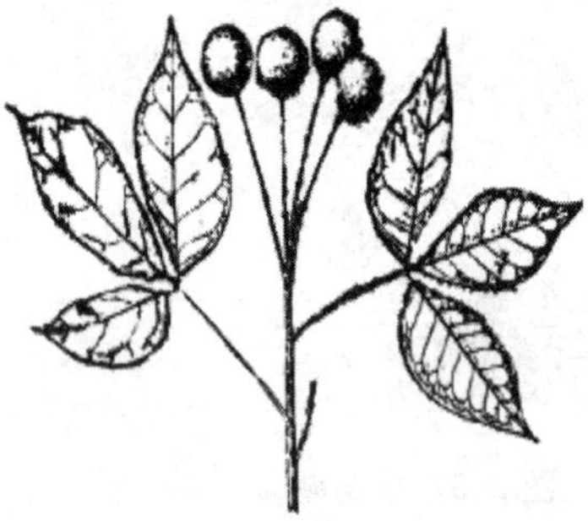
图 2-74 鱼木

（36）山柑科 Capparidaceae

鱼木属 *Crateva* 落叶乔木。常无毛，小枝有明显皮孔。叶互生，掌状3片小叶；叶柄长；托叶细小，早落。总状或伞房状花序顶生；花两性或杂性；花大，白色；花瓣4瓣；子房1室，柱头明显。浆果球形或椭圆形，果皮革质，坚硬，干后灰色或红紫褐色。代表：鱼木 *C. formosensis*(图2-74)（图版Ⅳ：O）、沙梨木 *C. nurvala*。

白花菜属 *Cleome* 草本，稀亚灌木。常被黏性柔毛或腺毛，具臭味，有时有刺。掌状复叶，互生。总状花序顶生或再组成圆锥花序，常有苞片，花两性；花瓣4瓣；子房1室，胚珠多数。蒴果圆柱形；种子少数至多数，肾形。代表：白花菜 *C. gynandra*、皱子白花菜 *C. rutidosperma*、美丽白花菜 *C. speciosa Raf.*、醉蝶花 *C. spinosa*。

（37）十字花科 Cruciferae

芸苔属 *Brassica* 一年生、二年生或多年生草本。基部常形成块根；茎直立，有时具白粉。

基生叶常大头状羽裂，上部叶全缘；无叶柄。总状花序；花黄色或淡黄色，十字形花冠，4强雄蕊。长角果圆柱形，成熟时开裂；种子每室1行，球形，黄色或红褐色。代表：油菜 *B. rapaaeus* var. *oleifera*、白菜 *B. rapaaeus* var. *glabra*、花椰菜 *B. oleraceaaeus* var. *botrytisaeus*。

萝卜属 *Raphanus* 一年生或二年生草本。多分枝，有硬毛。根肉质，球形或圆锥状。叶大头状羽裂。总状花序；花较大，多为白色，十字形花冠，4强雄蕊。长角果不开裂，圆筒形，海绵质；种子球形，无翅。代表：萝卜 *R. sativusaeus*。

蔊菜属 *Rorippa* 一年生至多年生草本。叶全缘，羽状分裂或浅裂。总状花序；花小，黄色。长角果圆柱形或线形；种子多数，每室1~2行。代表：蔊菜 *R. indica*、无瓣蔊菜 *R. dubia*。

本科常见植物还有碎米荠属 *Cardamine* 的碎米荠 *C. hirsuta*、诸葛菜属 *Orychophragmus* 的诸葛菜 *O. violaceus*、荠菜属 *Capsella* 的荠菜 *C. bursapastoris*。

（38）悬铃木科 Platanaceae

悬铃木属 *Platanus* 乔木。树皮片状剥落。叶互生，掌状分裂；托叶膜质，早落。花密集成球形头状花序，雌雄花序相似；单性，雌雄同株；子房长圆形。坚果有种子1粒，外围有长毛，并密集成圆柱形的聚合果。代表：法国梧桐 *P. acerifolia*、悬铃木 *P. occidentalis*、净土树 *P. orientalis*。

（39）金缕梅科 Hamamelidaceae

檵木属 *Loropetalum* 常绿灌木或小乔木。有星状毛。单叶互生，卵圆至长椭圆形，全缘；托叶膜质。花4~8朵集成头状，生于小枝顶端；花瓣4瓣，条形，白色；雄蕊4枚；子房半下位。蒴果木质；种子2粒，白色，具光泽。代表：檵木 *L. chinense*、大果檵木 *L. lanceum*。

蚊母树属 *Distylium* 常绿乔木或灌木。芽卵形，有短柔毛。叶具短柄；全缘或具牙状齿，羽状脉。腋生总状花序；花杂性或单性；无花瓣；花柱较长。蒴果，每室1粒种子。代表：蚊母树 *D. racemosum*、杨梅蚊母树 *D. myricoides*（图2-75）。

枫香属 *Liquidambar* 落叶乔木。芽卵形。叶具长柄；掌状3~7裂，有锯齿；托叶小形，早落。花无被，单性，同株；不具花萼；雄蕊多数，花丝短。雌花序头状；子房半下位；花柱2个。果实球形；蒴果先端开裂；种子1~2粒，扁平具翅。代表：缺萼枫香树 *L. acalycina*、枫香树 *L. formosana*（图2-76）。

（40）景天科 Crassulaceae

景天属 *Sedum* 草本。少有茎基部木质、肉质、直立或外倾的，有时丛生。叶各式，对生、轮生或互生，全缘或有锯齿。聚伞状或伞房状花序腋生或顶生；花白色、黄色、红色或紫色，两性或稀单性；花萼常4~5深裂；花瓣通常4~5瓣，分离，有时基部连合；雄蕊常为花瓣的两倍，成2轮，有时同数1轮；心皮4~5个，常分离，胚珠常多数。蓇葖果。代表：凹叶景天 *S. emarginatum* Migo、细叶景天 *S. elatinoides*、垂盆草 *S. sarmentosum*。

落地生根属 *Bryophyllum* 肉质草本或半灌木。茎常直立。叶对生或3叶轮生，单叶，浅裂或羽状分裂，或为羽状复叶。花大形，常下垂，颜色鲜艳；花为四基数；花冠与萼片同长，合生，在心皮上紧缩，花冠裂片4片；雄蕊着生在花冠管基部或中部以下，花丝与花冠筒同长，鳞片半圆形。正方形或线形；心皮常较长于花柱。代表：落地生根 *B. pinnatum*。

（41）虎耳草科 Saxifragaceae

虎耳草属 *Saxifraga* 多年生或两年生草本。单叶，常基生，茎生叶互生。花序总状。圆锥状或聚伞状，有小苞片；花两性，辐射对称，或两侧对称；萼片5片；花瓣通常5瓣；雄蕊10枚，少数为8枚；子房通常2室，中轴胎座，花柱分离。果实为蒴果。代表：虎耳草 *S. stolonifera*（图2-77）（图版Ⅴ：C）。

图 2-75 杨梅蚊母树

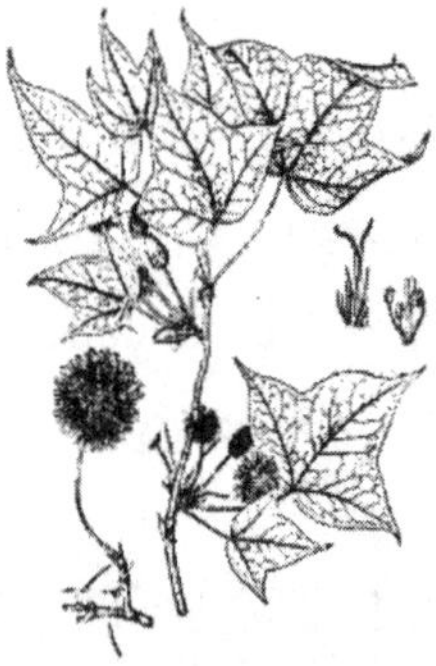
图 2-76 枫香树

图 2-77 虎耳草

图 2-78 多花溲疏

黄常山属 *Dichroa* 灌木。单叶对生。顶生圆锥花序；花两性，同型，萼片5~6裂；花瓣5~6瓣，镊合状；雄蕊10~20枚；花柱4~6个，子房下半位，不完全3~5室。浆果，种子多数。代表：常山 *D. febrifuga*。

绣球属 *Hydrangea* 落叶灌木或半灌木，少为攀援状。小枝髓心发达，白色或棕色，皮常呈鳞片状剥落。单叶对生，无托叶。花两性；聚伞花序或圆锥花序顶生，花序边缘有不孕花；不孕花常有3~5片呈花瓣状的萼片；完全花萼片4~5裂，小形；花瓣4~5瓣，镊合状；雄蕊10枚，少为8~20枚；子房下位或半下位，2~5室，花柱2~5个。果实为蒴果。代表：绣球 *H. macrophylla*、山绣球 *H. macrophylla* var. *normalis*。

溲疏属 *Deutzia* 多为灌木。落叶。植物体常被星状毛，小枝中空，髓心发达，白色；树皮褐色，常呈薄片状脱落；芽鳞覆瓦状。叶对生，常被星状毛；边缘有锯齿；有柄无托叶；聚伞花序或圆锥花序，少单生；花白色或淡红色；萼片5裂；花瓣5瓣；雄蕊10枚，少有多数，2轮，较花瓣微短；子房下位，花柱3~5个，离生。果实为蒴果，代表：多花溲疏 *D. setchuenensis* var. *corymbiflora*（图2-78）。

鼠刺属 *Iltea* 常绿或落叶灌木或乔木。小枝髓心呈片状；芽小，重叠，芽鳞片3~4片。单叶互生，叶边常有锯齿或牙齿；不具托叶。花两性，较小，白色，总状花序或穗状花序，腋生或顶生；萼筒倒圆锥形；萼片5片宿存；花瓣5瓣；雄蕊5枚，花药长椭圆形；子房上位或半下位，2室。果实为蒴果。代表：矩圆叶鼠刺 *I. chinensis* var. *oblonga*（图2-79）。

（42）海桐花科 Pittosporaceae

海桐属 *Pittosporum* 常绿灌木或乔木。叶互生或近轮生，全缘或呈波状。花为顶生的圆锥花序或伞房花序，或单生于叶腋内；萼片5片；花瓣5瓣；雄蕊5枚，花丝无毛，花药背部着生；子房为不全裂的2室，少为3~5室，花柱单一，胚珠多数，侧膜胎座。果实为蒴果。代表：海桐 *P. tobira*（图版Ⅴ：D）、木果海桐 *P. xylocarpum*（图2-80）。

（43）酢浆草科 Oxalidaceae

酢浆草属 *Oxalis* 一年生或多年生草本。有酸味；常具块茎或鳞茎。叶互生或基生，通常为掌状三出复叶，于晚间闭合。花白色、黄色或红色，单生或数朵排成聚伞花序或伞房序；萼片5片，覆瓦状排列；花瓣5瓣，下位生；雄蕊10枚，花丝分离，常于基部合生，5长5短；子房5心皮，花柱5个，离生，柱头头状。果实为蒴果。代表：酢浆草 *O. corniculata*、红花酢浆草 *O. corymbosa*。

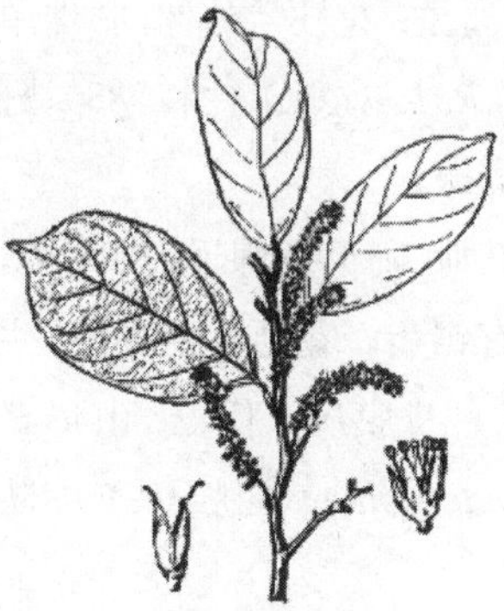

图 2-79 矩圆叶鼠刺

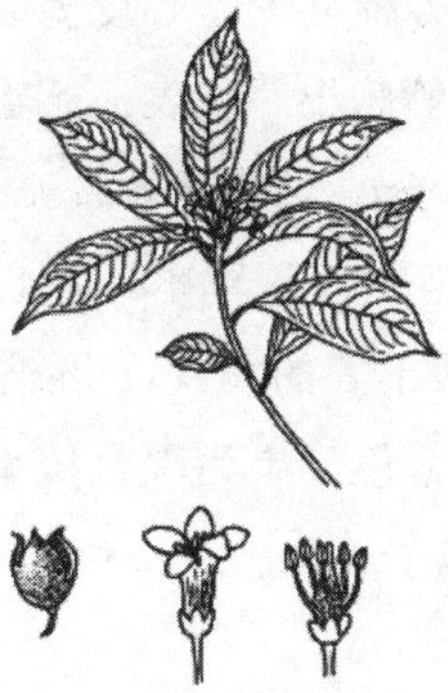

图 2-80 木果海桐

图 2-81 天竺葵

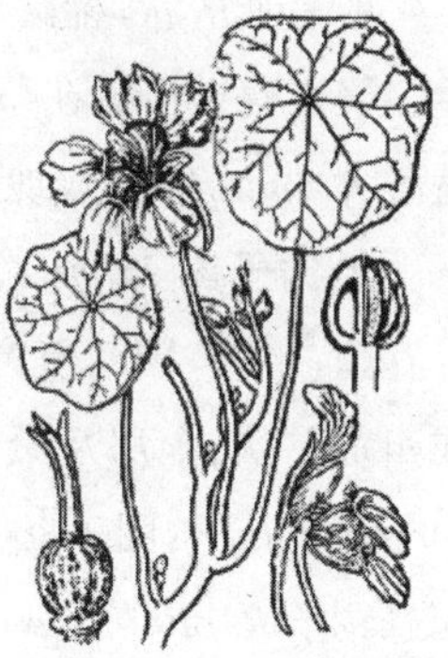

图 2-82 旱金莲

（44）牻牛儿苗科 Geraniaceae

老鹳草属 *Geranium* 一年或多年生草本。叶对生或互生，圆形至肾形，掌状浅裂或深裂。花整齐，无距；萼片与花瓣各5片，花瓣与5粒腺体互生；雄蕊10枚，全部有花药；子房5室，花柱5个，连合成喙状。果实为蒴果。代表：野老鹳草 *G. carolinianum*、尼泊尔老鹳草 *G. nepalense*。

天竺葵属 *Pelargonium* 多年生草本或半灌木。茎多少肉质。叶通常互生，边缘具锯齿或分裂，有强烈气味；具托叶。伞形花序腋生，有长梗；萼片5片；花瓣5瓣，稍不等大，颜色多种；雄蕊10枚，5~7枚有花药；子房5室，花柱5裂，线形。蒴果，有5果瓣。代表：天竺葵 *P. hortorum*（图2-81）。

（45）旱金莲科 Tropaeolaceae

旱金莲属 *Tropaeolum* 一年生或多年生多汁草本，常匍匐或蔓生。单叶互生，盾状，具长柄。花两性，略两侧对称，单生叶腋，萼片5片；花瓣5瓣，大小不等；雄蕊8枚，排成2轮，花丝不等长；子房上位，3心皮3室，中轴胎座，每室1粒胚珠。果实成熟时为肉质。代表：旱金莲 *T. majus*（图2-82）。

（46）亚麻科 Linaceae

石海椒属 *Reinwardtia* 灌木。单叶互生。花黄色；排成腋生或顶生的簇生花序；雄蕊5枚，下部合生成鞘状；花柱3~4个。蒴果，有完全的假隔膜；种子肾形。代表：石海椒 *R. indica*(图2-83)。

（47）蔷薇科 Rosaceae

龙牙草属 *Agrimonia* 多年生草本。奇数羽状，全裂单叶似复叶；托叶下部与叶柄合生。顶生总状花序；花小，黄色。瘦果包于具钩刺的萼筒内。代表：龙芽草 *A. pilosa*。

绣线菊属 *Spiraea* 落叶灌木。单叶互生，三角状卵形，叶缘有粗齿；无托叶。伞形或伞房花序，花两性，花瓣5，白色。蓇葖果，沿腹缝开裂；种子细小。代表：麻叶绣线菊 *S. cantoniensis*。

李属 *Prunus* 乔木或灌木，落叶或常绿。单叶互生；托叶早落，有时叶片基部或叶柄有腺体，叶有锯齿。单花，伞形花序或数朵簇生叶腋；花两性，花托通常杯状。单心皮，子房上位，核果。代表：大叶桂樱 *P. zippeliana*（图2-84）、梅 *P. mume*、杏 *P. armeriaca*、李 *P. salicina*、樱桃 *P. pseudocerasus*。

蔷薇属 *Rosa* 直立、蔓生或攀援灌木。一般有皮刺和刺毛。叶互生，羽状复叶，稀单叶。花单生或呈伞房状，稀圆锥花序；萼筒球形，坛形，稀杯形。心皮多数，离生；花柱常外伸，胚珠单生。聚合瘦果包被在萼筒内，连同萼筒一起称蔷薇果。代表：金樱子 *R. laevigata*（图2-85）、野蔷薇 *R. multiflora*、玫瑰 *R. rugosa*、月季 *R. chinensis*、悬钩子蔷薇 *R. rubus*。

悬钩子属 *Rubus* 落叶或常绿灌木或多年生匍匐草本。茎具皮刺、刺毛及腺毛，稀无刺。叶互生，单叶、羽状复叶或掌状复叶，常有深浅不等的裂片，叶缘常有锯齿。花通常两性，单生或组成总状、伞房及聚伞圆锥花序，白色或淡紫色。果为聚合核果；种皮膜质。代表：山莓 *R. corchorifolius*（图2-86）、寒莓 *R. buergeri*、乌泡子 *R. parkeri*、茅莓 *R. parvifolius*（图版Ⅴ:F）、陕西悬钩子 *R. piluliferus*。

苹果属 *Malus* 落叶乔木或灌木。通常无枝刺。叶全缘或有分裂，叶缘有锯齿。伞形聚伞花序；子房下位，3~5室，每室2粒胚珠。梨果球形。代表：苹果 *M. pumila*、垂丝海棠 *M. halliana Koehne*。

（48）含羞草科 Mimosaceae

含羞草属 *Mimosa* 一年生草本或灌木。叶为二回羽状偶数复叶，小叶很小，多数。圆球状头状花序，花小，两性或单性，花冠整齐，管状，花丝分离；子房有或无柄，胚珠数粒。果实为节荚，荚缘宿存于果梗上。代表：含羞草 *M. pudica*。

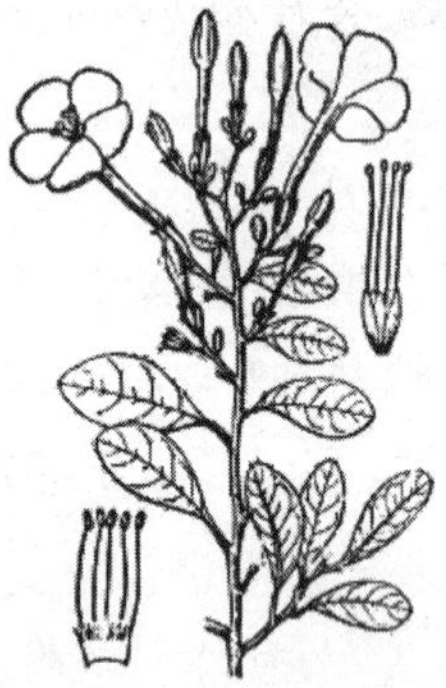
图2-83 石海椒

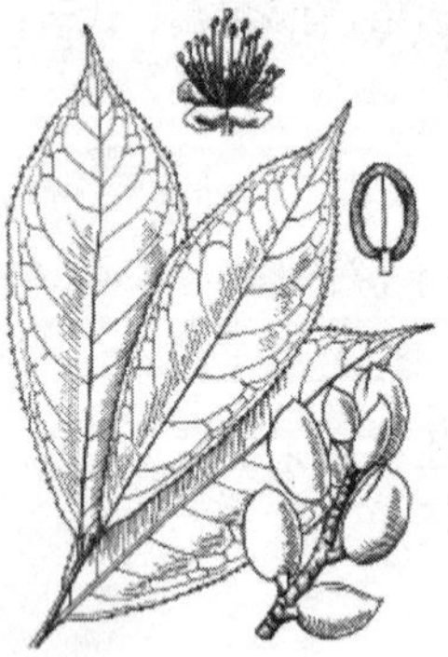
图2-84 大叶桂樱

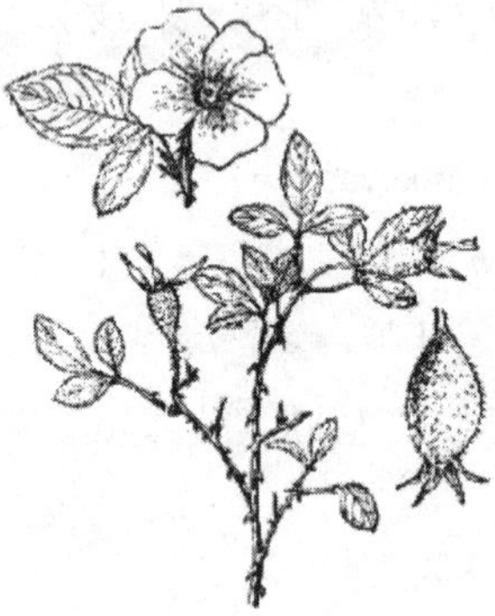
图2-85 金樱子

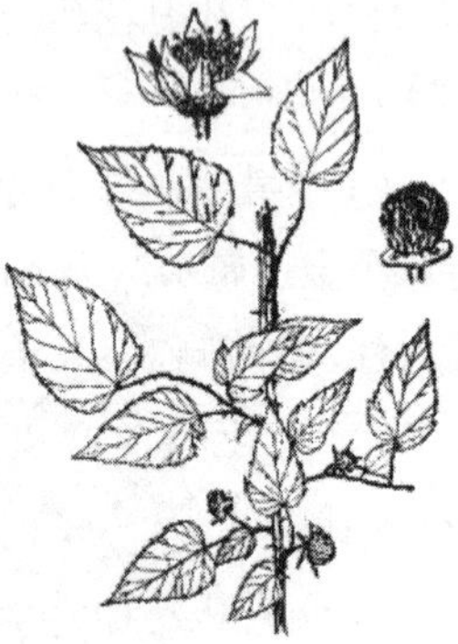
图2-86 山莓

合欢属 *Albizia* 落叶乔木。无刺，很少托叶变为刺。二回羽状复叶，小叶通常多而小，对生。由头状花序再组成总状、伞房状或圆锥花序；花小，两性；子房胚珠多数。荚果扁平。代表：合欢 *A. julibrissin*、山槐 *A. kalkora*。

（49）云实科 Caesalpiniaceae

紫荆属 *Cercis* 落叶灌木或乔木，无刺。单叶互生，全缘，叶片较大。花簇生于老干上或排成总状花序，花萼呈钟状，花左右对称，假蝶形；雄蕊10枚，离生；子房有柄。荚果扁平。代表：

紫荆 *C. chinensis*、白花紫荆 *C. chinensis f. alba*。

云实属 *Caesalpinia*　乔木、灌木或藤本。二回羽状偶数复叶。花大而美丽，排成腋生或顶生总状或圆锥花序；花萼仅基部连合；雄蕊10枚，离生。荚果扁平或肿胀，平滑或有刺。代表：华南云实 *C. crista*（图2-87）、云实 *C. decapetala*。

（50）蝶形花科 Papilionaceae

豌豆属 *Pisum*　一、二年生或多年生草本。偶数羽状复叶，托叶大，与小叶同形。花单生或数朵成腋生总状花序；花冠蝶形，白色或紫色。荚果长圆形，常具种子数粒。代表：豌豆 *P. sativum*。

草木犀属 *Melilotus*　草本。茎直立。羽状三出复叶，叶片有细齿；托叶与叶柄合生。腋生细瘦总状花序，花小；花冠黄色、白色或淡紫色；胚珠少数。荚果小，不裂，含1~2粒种子。代表：黄香草木犀 *M. officinalis*。

豇豆属 *Vigna*　一年生或多年生缠绕草质藤本，或直立。三出羽状复叶；托叶盾状着生或基着。总状花序腋生，花常两两成对生于花序轴顶端；胚珠多数。荚果圆柱状，细长。代表：红豆 *V. angularis*。

（51）大戟科 Euphorbiaceae

大戟属 *Euphorbia*　草本、灌木或乔木。茎有时肉质，呈仙人掌状。单叶互生、对生或轮生。花单性，无被，组成杯状聚伞花序，顶生或腋生，总苞杯状。蒴果，成熟时常分裂为3个分果。代表：一品红 *E. pulcherrima*、泽漆 *E. helioscopia*。

巴豆属 *Croton*　乔木或灌木，稀为草本。叶互生，少数对生或近轮生，叶片基部或叶柄顶端有2枚腺体。花单性同株，稀异株，排成总状或穗状花序，顶生或腋生。子房3室，每室1粒胚珠。蒴果。代表：巴豆 *C. tiglium*（图2-88）（图版Ⅴ：Ⅰ）。

图2-87 华南云实

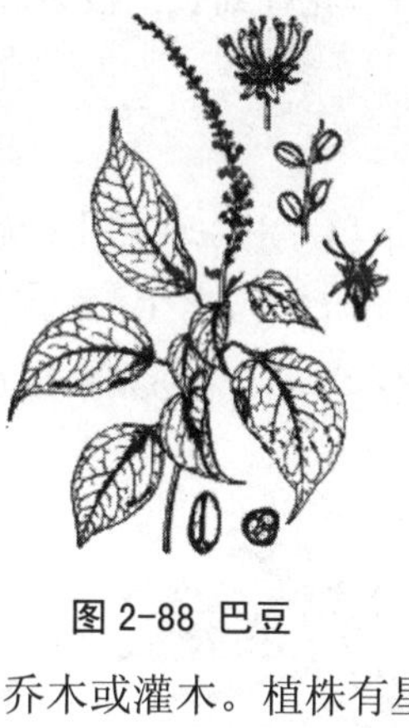
图2-88 巴豆

图2-89 山乌桕

图2-90 算盘子

野桐属 *Mallotus*　乔木或灌木。植株有星状毛。叶互生，少数对生，叶背通常有腺点。花雌雄异株，少数同株，排成穗状、总状或圆锥花序。蒴果有毛、刺或小突起，开裂；种皮光亮。代表：野桐 *M. japonicus*。

乌桕属 *Sapium*　乔木或灌木。含白色乳汁，通常全体无毛。叶多互生，全缘，羽状脉。花雌雄同株，排成顶生或腋生的穗状或总状花序。蒴果球形或梨形，3裂；种子球形，常附着于中轴上。代表：乌桕 *S. sebiferum*、山乌桕 *S. discolor*（图2-89）。

算盘子属 *Glochidion* 灌木或小乔木，稀多年生草本。单叶互生，全缘；托叶宿存。花小，单性同株，稀异株，无花瓣，簇生叶腋或组成短小聚伞花序。蒴果扁球形或球形，熟时裂为分果。代表：算盘子 *G. puberum*（图2-90）。

（52）芸香科 Rutaceae

柑橘属 *Citrus* 常绿灌木或乔木。枝无刺或有刺。叶互生，单身复叶，革质，有半透明油腺点。花两性，单生，数朵簇生或成总状花序，白色或淡紫色，有芳香气味。柑果球形、卵形或扁圆形，多室。种子纺锤形、楔形或卵圆形，多胚或单胚。代表：柑橘 *C. reticulata*、柳橙 *C.sinensis cv. Liu* 。

花椒属 *Zanthoxylum* 落叶或常绿灌木或小乔木。通常有皮刺。叶互生，单数羽状复叶，小叶边缘有锯齿。花小，单性异株或杂性，成顶生或腋生的聚伞或圆锥花序。蓇果呈2~5分瓣的蓇葖，成熟时红色或紫红色；种子1粒，黑色，具光泽。代表：花椒 *Z. anum*、刺花椒 *Z. acanthopodium*。

（53）楝科 Meliaceae

香椿属 *Toona* 乔木。芽近圆形，外具数鳞片。叶常为偶数，很少为奇数羽状复叶，小叶全缘或有锯齿，具各式透明的小油点。大形圆锥花序顶生或腋生；花小，两性，萼短5齿裂或分裂为5片；花瓣5瓣，远长于花萼，彼此分离；雄蕊5枚，稀4~6枚，分离，花丝钻状，花药丁字着生，基部心形；子房5室，每室有8~12粒，花柱单生，线形，柱头盘状。蒴果木质或核质。代表：香椿 *T. sinensi s*。

楝属 *Melia* 落叶乔木。幼嫩部分常被星状粉状毛；小枝明显具叶痕或皮孔。二至三回羽状复叶，小叶全缘或有齿。圆锥花序腋生；花两性，多数，白色或带紫色；花萼5~6裂；花瓣5~6瓣，分类，线状匙形，远长于萼；雄蕊管圆筒形，有齿及线条，花药10~12枚，着生于雄蕊管上部裂齿间；花盘环状，子房4~8室，每室有叠生胚珠2粒，花柱细长。核果近肉质，核骨质。代表：川楝 *M. toosendan*（图2-91）。

（54）马桑科 Coriariaceae

马桑属 *Coriaria* 灌木或草本，小枝有棱，无毛。单叶对生或轮生；无托叶。花单生叶腋或排列成总状花序；花小，两性或单性，绿色，萼片和花瓣5片，离生；雄蕊10枚；子房上位，心皮5~10个，分离，花柱5个。果实为浆果状蒴果。代表：马桑 *C. nepalensis*（图2-92）、台湾马桑 *C. intermedia*。

图2-91 川楝

图2-92 马桑

图2-93 黄连木

图2-94 三角槭

（55）漆树科 Anacardiaceae

盐肤木属 *Rhus* 木本。有乳汁。叶互生，奇数羽状复叶，有时为单叶或3片小叶，小叶全缘或有锯齿。圆锥花序顶生，雌雄异株或杂性，花小，白色或绿色；花萼5裂；花瓣5瓣，覆瓦状；雄蕊5枚；子房卵形，上位，1室，顶生花柱3个。果序直立，核果。代表：盐肤木 *R. chinensis*。

漆树属 *Toxicodendron* 落叶或常绿乔木或灌木，树皮有树脂道，有汁液，含漆。叶互生，奇数羽状复叶，小叶全缘或具锯齿。圆锥花序腋生；雌雄异株，或杂性同株；花小，白色或绿。果序下垂，核果球形或压扁状。代表：木蜡树 *T. sylvestre*。

黄连木属 *Pistacia* 落叶或常绿乔木或灌木。叶互生，单叶、三出叶、羽状复叶，小叶全缘。腋生总状花序或圆锥花序；花小，单性异株，无花瓣；雄花基部具小苞片2片。萼片1~2片；雄蕊3~5枚；雌花小苞片2枚，子房上位，卵形或近圆形，胚珠1粒，花柱3裂。果实为核果。代表：黄连木 *P. chinensis*（图2-93）。

（56）槭树科 Aceraceae

槭属 *Acer* 乔木或灌木，落叶或常绿。叶对生，单叶或复叶，不裂或掌状分裂。花序由新梢的顶芽及腋芽生出；花小，雄花与两性花同株或异株，稀单性异株；萼片及花瓣均4或5裂；雄蕊多为8枚，稀更多或更少；子房2室，花柱2裂，反卷。果实为翅果。代表：青榨槭 *A. davidii*、元宝槭 *A. truncatum*、三角槭 *A. buergerianum*（图2-94）。

（57）钟萼木科 Bretschneideraceae

钟萼木属 *Bretschneidera* 落叶乔木。叶互生，基数羽状复叶；无托叶。总状花序顶生；花大，两性，微不整齐，花萼阔钟形，不显著5裂；花瓣5瓣，离生；花盘极薄，于萼筒连合；雄蕊8枚，花丝基部合生，内藏；子房上位，有毛，3~5室，每室2粒胚珠，柱头头状。果实为蒴果。代表：伯乐树 *B. sinensis*（图版Ⅴ：J）。

（58）无患子科 Sapindaceae

无患子属 *Sapindus* 落叶乔木或灌木。双数羽状复叶，互生，小叶革质，全缘；无托叶。圆锥花序顶生或腋生；花小，整齐，杂性；花萼4~5片，不等大；花盘整齐，呈杯状；雄蕊8~10枚，花丝有柔毛，花药背着；子房上位，2~4室，1室1胚珠；柱头3裂。核果球形。代表：无患子 *S. mukorossi*。

栾树属 *Koelreuteria* 落叶乔木或灌木。叶互生，一回或二回奇数羽状复叶，小叶全缘或有锯齿。顶生圆锥花序；花杂性，黄色，萼片5片，不等；花瓣4瓣；花盘偏斜；雄蕊8枚或少；子房上位，3室，每室2粒胚珠，花柱3裂。蒴果囊状，膜质。代表：复羽叶栾树 *K. bipinnata*。

（59）七叶树科 Hippocastanaceae

七叶树属 *Aesculus* 落叶乔木稀灌木。冬芽大，有几对鳞片。叶对生，由（3）5~7（9）片小叶组成掌状复叶；叶柄长；小叶有齿。聚伞圆锥花序顶生，直立。雄花与两性花同株，不整齐；花萼钟状或管状，镊合状排列；花瓣4~5瓣，大小不等；花盘全部发育或仅基部发育；雄蕊5~8枚，通常7枚；子房上位，3室，花柱单一。果实为蒴果。代表：七叶树 *A. chinensis*、天师栗 *A. wilsonii* 。

（60）清风藤科 Sabiaceae

清风藤属 *Sabia* 常绿或落叶藤本或藤状灌木。单叶全缘。花两性，稀杂性，聚伞花序腋生，或再集生成圆锥花序，有时花单生；萼片4~5深裂，裂片大小不相等；花瓣5瓣，稀为4瓣，与萼片对生；雄蕊与花瓣同数而对生；子房上位，2~3室，基部有花盘。果为核果，稍肉质。代表：尖叶清风藤 *S. swinhoei*、柠檬叶清风藤 *S. limoniacea*。

（61）凤仙花科 Balsaminaceae

凤仙花属 *Impatiens* 一年生或多年生草本。花两性，左右对称，侧生花瓣合生；子房具胚珠多数。果为蒴果，弹裂。代表：凤仙花 *I. balsamina*（图版Ⅴ：M）、山地凤仙花 *I. monticola*。

（62）冬青科 Aquifoliaceae

冬青属 *Ilex* 常绿或落叶乔木或灌木。单叶，全缘或有锯齿或刺齿。花小，白色、红色或紫色，单性异株，少杂性；聚伞花序、伞形花序或簇生，少单生；花萼4~5裂；花瓣4~5瓣，分离或仅基部合生，覆瓦状；雄蕊与花瓣同数，互生，花丝短，花药2室，纵裂；子房上位，3至多室，花柱短或无，柱头头状或浅裂。浆果状核果。代表：大果冬青 *I.macrocarpa*、三花冬青 *I. triflora*(图2-95)。

（63）卫矛科 Celastraceae

卫矛属 *Euonymus* 落叶或常绿灌木、小乔木或藤本。叶对生，很少互生或轮生；托叶早落。腋生聚伞花序，花四至五基数，常两性，花丝短，花盘肉质，4~5裂；子房藏于花盘内，柱头3~5裂。果实为蒴果，瓣裂，有角棱或翅。代表：冬青卫矛 *E. japonicus*（图2-96）、卫矛 *E. alatus*、披针叶卫矛 *E. hamiltonianus*。

（64）省沽油科 Staphyleaceae

野鸦椿属 *Euscaphi* 落叶灌木或乔木。茎绿褐色，芽有两鳞片。单数羽状复叶，对生，小叶革质，有细齿；有托叶，易脱落。圆锥花序，生于小枝顶端；花两性；花萼片；花瓣5瓣，覆瓦状排列；雄蕊5枚，着生于花盘基部的外缘；柱头3个，头状。果为蓇葖果，腹缝展开，紫红色。代表：野鸭椿 *E. japonica*（图2-97）。

山香圆属 *Tuepinia* 乔木或灌木。奇数羽状复叶或单叶，对生，小叶具锯齿；无托叶。圆锥花序顶生或腋生；花小，两性，辐射对称；花5基数，花萼5裂；花瓣白色，覆瓦状排列；子房上位，3室，3裂；柱头头状，合生或分离。浆果近球形。代表：硬毛山香圆 *T. affinis*。

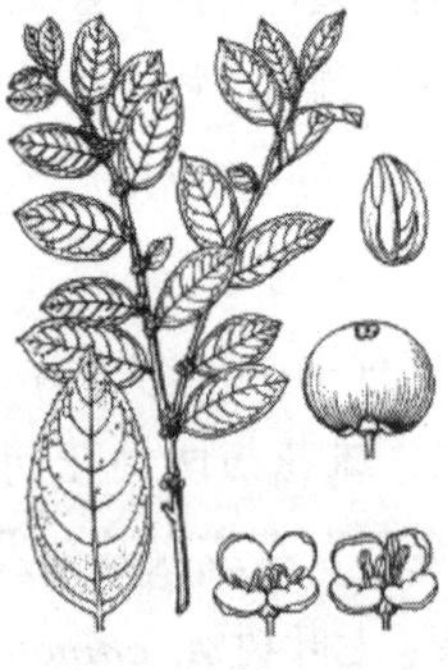

图2-95 三花冬青

图2-96 冬青卫矛

图2-97 野鸭椿

图2-98 黄杨

（65）黄杨科 Buxaceae

黄杨属 *Buxus* 落叶乔木。叶对生，革质，全缘。花雌雄同株，簇生于叶腋或枝端；雄花生于花序外侧，4萼片，覆瓦状排列，雄蕊4枚，与萼片互生；雌花顶生，6萼片，子房3室，花柱3个，粗而短。果实为蒴果，熟后3瓣裂，顶端有宿存花柱；种子黑色，光亮。代表：黄杨 *B. microphylla* subsp. *sinca*（图2-98）、大叶黄杨 *B. megistophylla*。

（66）茶茱萸科 Icacinaceae

假柴龙树属 *Nothapodytes* 乔木或灌木。小枝长，具棱。叶柄具沟槽。聚伞房花序或伞房花序顶生，稀同时腋生；花两性或杂性，花梗在萼下具关节，无苞片；萼杯状或钟状，浅5齿裂，宿存；花瓣5瓣，条形，镊合状排列；雄蕊5枚，常分裂，花药卵形；柱头头状截形。核果小，椭圆形或卵圆形。代表：马比木 *N. pittosporoides*（图版Ⅴ：K）。

（67）鼠李科 Rhamnaceae

枳椇属 *Hovenia* 无刺落叶乔木。单叶互生，基部三出脉；叶柄长。顶生并腋生聚伞房花序，花序轴结果时肉质，扭曲；花小，两性，淡绿色；萼筒宽倒圆锥形，顶端5裂；花瓣5瓣；雄蕊5枚，较花瓣略长；子房3室，花柱3裂。核果，外果皮革质，内果皮纸质。代表：枳椇 *H. acerba*。

马甲子属 *Paliurus* 落叶乔木或灌木。单叶互生，全缘或有锯齿，主脉至基部三出；托叶长刺状。顶生或腋生聚伞房花序；花两性，小；花萼裂片、花瓣、雄蕊各5枚；子房仅基部与花盘合生，柱头3裂。果实为木质核果，基部半球形，近顶端有向周围扩展的翅。代表：马甲子 *P. ramosissimus*。

枣属 *Ziziphus* 落叶或常绿乔木，稀为藤状灌木。单叶互生，全缘或有锯齿，基出脉3~5条；叶柄短，有托叶刺。聚伞房花序腋生；花小，两性，黄绿色；花萼裂片、花瓣各5枚；花盘5~10深裂；子房2~4室，基部与花盘合生，花柱常2裂。核果肉质。代表：枣 *Z. jujuba*、酸枣 *Z. jujuba* var. *spinosa*。

勾儿茶属 *Berchemia* 藤状或直立灌木，稀小乔木。幼枝常五毛，老枝光滑；无托叶刺。单叶互生，全缘，具羽状脉，侧脉平行；托叶钻行。花簇生，或为小聚伞房花序再组成顶生或腋生总状或圆锥花序；花两性；花萼裂片、花瓣、雄蕊各5枚；子房上位，两室，每室有1粒胚珠，柱头头状，不分裂，微凹或2浅裂。核果小。代表：光枝勾儿茶 *B. polyphylla* var. *leioclada*（图2-99）。

鼠李属 *Rhamus* 落叶灌木或小乔木。无刺或小枝顶端常变成尖刺。叶互生或近对生，具羽状脉，有锯齿，稀全缘；托叶小，早落，稀宿存。花簇生或为聚伞、伞形花序；花小。两性，或单行雌雄异株，稀杂性，花萼4~5裂；花瓣4~5瓣，短于萼齿，基部具短爪，顶端常2浅裂，稀无花瓣；雄蕊4~5枚，花药背着，等长或略长于花瓣；花盘薄，杯状；子房上位，球形，基部着生于花盘中央，2~4室，花柱不裂或2~4裂。浆果状核果，倒卵球形或圆球形。代表：贵州鼠李 *R. esquirolii*、异叶鼠李 *R. heterophylla*。

（68）葡萄科 Vitaceae

葡萄属 *Vitis* 落叶木质藤本。枝或树皮不具皮孔，髓褐色；有连生或间生的卷须。单叶，常宽大，基部心形，掌裂或不全裂，稀复叶。由聚伞花序再组成窄或宽的圆锥花序；花单性或两性，萼小,杯状,全缘或有不明显的浅齿;花瓣5瓣,顶端粘合,基部分离,花谢时整体作帽状脱落;花盘隆起,呈5枚腺体状;雄蕊5枚,与花瓣对生;子房2室,每室2粒胚珠,花柱短或缺,柱头不明显。多汁浆果。代表:刺葡萄 *V. davidii*、葡萄 *V. vinifera*、美洲葡萄 *V. labrusca*。

崖爬藤属 *Tetrastigma* 草质藤本。具长圆形块根。小枝细弱,淡绿色;卷须不分枝或偶2分枝,缠绕。掌状复叶3片小叶,草质至革质,淡绿色,中间小叶较大,长4~10 cm,卵状披针形或菱状椭圆形,先端渐尖,基部楔形,边缘具有腺头的疏齿,侧生小叶片偏斜;两面均无毛。聚伞花序腋生于当年的新枝上,径2~3 cm,被短柔毛;花小,黄绿色,单性异株,萼4个齿;花瓣4瓣,近卵形;雄花雄蕊4枚,生花盘外;雌花花柱粗短,柱头盘状,4裂,花盘明显。浆果球形至倒卵形。代表:三叶崖爬藤 *T. hemsleyanum*(图2-100)、崖爬藤 *T. obtectum*。

乌蔹莓属 *Cayratia* 草本或半木质藤本。具与叶对生的卷须。掌状或鸟足状复叶,小叶3~9片;托叶小。聚伞花序腋生,通常再集生成伞房或伞形花序;花单性,4基数;萼小而不明显;花瓣4瓣,展开;花盘全缘或4裂;子房2室,花柱钻状,柱头小,不分裂。浆果。代表:乌蔹莓 *C. japonica*、毛乌蔹莓 *C. japonica* var. *mollis*、尖叶乌蔹莓 *C. japonica* var. *pseudotrifolia*。

爬山虎属 *Parthenocissus* 落叶或半常绿藤本。树皮不呈片状,有皮孔。卷须多分枝,顶端扩大成吸盘。单叶或掌状复叶,常二者在一株上并存,叶三裂或有齿;具长柄。花两性,花序生短枝顶或与叶对生,由聚伞花序再组成圆锥状或伞房花序;花基数。萼杯状,不规则浅5裂;花瓣5瓣,离生,花开时展开;花盘不明显;花柱短。浆果。代表:爬山虎 *P. Tricuspidata*。

蛇葡萄属 *Ampelopsis* 草本或半木质藤本。皮孔密集,髓白色;卷须与叶对生。单叶或复叶。花两性,花序与叶对生或顶生,为伞房状多歧聚伞花序;花基数,萼5裂片;花瓣5瓣,分离;雄蕊短;花盘明显;花柱常短,细圆柱形,柱头小。浆果小。代表:三裂蛇葡萄 *A. delavayana*。

图2-99 光枝勾儿茶

图2-100 三叶崖爬藤

图2-101 薯豆

图2-102 薄果猴欢喜

(69)杜英科 *Elaaeocarpaceae*

杜英属 *Elaeocarpus* 乔木。单叶互生,叶片常狭,全缘或有锯齿,具羽状脉。总状花序腋生或顶生;萼片4~5片;花瓣4~5瓣,有齿或浅裂,或细裂成丝状;雄蕊多数,生于腺体花盘内缘,花药线形,顶孔开裂;子房2~5室,每室2~4粒胚珠。核果。代表:薯豆 *E. japonicus*(图2-101)、山杜英 *E. sylvestris*。

猴欢喜属 *Sloanea* 乔木。单叶对生或互生,常革质,全缘或稍有钝锯齿,具羽状脉。伞房花序，或单生叶腋；萼片4~5片；花瓣4~5瓣；雄蕊多数，分离，生于肥厚的花盘上，花药为线形，顶孔开裂；子房3~6室，每室1~2粒胚珠。蒴果木质或革质。代表：薄果猴欢喜 *S. leptocarpa*(图2-102)（图版Ⅴ：L）。

（70）锦葵科 Malvaceae

锦葵属 *Malva* 一年生或多年生草本。植株有粗毛或近无毛。叶钝圆，浅裂或角裂；有长柄。花单生或簇生于叶腋，无梗或有梗；小苞片3片，线形，常离生；花萼杯状，5裂；花瓣5瓣，倒心形，顶端微凹，白色或紫红色；雄蕊柱上花药着生至顶端；心皮9~15个，花柱与心皮同数，1心皮1胚珠。代表：锦葵 *M. cathayensis*、冬葵 *M. crispa* var. *verticillata*。

梵天花属 *Urena* 多年生草本或灌木。有星状柔毛。叶互生，卵形至圆形，掌状分裂或有角。花单生叶腋或近簇生，集生于小枝顶端；小苞片5，基部合生；花萼5深裂；花冠粉红色，花瓣5瓣；雄蕊柱顶端截平或有5齿，花药近无柄，着生于雄蕊柱外部；子房5室，每室有一粒胚珠。果近球形，分果片有沟刺，不分开。代表：地桃花 *U. lobata*（图2-103）。

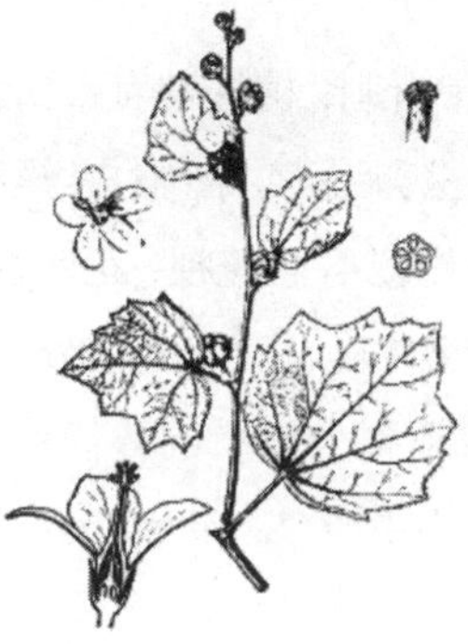

图 2-103 地桃花

图 2-104 木槿

图 2-105 小黄构

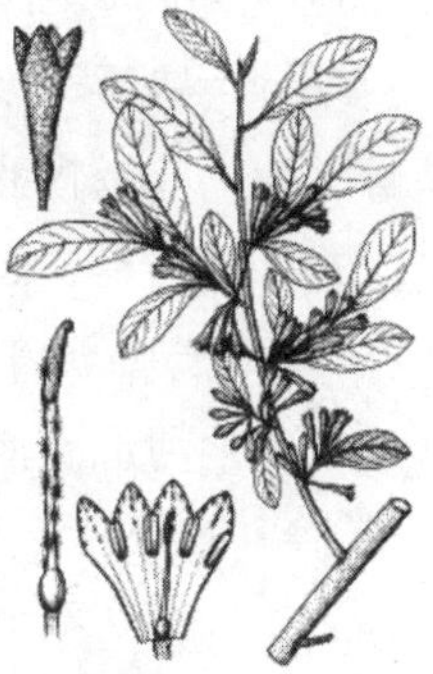

图 2-106 牛奶子

悬铃花属 *Malvaviscus* 灌木或草本。叶心形，浅裂或不裂。花深红色，腋生；小苞片7~12片，狭窄；萼片5片；花瓣直立不张开；雄蕊柱伸出花冠之处，顶端不育，有5个齿；子房5室，每室1粒胚珠。成熟心皮生成肉质浆果状体，以后变干分裂。代表：*M. arboreus* var. *penduliflorus*。

木槿属 *Hibiscus* 草本、灌木或小乔木。叶互生，掌状分裂或不裂，掌状脉5~11条；有托叶。花大，常单生腋生，两性；小苞片5片至多数，分离或基部合生；花萼呈钟状，5齿裂，宿存；花瓣5瓣，有红、黄、白、紫等色，基部与雄蕊柱合生；雄蕊柱顶端截平或5齿裂，花药多数，肾形，1室；子房5室，每室3粒至多数胚珠，花柱顶端5裂。果实为蒴果。代表：木芙蓉 *H. mutabilis*、木槿 *H. syriacus*（图2-104）。

（71）梧桐科 Sterculiaceae

梧桐属 *Firmiana* 落叶乔木。叶大，掌状分裂。花单性或杂性，成顶生圆锥花序；萼5片，深裂，裂片花瓣状，有彩色；无花瓣，雄蕊多数；雌蕊有5心皮，每心皮有胚珠多粒。果实为蓇葖果；种子圆形，生于心皮边缘。代表：梧桐 *F. platanifolia*。

（72）瑞香科 Thymelaeaceae

荛花属 *Wikstroemia* 常绿或落叶灌木或小乔木。叶多对生，少互生。顶生或腋生的短总状花序或穗状花序；花两性，无花瓣；无苞片；花萼圆筒状，喉部无鳞片，外面被柔毛，花萼片4~5片；雄蕊无柄，8~10枚；子房无柄，被短柔毛，柱头头状，合生或离生。果实为核果。代表：小黄构 *W. micrantha*（图2-105）。

瑞香属 *Daphne* 常绿、落叶的灌木或亚灌木。叶互生，很少对生，全缘；具短柄。数朵花集生于头状花束或短总状花序，或簇生；通常有苞片；花两性，芳香；花萼管状或钟状，顶端裂片4片，少5裂，花瓣状，表面常有短柔毛；雄蕊8或10枚，排成两轮；子房1室，花柱短或缺，柱头头状；花盘环状或杯状，全缘或有缺刻。果实为核果。代表：缙云瑞香 *D. jinyunmensis*、芫花 *D. genkwa*。

结香属 *Edgeworthia* 落叶或常绿灌木。枝疏生而粗壮。叶互生，全缘，常簇生于枝端。头状花序腋生，有梗，着生于前一年生枝上，先于叶生或与叶同时开放；外具总苞状的苞片或缺；花两性，整齐；花萼管状或筒状，先短4裂，花瓣状，表面密生白毛；花瓣无；雄蕊8枚。代表：结香 *E. chrysantha*。

（73）胡颓子科 Elaeagnaceae

胡颓子属 *Elaeagnus* 常绿或落叶灌木或小乔木，直立或攀援。通常有刺；植株常有银白色或棕色鳞片或星状毛。叶互生，革质、纸质或膜质，披针形至椭圆形或呈卵圆形，全缘；具短叶柄。花单生或1~7朵簇生于叶腋或叶腋短小枝上，成伞形总状花序；常雄蕊4，有花梗；花两性，少杂性；花萼筒状，顶端4裂，下面紧包子房，在子房顶端明显收缩；雄蕊4枚，花丝短，不外露，花药矩圆形或椭圆形，花柱极短，不外露；花瓣一般不发达。坚果包藏于膨大肉质的萼筒或花托内，呈核果状。代表：长叶胡颓子 *E. bockii*、星毛羊奶子 *E. stellipila*、牛奶子 *E. umbellata*（图2-106）。

（74）大风子科 Flacourtiaceae

柞木属 *Xylosma* 常绿灌木或乔木。常有刺。单叶互生，边缘有锯齿，稀全缘，羽状脉；无托叶。花小，总状花序腋生，单性，常异株，稀两性；萼片常4~5片，偶至7枚，基部稍连合，覆瓦状排列；无花瓣；雄蕊多数，分离，生于环状或腺状花盘之外；子房上位，1室，2~6粒胚珠。浆果球形。代表：柞木 *X. racemosum*。

（75）堇菜科 Violaceae

堇菜属 *Viola* 草本。有匍匐茎或无。叶互生或基生，稀轮生；托叶分裂或不分裂，宿存。花两性，单生，腋生或生于花亭上，具梗，两侧对称；萼片宿存，着生处下延而成附属物；花瓣不整齐，下面一片基部有矩；雄蕊下位，花药内向靠合，药隔扁平；子房上位，花柱棒状，先端平坦或歪斜，2裂多样。蒴果3瓣裂。代表植物；三色堇 *V. tricolor*（图版Ⅵ：A）、浅圆齿堇菜 *V. schneideri.*（图2-107）、紫花地丁 *V. philippica* 。

（76）旌节花科 Stachyuraceae

旌节花属 *Stachyurus* 落叶或常绿灌木，稀为小乔木或呈攀援状。茎有宽大白色髓心，具皮孔，冬芽小，有4~6个鳞片。单叶互生，边缘有锯齿；托叶小，早脱落。穗状花序腋生；花两性、杂性或单性异株，辐射对称；苞片1片，宿存，小苞片2片；萼片与花瓣均为4片，花瓣分离；

雄蕊8枚，排成两轮，花丝纤细，花药2室；子房上位，4室，胚珠多数，生于侧膜胎座上，花柱头状，4浅裂。果为浆果，球形；种子多数。代表：倒卵叶旌节花 *S. obovatus* 、喜马拉雅旌节花 *S. himalaicus*（图2-108）。

（77）秋海棠科 Begoniaceae

秋海棠属 *Begonia*　多年生草本。常富含水液而成肉质，有地上茎和根状茎或块茎，有时节膨大。单叶互生，稀为复叶，全缘或有锯齿或掌状分裂，基部歪斜，常具掌状脉，托叶早落。聚伞花序顶生或腋生；花单性，雌雄同株，辐射对称或两侧对称；雄花早开，雄花被片2~4（7）片，外花被片两片较大，内花被片窄小，镊合状排列；雄蕊多数，成多轮，花丝分离或基部合生，花药基底着生，2室，纵裂，稀孔裂；雌花被片2~5枚，外轮2枚较大，覆瓦状排列；心皮3个，稀2~5个，子房下位，1~4室，通常3室，花柱与心皮同数，柱头球形。果实为蒴果，稀有浆果。代表：掌叶秋海棠 *B. hemsleyana*、四季海棠 *B. semper florens*（图2-109）。

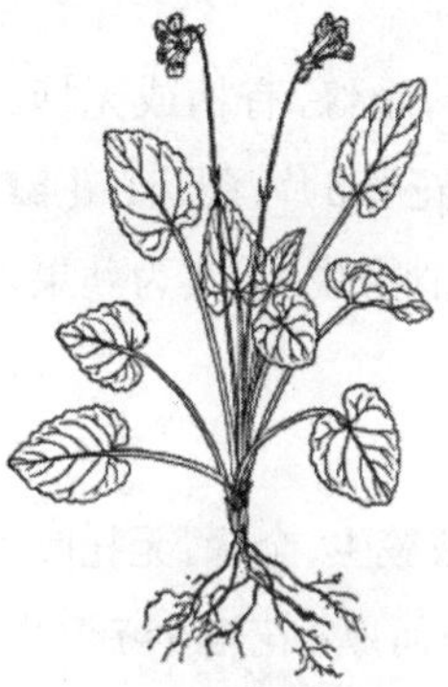
图2-107 浅圆齿堇菜

图2-108 喜马拉雅旌节花

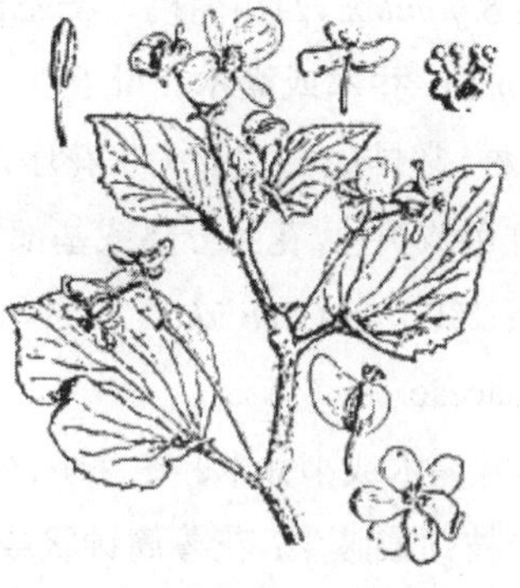
图2-109 四季海棠

图2-110 桉树

（78）葫芦科 Cucurbitaceae

丝瓜属 *Luffa*　草纸藤本。近无毛，卷须分枝。叶近圆形，5~7裂。花单性同株；雄花为总状花序；雌花单生；花冠5深裂，黄色。果实长圆柱形；种子白色或黑色。代表：丝瓜 *L. cyrica*。

赤爬属 *Thladiantha*　多年生草纸藤本，稀一年生，攀援。卷须单一或2分枝。单叶，心形。花黄色，单性异株；雄花总状或圆锥状；雌花常单生。浆果球形或长圆形；种子多数。代表：大苞赤爬 *T. cordifolia*。

绞股蓝属 *Gynostemma*　草纸藤本。茎细长，攀援；卷须常分枝。掌状复叶具3~9片小叶，稀单叶，边缘有锯齿。花单性，雌雄异株，圆锥花序腋生；花小，白色。浆果圆球形，不开裂；种子少数，阔卵形。代表：*G. pentaphyllum*。

本科常见植物还有栝楼属 *Trichosanthes* 的中华栝楼 *T. rosthornii Harms*、南瓜属 *Cucurbita* 的南瓜 *C. moschata*、西瓜属 *Citrullus* 的西瓜 *C. lanatus* 等。

（79）千屈菜科 Lytheraceae

紫薇属 *Lagerstroemia*　常绿或落叶灌木或小乔木。树皮平滑，叶对生或上部互生，革质，全缘；托叶极小。顶生或腋生圆锥花序；花萼半球形或钟形，筒部有棱或光滑，裂片5~9片，花冠粉红色、紫色或白色，花瓣5~9瓣，着生于花筒边缘，基部有细长的爪；雄蕊6枚至多枚；子房3~6室，无柄，每室有多胚珠，花柱比雄蕊长，柱头头状。果实为木质蒴果。代表：紫薇 *L. indica*。

（80）桃金娘科 Myrtaceae

桉属 *Eucalyptus* 乔木或灌木。幼态叶多为对生，有短柄或无柄或兼有腺毛；成熟叶互生，全缘，具柄，扩卵形或狭披针形，常为镰状，有透明腺点。花数朵排成伞房花序或圆锥花序；花白色，少有红色或黄色；萼管钟形、倒卵圆形或半球两层形；花瓣和萼片合生为一帽状体，或彼此不结合而有两层帽状体，花开放时帽状体整体脱落。果实为蒴果，部分或全部包于萼管内。代表：赤桉 *E. camaldulensis*、桉树 *E. robusta*（图2-110）、柳叶按 *E. saligna*。

蒲桃属 *Syzygium* 常绿乔木或灌木。幼枝常无毛。叶对生，少轮生，具透明腺点；有叶柄或少数近无柄。花3至多朵，有花梗或无，顶生或腋生，常排成伞房花序或再组成圆锥花序；萼管倒圆锥形，萼片4~5片，稀更多，脱落或宿存；花瓣4~5瓣，稀更多，分离或连合成帽状，早落；雄蕊多数，分离，或偶有基部连合，花药细小，2室纵裂。顶端有腺；子房下位，2或3室。果实为浆果或核果。代表：蒲桃 *S. jambos*、四川蒲桃 *S. szechuanense*。

红千层属 *Callistemon* 乔木或灌木。叶互生，有腺点，线形或披针形，全缘，有柄或无柄。花单生于苞片腋内，无梗，常排成穗状或头状花序，生于枝端；萼管卵形；花萼5片，裂齿；花瓣5瓣，圆形；雄蕊多数，红色或黄色，花丝分离或基部稍合生；子房下位，与萼管合生。果实为蒴果，全部藏于萼管内。代表：红千层 *C. rigidus*。

（81）石榴科 Punicaceae

石榴属 *Punica* 落叶灌木或小乔木。冬芽小，外有两对鳞片。叶对生或簇生，全缘，无托叶。花两性。1~5朵聚生于枝顶或腋生；花萼筒钟状或筒状，萼片5~7片，肉质而厚；花瓣5~7瓣生于萼筒内，有皱纹；雄蕊多数，着生于花萼上；子房下位，上部5~7室，为侧膜胎座，下部3室，为中轴胎座，花柱一个，柱头头状。果实为浆果，球形。代表：石榴 *P. granatum*（图版Ⅴ：O）。

（82）野牡丹科 Melastomataceae

野牡丹属 *Melastoma* 灌木。茎四棱形或近圆形，常被毛或被鳞片状糙毛。叶对生，全缘，被毛，叶脉5~7条基出。花单生或组成圆锥状花序生茎、枝顶端；花5基数萼坛状球形，被毛或鳞片状糙毛；花瓣淡红色，红色或紫红色；雄蕊10枚，5长5短，长者带紫色，花药披针形，弯曲，基部无瘤；短者黄色，花药基部前方具一对小瘤；子房半下位。蒴果卵形，花萼宿存。代表：展毛野牡丹 *M. normale*（图2-111）。

异药花属 *Fordiophyton* 草本或亚灌木。茎四棱形。叶片膜质或纸质，对生，通常5~7条基出脉；具柄或近无柄。单一的伞形花序或有聚伞花序组成顶生的圆锥花序，具苞片；花，长于花丝，基部2裂，四基数，淡红色、红色或紫色；花萼膜质，裂片早落；雄蕊8枚，4长4短，长者花药线形，短者花药长圆形，两者均无附属体；子房下位，顶部有膜质冠。蒴果倒卵圆形。代表：异药花 *F. faberi*（图2-112）。

锦香草属 *Phllagathis* 草本或灌木。具匍匐茎或直立，经常四棱形。叶对生，5~9条基出脉。花四基数，组成具梗的聚伞花序或有聚伞花序组成圆锥花序，稀为头状花序，顶生或近顶生；花萼漏斗状或钟状，具3棱；花瓣红色或粉红色或紫红色，卵形或倒卵形，常偏斜；雄蕊8枚或4枚，等长或近等长，同形，花药基部无附属体，具小疣或盘状，具药隔；子房下位，坛状，4室，顶端有膜质冠。蒴果4纵裂，与宿存萼贴生。代表：小花叶底红 *P. fordii* var. *micrantha*（图2-113）。

图2-111 展毛野牡丹

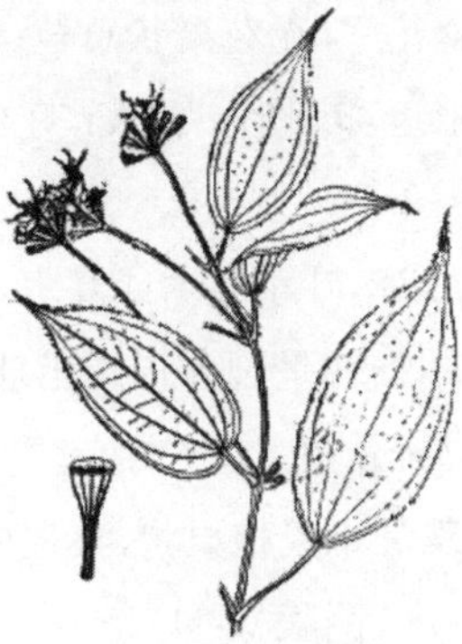

图2-112 异药花

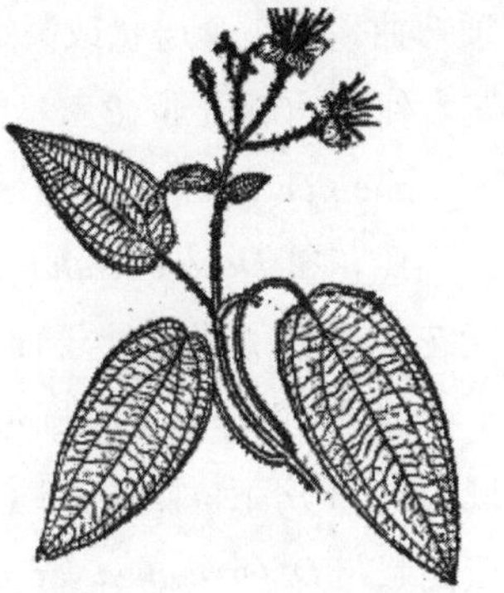

图2-113 小花叶底红

（83）使君子科 Combretaceae

使君子属 *Quisqualis* 藤状灌木。叶对生。腋生或顶生的短穗状花序；花两性，美丽；萼管延伸于子房上成一纤细的常管，裂片5片；花瓣5瓣，短而向外开展；雄蕊10枚，两轮排列；子房下位，1室，有胚珠3~4粒，花柱细长，大部分与萼管贴生。果革质，干燥，干燥，有角或有刺。代表：使君子 *Q. indica*。

（84）蓝果树科 Nyssaceae

喜树属 *Camptotheca* 落叶乔木。单叶互生，全缘。头状花序顶生或腋生。花单性或杂性；花萼杯状，有5个齿；花瓣5瓣，雄花球生于雌花球下端；雄蕊10枚，分两轮，内轮比外轮短，花药4室；雌花球顶生，无退化雄蕊，子房下位，1室，胚珠1粒，生于侧壁；花盘明显。果为翅果，线形。代表：喜树 *C. acuminata*（图2-114）。

图 2-114 喜树

图 2-115 灯台树

图 2-116 常春藤

（85）山茱萸科 Cornaceae

桃叶珊瑚属 *Aucuba* 常绿灌木或小乔木。小枝圆形，绿色。叶对生，革质，叶面深绿色，有时具白色或黄色斑点，叶干后呈黑褐色，叶缘常疏具粗齿。花单性异株，圆锥花序，雄花序较雌花序长；花四基数，萼片小；花瓣镊合状，紫色，黄色或绿色；雄花具花盘，无退化雌蕊；雌花花柱短，柱头头状，直立或偏斜，子房下位，1室1胚珠。果实为肉质核果。代表：花叶青木 *A.*

japonica、长叶珊瑚 *A. himalaica* var. *dolichophylla*。

梾木属 *Cornus* 落叶乔木或灌木，少数常绿。叶对生，稀互生，纸质，全缘，侧脉通常弧形向顶弯曲。顶生伞房状或圆锥状聚伞花序，无花瓣状总苞；花两性；花瓣4瓣，白色；雄蕊4枚，生花盘外缘，子房下位，2室。核果球形近卵圆形。代表：灯台树 *C.controversa*（图2-115）、小梾木 *C. paucinervis*。

四照花属 *Dendrobenthamia* 常绿或落叶小乔木或灌木。叶对生，革质或纸质，侧脉3~6对。头状花序顶生，多花密集于伸长花序轴顶端呈圆球形或半球形，花序下有大形花瓣状白色总苞片4片，卵形、倒卵形或椭圆形，长3~4cm；花小，两性，花萼管状，4裂齿；花瓣4瓣，长2~5cm；雄蕊4枚；子房下位，2室，每室1粒胚珠。小果核果状，集生成表面有突起及沟的多花果。代表：缙云四照花 *D. ferruginea* var. *jinyunensis*（图版Ⅴ：N）。

（86）五加科 Araliaceae

常春藤属 *Hedera* 常绿攀援灌木。有气生根。单叶互生，叶两型，不育枝上的叶通常有裂片或裂齿，花枝上的叶常不分裂；叶具细长叶柄；无托叶。伞形花序单生枝顶，或再组成顶生的短圆锥花序；花两性，萼筒近全缘或有5小齿；花瓣5瓣，在花蕾中镊合状排列；雄蕊5枚；子房5室，合生，花柱短柱状。果实球形；种子卵圆形。代表：常春藤 *H. nepalensis* var. *sinensis*（图2-116）。

鹅掌柴属 *Scheflera* 乔木或灌木，有时为攀援性。植株无刺，被形状绒毛或无毛。单叶或掌状复叶；托叶或叶柄基部合生成鞘状。花聚生成总状花序或头状花序，少有为穗状花序，再组成圆锥花序；萼筒全缘或有细齿；花瓣5~11瓣；雄蕊与花瓣同数；子房常5室，稀4室或多至11室，花柱离生或基部合生，或全部合生成柱状，或无花柱。果实球形或卵形。代表：穗序鹅掌柴 *S. delavayi*（图2-117）、鹅掌柴 *S. arboricola*。

图2-117 穗序鹅掌柴

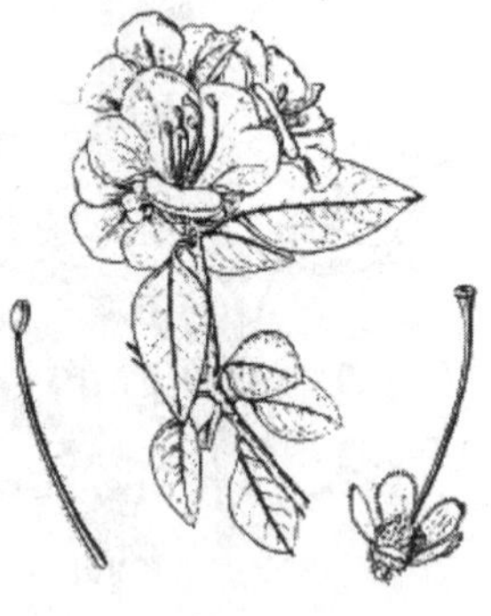

图2-118 腺萼马银花

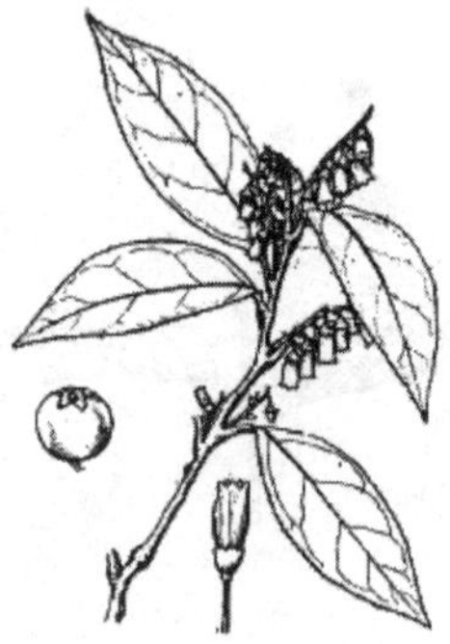

图2-119 江南越橘

通脱木属 *Tetrapanax* 无刺灌木或小乔木。具地下匍匐茎。单叶，掌状分裂；叶柄长；托叶与叶柄基部合生。伞形花序，再排成顶生的圆锥花序；花两性，花梗无关节；萼筒全缘或有齿；花瓣4~5瓣，雄蕊4~5枚；子房2室，花柱两个，离生。果实为浆果状核果。代表：通脱木 *T. papyrifer*。

五加属 *Acanthopanax* 直立或蔓生灌木，稀为乔木。常有刺。叶为掌状复叶，小叶3片。伞形花序或头状花序再组成复伞形花序或圆锥花序；花两性，稀单性异株，花梗无关节或有不明显的关节；花瓣5瓣；雄蕊5枚；子房2~5室，花柱2~5个，离生。基部至中部合生。或全部合生成柱状。果实球形或扁球形；花柱宿存。代表：三叶五加 *A. trifoliatus* 。

楤木属 *Aralia* 有刺小乔木。灌木或多年生草本。稀无刺。叶为一至数回大形羽状复叶；托叶基部和叶柄合生，顶端分离，稀有不显或无托叶者。花杂性，伞形花序，稀为头状花序，再组成圆锥花序；花梗有关节；花瓣5瓣；雄蕊5枚；子房5室，稀3~4室，花柱5个，稀2~4个，离生或基部合生。果球形。代表：楤木 *A. chinensis*。

（87）杜鹃花科 Ericaceae

杜鹃花属 *Rhododendron* 常绿或落叶灌木或乔木。叶互生，全缘，很少有齿。通常成顶生的伞形总状花序，有时单生或数朵簇生；萼5裂，有时6~10裂；花冠辐状、钟状或漏斗状，通常5裂，很少6~10裂；雄蕊通常与花冠裂片同数或为其2倍，花药顶端孔裂，无芒；子房上位，5~10室，每室有胚珠多数，花柱细长，柱头头状。蒴果卵形至长椭圆形，室间开裂；种子细小，多数，两端突出。代表：长蕊杜鹃 *R. stamineum*、腺萼马银花 *R. bachii*（图2-118）、杜鹃 *R. stmsti* 。

越橘属 *Vaccinium* 落叶或常绿灌木，很少是小乔木。叶互生，全缘或有锯齿。花顶生或腋生，成总状花序，有时单生，苞片宿存或脱落；花萼4~5浅裂；花冠圆筒形或坛形，4~5浅裂；雄蕊8~10枚，花药顶端伸长，呈芒状，顶端孔裂；子房下位，4~10室，每室有数粒胚珠。浆果球形，顶端有宿存萼片。代表：江南越橘 *V. mandarinorum*（图2-119）（图版Ⅵ：C）。

（88）紫金牛科 Myrsinaceae

杜茎山属 *Maesa* 灌木或稀小乔木。常具脉状腺条纹或腺点。总状花序或圆锥花序腋生，稀顶生；花小，两性或单性，五基数，有小苞片1对，花萼与花冠均为5裂；雄蕊5枚，着生于花冠管上，与裂片对生，内藏，杂性者在雌花中明显退化；雌蕊具半下位或下位子房，杂性者在雄花中退化，1室，有胚珠多数，特立中央胎座。核果状浆果，罕为硬壳质。代表：杜茎山 *M. japonica*、金珠柳 *M. montana*（图2-120）。

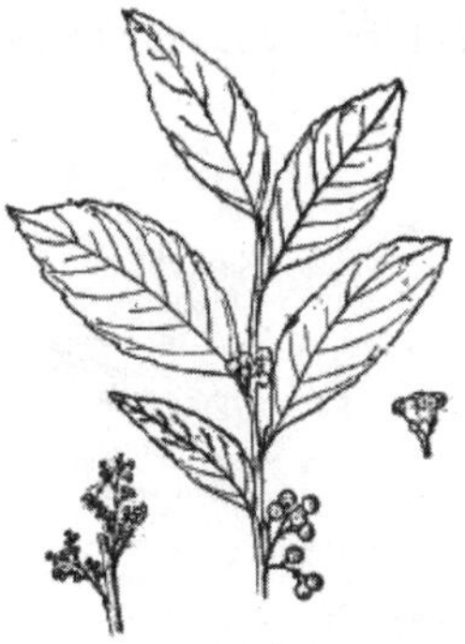

图2-120 金珠柳

图2-121 紫金牛

图2-122 铁仔

紫金牛属 *Ardisia* 常绿或半绿灌木或草本状灌木。通常有腺点。叶互生，很少对生或近轮生，边缘全缘、波状圆齿或有锯齿。花两性，通常为五基数，深裂，花萼宿存；花冠白色或带红色，在蕾中旋转排列，开放后向外反曲；雄蕊着生于花冠裂片基部，不超出裂片外，花丝短于花药，花药箭头形；花柱单一，钻形，纤细。果实为核果状浆果。代表：月月红 *A. faberi*、紫金牛 *A. japonica*（图2-121）、九管血 *A. brevicaulis*、朱砂根 *A. crenata*。

铁仔属 *Myrsine* 灌木或小乔木。叶通常有锯齿；叶柄常下延至小枝上，使小枝成一定的棱角。伞形花序或簇生，腋生，基部具一轮苞片，侧生或生于无叶的老枝叶痕上；花小，单性异株，花梗短；花四基数至五基数，长2~3 mm，萼小，宿存；花冠深裂，裂片覆瓦状或镊合状排列；雄花的花丝短，花药卵形或肾形；子房1室，有胚珠数至多粒，沉没于胎座上，花柱延长，柱头扁平、流苏状或锐裂。核状浆果，近球形。代表：铁仔 *M. africana*（图2-122）。

（89）报春花科 Primulaceae

报春花属 *Primula* 一年生或多年生草本。也全部基生，全缘或浅裂；有柄或无柄。花排成伞形或轮伞花序，有苞片；花萼筒状、钟状或漏斗状，5裂；花冠漏斗状或高脚碟状，长于花萼，5裂，裂片扩展，全缘或有缺刻；雄蕊5枚，着生于花冠内壁或喉部；子房球形至长卵形，花柱细。蒴果球形或圆柱形，瓣裂。代表：报春花 *P. malacoides*、藏报春 *P. sinensis*。

珍珠菜属 *Lysimachia* 一年生或多年生直立或匍匐草本，极少为灌木。无毛或被多细胞的毛，通常具有腺点。叶互生、对生或轮生。花单生叶腋或排成顶生或腋生的总状花序或伞形花序；总状花序常缩短成近头状花序或有时复出而成圆锥花序；萼片5深裂，很少6~9裂，宿存；花冠白色或黄色，稀淡红或淡紫色，辐状或钟状，5深裂，稀6~9裂，裂片在花蕾中旋转状排列；雄蕊与花瓣同数而对生，花冠分离或基部合生成筒；子房球形，花柱丝状或棒状，柱头钝。蒴果卵形或球形。代表：细梗香草 *L. capillipes*（图2-123）、琴叶过路黄 *L. ophelioides*、落地梅 *L. paridiformis*（图2-124）（图版Ⅵ：D）、临时救 *L. congestiflora Hemsl*（图2-125）。

（90）柿科 Ebenaceae

柿属 *Diospyros* 乔木或灌木。冬芽有鳞片。聚伞花序，腋生于当年生枝或侧生于老枝上，有时单生；花单性，雌雄异株，很少杂性，四至五基数。萼通常深裂，有时顶端平截，雌花的萼常较雌花大，结果时常增大；花冠浅裂或深裂，裂片右旋排列，很少呈覆瓦状；雄花的雄蕊4枚至多数，通常16枚，子房不发育；雌花有退化的雄蕊1~16枚或缺，子房4~12室，花柱2~6个，通常顶端2裂，每室1粒胚珠。果实为浆果。代表：乌柿 *D. cathayensis*（图2-126）、柿 *D. kaki*、油柿 *D. oleifera*、罗浮柿 *D. morrisiana*（图2-127）（图版Ⅵ：E）。

图2-123 细梗香草

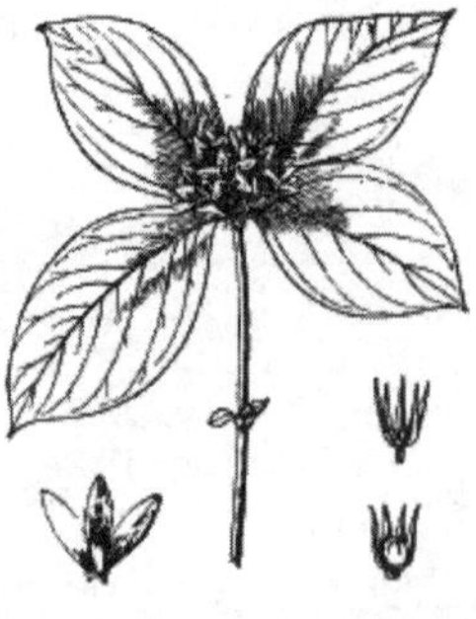

图2-124 落地梅

图2-125 临时救

图2-126 乌柿

（91）山矾科 Symplocaceae

山矾属 *Symplocos* 常绿或落叶灌木或乔木。单叶互生，有锯齿或全缘；无托叶；叶干后常呈绿黄色。花簇生于叶腋或排成总状花序、圆锥花序、穗状花序、团伞花序，有时单生；两性，稀单性或杂性异株，整齐，花萼3~5裂，叶片在花蕾时成镊合状或覆瓦状排列，常宿存；花冠3~11裂，通常5裂，覆瓦状排列；雄蕊12枚至多数，很少4~10枚，着生在花冠上，花丝分离或成各状态合生。花药2室；子房下位或半下位，2~5室，每室有2~4粒胚珠，花柱单一，纤细，柱头头状或2~5裂。果实为浆果状核果。代表：光叶山矾 *S. lancifolia*（图2-128）、白檀 *S. paniculata*、黄牛奶树 *S. cochinchinensis* var. *laurina*。

图 2-127 罗浮柿

图 2-128 光叶山矾

图 2-129 长春花

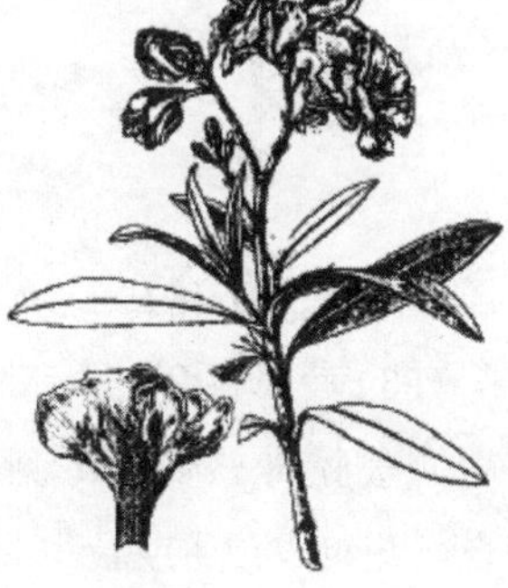

图 2-130 夹竹桃

（92）夹竹桃科 Apocynaceae

长春花属 *Catharanthus* 草本或半灌木。有汁液、叶对生，叶腋内或叶柄间有腺体。花2~3朵组成剧聚伞花序，顶生或腋生；花萼5深裂，内面基部无腺体；花冠高脚碟状，喉部紧缩，内面具刚毛，裂片5片；雄蕊着生于花冠中部以上，内藏；花盘为2枚舌状腺体组成，与心皮互生而较长；子房为两个离生心皮组成，胚珠多数，花柱丝状，柱头头状，被硬粗毛。果实为蓇葖果。代表：长春花 *C. roseus*（图2-129）。

夹竹桃属 *Nerium* 直立灌木。枝条灰绿色，含汁液。叶3~4轮生或对生，革质，羽状脉，侧脉密而平行。伞房状聚伞花序顶生，具总花梗；花萼5裂，裂片披针形，内面基部有腺体；花冠漏斗状，花冠管上部扩大呈钟状，喉部具5片阔鳞片状副花冠，每片顶端撕裂，花冠裂片5片，或呈重瓣状；雄蕊5枚，着生在花冠管中部以上，花药箭头形，附着在柱头周围，基部具耳，顶端渐尖；无花盘；子房由2个离生心皮组成，柱头近球状，每心皮具多粒胚珠。蓇葖果2个，离生。代表：夹竹桃 *N. oleander*（图2-130）。

络石属 *Trachelospermum* 木质藤本。具白色乳汁。叶对生。聚伞花序，有时为圆锥状聚伞花序。顶生或腋生。花白色或紫色；花萼小，5裂，内面基部具5~10枚腺体；花冠高脚碟状，管部圆筒形，具5棱，在雄蕊着生处略膨大，无副花冠，顶端5裂，向右覆盖；雄蕊5枚，着生在花冠膨大处，通常隐藏，花丝短，花药箭头形；花盘环状，5裂或截平形；子房由2枚离生心皮组成，花柱丝状，柱头圆锥状或卵状球形，每心皮有多粒胚珠。代表：络石 *T. jasminoides*（图2-131）。

鳝藤属 *Anodendron* 木质藤本，叶对生；羽状脉，侧脉常呈皱纹状。圆锥状伞房花序顶生或腋生；花细小，花萼5深裂，基部内面有或无腺体；花冠高脚碟状，管喉部紧缩，无副花冠，花冠裂片5枚；雄蕊5枚，着生在花冠管的基部，花丝极短，花药箭头形，贴生于柱头的中部；花盘杯状或环状，有时端部浅5裂；子房具2个离生心皮，比花盘略长，花柱极短，柱头增厚，有一膨胀环状的基部，每心皮具多粒胚珠。蓇葖果双生，叉开。代表：鳝藤 *A. affine*（图2-132）。

图 2-131 络石

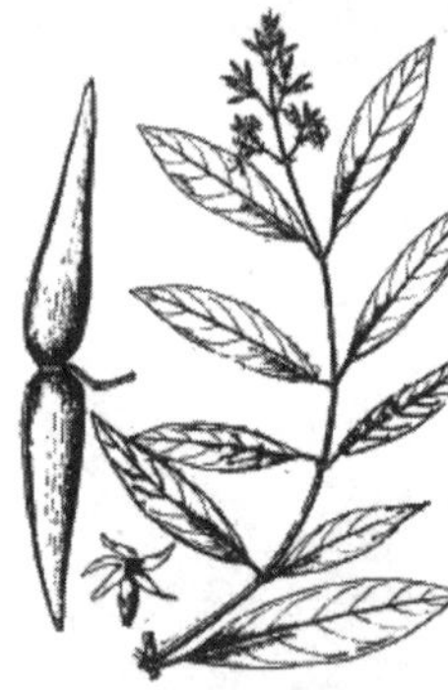

图 2-132 鳝藤

图 2-133 毛鸡矢藤

（93）茜草科 Rubiaceae

鸡矢藤属 *Paederia* 缠绕藤本。揉碎后有臭味。叶对生，稀3~4片轮生；托叶通常三角形，早落。花组成顶生或腋生的聚伞或圆锥花序；筒萼卵形或倒圆锥形，4~5裂，宿存；花冠4~5裂，镊合状排列；雄蕊4~5枚，生于花冠喉部，花丝极短；子房2室，花柱2个，每室1粒胚珠。果球形，外果皮厚而脆。代表：毛鸡矢藤 *P. cavaleriei* var. *tomentosa*（图2-133）、鸡矢藤 *P. scandens*。

茜草属 *Rubia* 多年生草本。蔓生或攀援，茎四棱形，有皮刺或倒生皮刺。叶4~8片轮生，有些系托叶所成。花序顶生或腋生，由聚伞花序组成圆锥花序；花小，萼筒卵形或近球形；花冠白色或淡黄色，辐状或略钟状，裂片5片；雄蕊5枚，生于花冠筒上，花丝短；子房2室，每室1粒胚珠。果实为浆果。代表：金剑草 *R. alata*、茜草 *R. cordifolia*、大叶茜草 *R. schumanniana*。

拉拉藤属 *Galium* 一年生或多年生草本，多年生时茎基部木质化。茎纤细，直立或蔓生，通常四棱形，连同托叶片内，为4~10片叶轮生；通常无柄花两性，稀单性，顶生或腋生聚伞花序或圆锥花序，稀单生；萼有齿或平；花冠辐状，4裂，稀3裂；雄蕊与裂片同数；子房2室，花柱两个，基部合生。果实为干燥蒴果，双生。代表：拉拉藤 *G. aparine* ssp. *echinospermum*（图2-134）。

图 2-134 拉拉藤

图 2-135 栀子

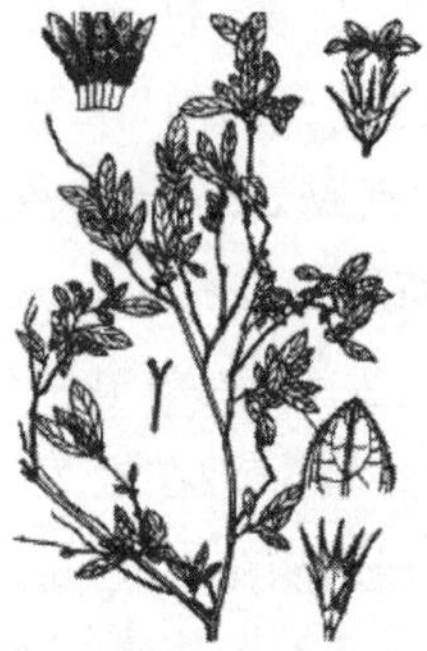

图 2-136 六月雪

栀子属 *Gardenia* 灌木或小乔木。叶对生及轮生；托叶在叶脉内侧，基部合生。花大，芳香，白色或淡黄色，单生枝顶或有时成伞房花序；萼裂片5片，宿存。花冠高脚碟状或管状，5~11裂，旋转状排列；雄蕊与花冠裂片同数，花丝极短；子房下位，有棱，1室，侧膜胎座，胚珠多数，柱头棒状。果革质，有棱。代表：栀子 *G. jasminoides*（图2-135）。

白马骨属 *Serissa* 常绿小灌木。叶对生近无柄；托叶刚毛状，宿存。花小，单生或簇生于叶腋或枝顶；萼筒倒圆锥形，4~6裂；花冠漏斗状，近白色，裂片4片，镊合状排列；雄蕊内藏；子房2室，每室1胚珠，柱头2裂。核果近球形。代表：六月雪 *S. japonica*（图2-136）、白马骨 *S. serissoides*。

（94）旋花科 Convolvulaceae

菟丝子属 *Cuscuta* 缠绕、寄生植物。茎细长，黄色或微带红色。无叶或退化成鳞片状。花小，白色或淡红色，簇生，无梗或具短梗；苞片小或无；花冠钟形；雄蕊4~5枚；子房2室，花柱2个，柱头球形或伸长。蒴果球形。代表：菟丝子 *C. chinensis*、高大菟丝子 *C. gigantea*、杯花菟丝子 *C. approximata*。

马蹄金属 *Dichondra* 多年生匍匐小草本。叶小，肾形或心形至圆形，全缘。花小，单生于叶腋；苞片小；萼片分离；花冠钟状；雄蕊5枚；花盘小，杯状；子房2室，花柱2个。蒴果，不裂或成不整齐的2裂；种子近球形，种皮薄。代表：马蹄金 *D. micrantha*（图2-137）。

番薯属 *Ipomoea* 草本或灌木。茎常缠绕，有时平卧或直立。叶全缘或分裂；具柄。花单生或组成聚伞状、伞状或头状花序，稀圆锥状，常腋生；萼片宿存；花冠白、淡红或紫色，稀黄色，漏斗状、钟状或高脚碟状；雄蕊5枚；子房2~4室，花柱1个。蒴果球形或卵圆形。代表：番薯 *I. batatas*、月光花 *I. alba*、五爪金龙 *I. cairica*。

打碗花属 *Calystegia* 多年生匍匐或缠绕草本，无毛或被短柔毛。叶互生，剑形或戟形。花单生，苞片2片；萼片5片，卵形或长圆形，草质；花冠钟状或漏斗状；雄蕊5枚。蒴果球形或卵圆形，4瓣裂。代表：打碗花 *C. hederacea*（图2-138）、藤长苗 *C. pellita*、柔毛大碗花 *C. pubescens*。

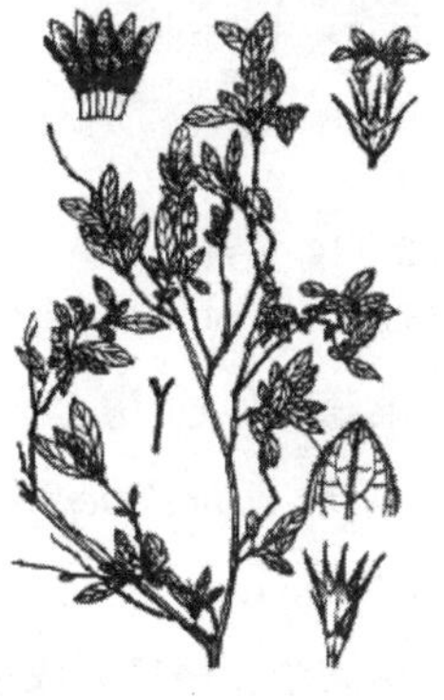

图2-137 马蹄金

图2-138 打碗花

图2-139 琉璃草

图2-140 盾果草

（95）紫草科 Boraginaceae

琉璃草属 *Cynoglossum* 二年生或多年生草本，稀一年生草本。全株被灰白色短毛或粗硬毛。叶互生，基生叶有柄，茎中部以上叶无柄，被毛。花序分枝二叉状，花侧生；花冠蓝、紫或白色；雄蕊5枚。小坚果4个，密生锚状刺。代表：大果琉璃草 *C. divaricatum*、台湾琉璃草 *C. formosanum*、琉璃草 *C. furcatum*（图2-139）。

附地菜属 *Trigonotis* 草本。叶互生，两面有毛。蝎尾状总状花序，无苞片；花萼小；花冠蓝色或白色，裂片在花蕾中呈覆瓦状排列；雄蕊5枚；子房4裂，柱头头状。小坚果4个，三角状四面体形，着生面位于基部之上，有短柄。代表：金川附地菜 *T. barkamensis*、全苞附地菜 *T. bracteata*、西南附地菜 *T. cavaleriei*。

盾果草属 *Thyrocarpus* 一年生草本。茎单一或数条，直立或斜升。叶互生，基生叶具长柄，茎生叶无柄或具短柄。总状聚伞花序，具大型的叶状苞片；花冠漏斗状；雄蕊5枚；子房4裂，花柱短，柱头头状，2裂。小坚果4个，基部圆形。代表：弯齿盾果草 *T. glochidiatus*、盾果草 *T. sampsonii*（图2-140）。

（96）马鞭草科 Verbenaceae

马鞭草属 *Verbena* 草本，稀为灌木。叶互生，边缘有锯齿、浅裂或羽状分裂。穗状花序延长或短缩；花萼管状；花冠管直或稍弯曲；雄蕊4枚，2长2短；花柱短于花冠管。蒴果包于萼内，成熟后分裂为4个长圆形的小坚果。代表：马鞭草 *V. officinalis*。

马缨丹属 *Lantana* 灌木。茎四方形，有或无皮刺。叶对生，有强烈的臭味。头状花序腋生或顶生，花序有总梗；苞片长于花萼；花萼小；花冠管细长，花冠有各种颜色；雄蕊4枚，2枚在上，2枚在下；子房2室。果实幼时肉质，成熟后有2个有骨质的小坚果。代表：马缨丹 *L. camara*（图2-141）（图版Ⅵ：Ⅰ）。

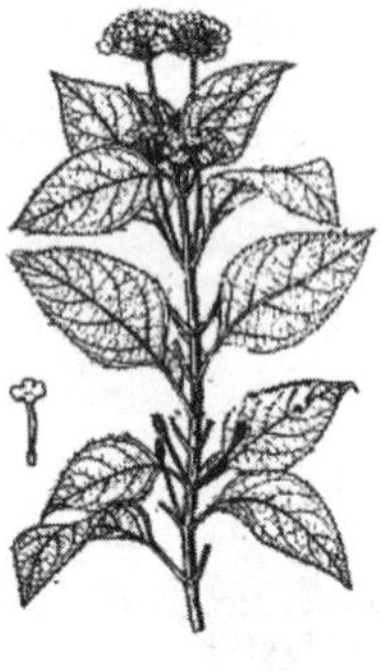
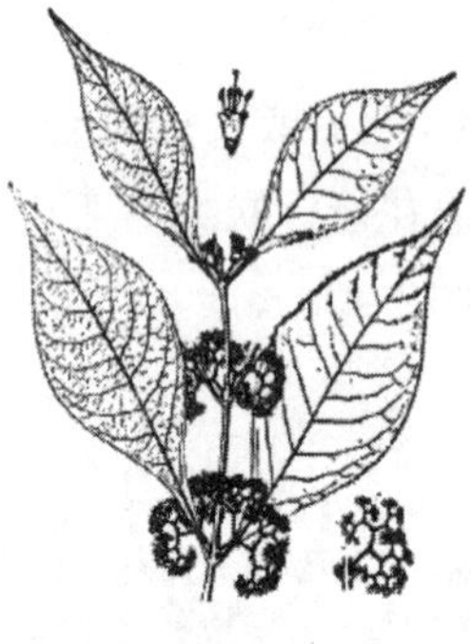
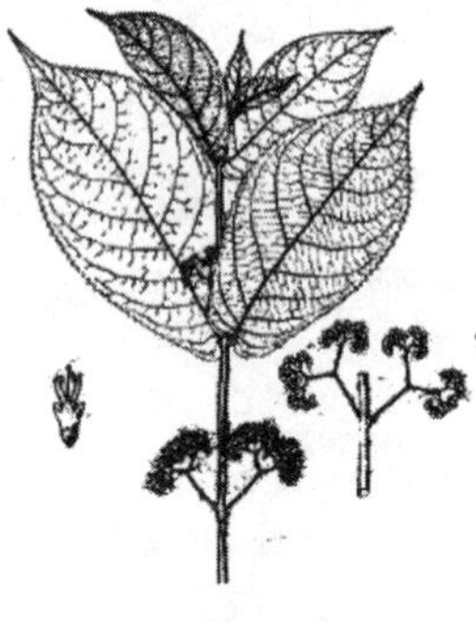

图2-141 马缨丹　　图2-142 紫珠　　图2-143 红紫珠　　图2-144 黄荆

紫珠属 *Callicarpa* 植株被星状毛或杂有多细胞腺毛或单毛，无芳香气味。叶对生，常有细锯齿，背面有腺点。聚伞花序腋生，花小，辐射对称；花冠4裂，不呈唇形；雄蕊4枚；子房上位。果实球形如珠，为肉质核果，成熟时常呈有光泽的紫色，有4个分核。代表：紫珠 *C. bodinieri*（图2-142）、白毛紫珠 *C. candicans*、华紫珠 *C. cathayana*、红紫珠 *C. rubella*（图2-143）。

牡荆属 *Vitex* 灌木或小乔木。小枝通常四方形。叶对生，掌状复叶。由聚伞花序排列成顶生的圆锥花序或生顶部叶腋。花萼钟状或管状；花冠2唇形，雄蕊2长2短或近等长；子房4室，柱头2裂。核果球形或倒卵形，外面包有宿存的花萼。代表：黄荆 *V. negundo*（图2-144）、灰毛牡荆 *V. canescens*、金沙荆 *V. duclouxii*。

（97）醉鱼草科 Buddlejaceae

醉鱼草属 *Buddleja* 直立灌木或乔木，很少草本。全体有腺状、星状或鳞片状绒毛。叶对生，很少互生，全缘或有锯齿。花簇生或成聚伞花序、聚伞圆锥花序或总状圆锥花序；花萼钟形，4裂；花冠管状或钟状，4裂；雄蕊4枚；子房2室，柱头2裂。蒴果，2瓣裂；种子多数，有翅或无翅。代表：醉鱼草 *B. leyana*、驳骨丹 *B. asiatica*（图2-145）、大叶醉鱼草 *B. davidii*。

图 2-145 驳骨丹

图 2-146 通泉草

图 2-147 细穗腹水草

图 2-148 阿拉伯婆婆纳

（98）玄参科 Scrophulariaceae

通泉草属 *Mazus* 矮小草本。叶生于下部的对生，上部的互生。总状花序顶生；花萼钟状，无棱，有脉10条；雄蕊4枚，二强；子房有毛或无毛，花柱无毛。蒴果球形或压扁，包于宿存的花萼内。代表植物：弹刀子菜 *M. stachydifolius*、通泉草 *M. pumirus*（图2-146）、高山通泉草 *M. alpinus*。

蝴蝶草属 *Torenia* 无毛或有柔毛的草本。茎分枝，直立或匍匐。叶对生，全缘或有齿。花腋生或数朵排成总状花序；花萼筒状；花冠筒状，上部较宽；雄蕊4枚。蒴果长椭圆形，室间开裂成两瓣。代表：光叶蝴蝶草 *T. asiatica*、紫萼蝴蝶草 *T. violacea*。

腹水草属 *Veronicastrum* 多年生草本。茎匍匐、直立或弓曲而顶端着地生根。叶互生、对生或轮生，边缘有锯齿，花密集成穗状花序，每朵花下有苞片；花冠紫红色；雄蕊2枚；花柱细长。蒴果圆锥状卵形，室背开裂；种子多数，细小。代表：台湾腹水草 *V. formosanum*、细穗腹水草 *V. stenostachyum*（图2-147）。

婆婆纳属 *Veronica* 草本或半灌木。叶对生，或上部叶少数互生。花为顶生或腋生的总状或穗状花序，或有时单生；花萼4~5裂；雄蕊2枚；子房2室。蒴果扁平或肿胀；种子多数至数粒，卵圆形、球形或舟形，光滑或粗糙。代表：阿拉伯婆婆纳 *V. persica*（图2-148）、婆婆纳 *V. polita*、鹿蹄草婆婆纳 *V. piroliformis*、北水苦荬 *V. anagallisaquatica*。

（99）紫葳科 Bignoniaceae

蓝花楹属 *Jacaranda* 落叶乔木或灌木。叶对生，二回或稀一回羽状复叶。花通常组成顶生或腋生的两歧聚伞状圆锥花序；萼小，钟状或管状；花冠蓝色或青紫色；发育雄蕊4枚；子房2室，胚珠多数。蒴果卵形、卵状长椭圆形或近圆形；种子扁平。代表：蓝花楹 *J. mimosifolia*(图2-149)。

泡桐属 *Paulownia* 乔木。单叶互生，全缘或顶端3裂。顶生聚伞状圆锥花序；花萼肉质；

花冠钟状漏斗形，5裂；雄蕊4枚，二强；子房上位。蒴果木质或近革质，卵球形或长圆形；种子小，多数。代表：白花泡桐 *P. fortunei*、川泡桐 *P. fargesii*。

（100）爵床科 Acanthaceae

老鼠簕属 *Acanthus* 草本或灌木。叶对生或基生，叶片边缘常有深波状带刺的齿。顶生的穗状花序；苞片大；萼裂片4片；花冠管短；雄蕊4枚，二强；子房每室有2粒胚珠。蒴果椭圆形，有光泽；种子阔卵形。代表：金蝉脱壳 *A. mollis* var. *latifolia*。

爵床属 *Rostellularia* 草本。叶对生，全缘，表面散生粗大的钟乳体。顶生穗状花序；苞片小，不鲜艳；花萼4裂；花冠二唇形；雄蕊2枚，花丝扁平，无毛。蒴果卵形或长圆形；种子2~4粒。代表：小叶散爵床 *R. diffusa*、矮爵床 *R. humilis*、爵床 *R. procumbens*（图2-150）。

图 2-149 蓝花楹　图 2-150 爵床　图 2-151 疏花车前　图 2-152 接骨草

（101）车前科 Plantaginaceae

车前属 *Plantago* 一年生或多年生草本。叶基生，具叶柄。花葶从基部叶腋生出，穗状花序；花小，绿色，两性；雄蕊4枚，着生在花冠管内面，与裂片互生；子房上位；花柱单一，有细的白色毛。蒴果周裂。代表：车前 *P. asiatica*、大车前 *P. major*、疏花车前 *P. asiatica* ssp. *erosa*（图2-151）。

（102）忍冬科 Caprifoliaceae

接骨木属 *Sambucus* 落叶灌木、小乔木或多年生草本。髓大。奇数羽状复叶，小叶有锯齿或分裂；有托叶及小托叶或无托叶。由聚伞花序组成伞房状或圆锥状花序；花小，辐射对称；雄蕊5枚。核果浆果状。代表：接骨草 *S. chinensis*（图2-152）、接骨木 *S. williamsii*、血满草 *S. adnata*。

忍冬属 *Lonicera* 直立灌木或缠绕藤本。落叶或常绿。单叶对生，全缘，稀分裂；有时具明显托叶。花多少左右对称，成对并生于由叶腋抽出的花序轴顶端，花序轴长或极短；花萼管状、漏斗状或钟状；雄蕊5枚；花柱细长，柱头头状。果为浆果。代表：毛果忍冬 *L. trichogyne*、毛花忍冬 *L. trichosantha*。

荚蒾属 *Viburnum* 直立灌木，少小乔木。常绿或落叶。冬芽裸露或被芽鳞。单叶对生；有或无托叶。多花组成复聚伞花序，呈伞房状、圆锥状或近伞形排列，花小，白色或红色；通常有苞片及小苞片；萼5裂；雄蕊5枚。核果具1粒压扁的核，有沟或无沟。代表：金山荚蒾 *V. chinshanense*（图2-153）、桦叶荚蒾 *V. betulifolium*、短序荚蒾 *V. brachybotryum*。

锦带花属 *Weigela* 落叶或半常绿灌木或小乔木。冬芽有数片长尖的芽鳞。叶缘锯齿；无托叶。花较大，聚伞花序腋生或顶生；萼5裂；花冠管状钟形或漏斗形，两侧对称；雄蕊5枚；子房伸长。蒴果柱状，有喙。代表：锦带花 *W. florida*、半边月 *W. japonica* var. *sinica*。

（103）败酱科 Valerianaceae

败酱属 *Patrinia* 直立草本。常有地下茎。叶对生或基部簇生，常羽状分裂或不裂。聚伞花序排列成圆锥状或伞房状；花小，黄色或白色；花萼极短；花冠辐射对称；雄蕊4枚。瘦果，3室，仅1室发育。代表：白花败酱 *P. villosa*（图2-154）、少蕊败酱 *P. monandra*。

图2-153 金山荚蒾

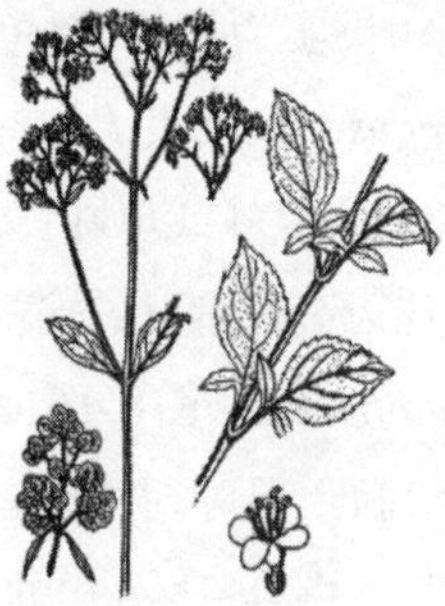

图2-154 白花败酱

图2-155 桔梗

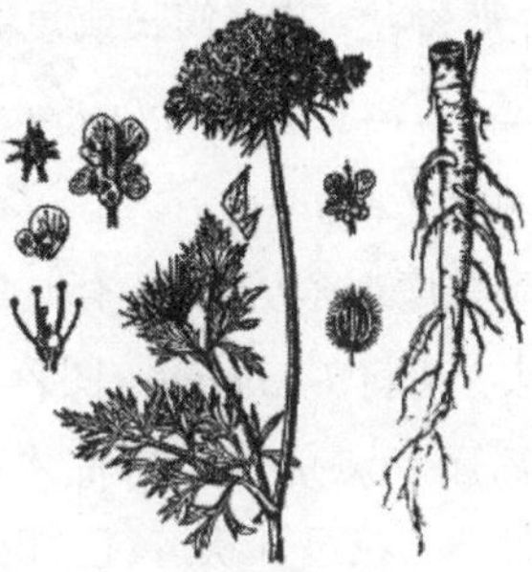

图2-156 野胡萝卜

（104）桔梗科 Campanulaceae

桔梗属 *Platycodon* 多年生草本。有白色乳汁。根胡萝卜状，少有分枝。茎直立，无毛。叶互生近轮生。花大，单生，少有数朵生枝顶；花萼与子房贴生；花冠阔钟状，蓝紫色，花药分离；子房下位，胚珠多数，柱头5裂。蒴果倒卵形，顶端5裂；种子多数，黑色。代表：桔梗 *P. grandiflorus*（图2-155）。

（105）伞形科 Umbelliferae

胡萝卜属 *Daucus* 一年生或两年生草本。被毛；根肉质，茎直立，有分枝。叶片羽状分裂。复伞形花序顶生和腋生；总苞有多数分裂或不裂的苞片；花白色或带黄色，中心的花有时呈紫色。果实长圆形至圆卵形，背部扁平，有翅。代表：胡萝卜 *D. carota* var. *sativa*、野胡萝卜 *D. carota*（图2-156）。

积雪草属 *Centella* 多年生草本。具匍匐茎。叶有长柄，柄基部有鞘；叶片圆形、肾形或马蹄形。伞形花序腋生，花近无梗，黄绿色、白色至紫红色。果实肾形或圆形，两侧压扁，合生面收缩。代表：积雪草 *C. asiatica*（图2-157）。

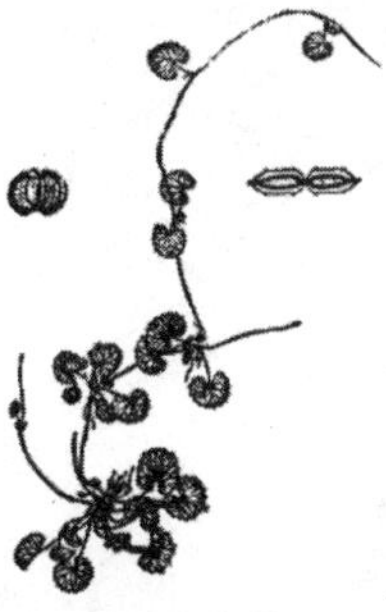

图2-157 积雪草

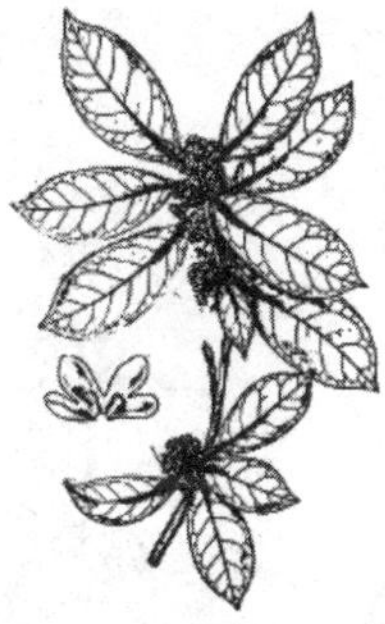

图2-158 木犀

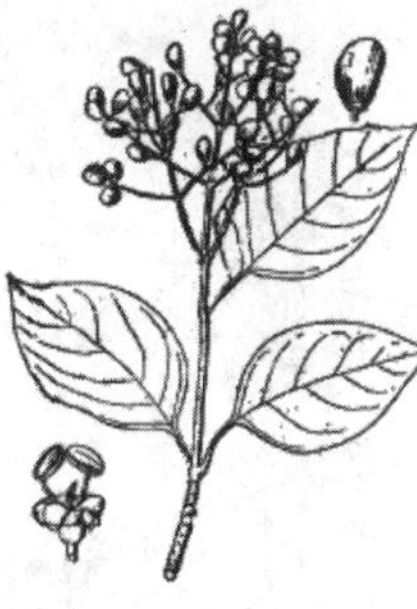

图2-159 女贞

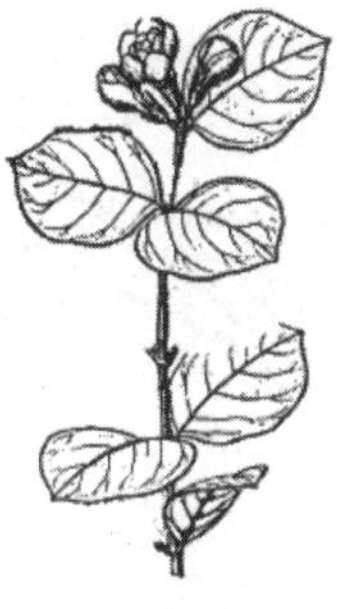

图2-160 茉莉

芹属 *Apium* 一年生或多年生草本。有圆锥形根；茎直立或匍匐，有分枝，无毛。叶一回羽状分裂至三出或羽状多裂，裂片近圆形、卵形至线形。单伞形花序或复伞形花序；顶生或侧生。

果实卵圆形、圆形或椭圆形。代表：旱芹 *A. graveolens*、细叶旱芹 *A. leptophyllum*。

（106）木犀科 Oleaceae

木犀属 *Osmanthus* 常绿灌木或乔木。单叶对生。花在叶腋簇生或组成总状花序；花两性或单性，花萼4齿裂；花冠筒短；雄蕊2枚；花柱圆柱形，柱头头状。果实为核果。代表：山桂花 *O. delavayi*、木犀（桂花）*O. fragrans*（图2-158）。

女贞属 *Ligustrum* 落叶或常绿灌木或乔木。单叶对生，全缘。圆锥花序顶生；花两性，形小，白色；花萼钟状；花冠筒长或短；花丝较花药为短。果实为核果，黑色或蓝黑色，常有2~4粒种子。代表：台湾女贞 *L. amamianum*、狭叶女贞 *L. angustum*、女贞 *L. lucidum*（图2-159）。

茉莉属 *Jasminum* 直立或攀援灌木。叶对生，羽状复叶或单叶；小叶全缘。花为顶生或侧生的聚伞花序或伞房花序，有时单生；花萼钟状；花冠高脚碟状；雄蕊2枚，生于花冠筒内。浆果。代表：茉莉 *J. sambac*（图2-160）、迎春花 *J. nudiflorum*（图2-161）。

连翘属 *Forsythia* 落叶灌木。枝中空或有片状髓。单叶对生。花1~5朵腋生，先叶开放；花萼不脱落；花冠钟状，黄色，内面常有黄红色条纹；雄蕊2枚；花柱细，柱头2个。蒴果2裂；种子有翅。代表：丽江连翘 *F. likiangensis*、连翘 *F. suspensa*、金钟花 *F. viridissima*（图2-162）。

（107）茄科 Solanaceae

枸杞属 *Lycium* 灌木。常有棘刺，冬芽小。单叶互生或簇生；有柄或近无。单花腋生或数朵簇生；花萼钟状；花冠漏斗状；雄蕊5枚，冠生；子房2室，花柱丝状。浆果球形、卵形或长椭圆形；种子扁平，子叶半圆棒状。代表植物：枸杞 *L. chinense*、宁夏枸杞 *L.barbarum*（图2-163）、黑果枸杞 *L. ruthenicum*。

辣椒属 *Caspicum* 灌木、半灌木或草本。茎多分枝。单叶互生，全缘或浅波状；有柄。花单生、成对或数朵簇生，具花梗；花萼杯状，宿存；花冠辐状，白色至绿白色；雄蕊5枚，花药蓝色；花柱细长。浆果，少汁液，含辛辣味；种子小，圆盘状，扁平。代表：辣椒 *C. annuum*。

茄属 *Solanum* 草本、半灌木、灌木至小乔本或藤本。具刺或无，具各种形态毛或无。叶互生，全缘、波状或分裂。聚伞花序，稀单花；两性，通常五基数；花萼宿存；花冠辐状，白色、青紫色、红紫色或黄色；花丝极短，花药长圆形；子房2室，胚珠多数。浆果，大或小，黑色、黄色或橙色；种子近卵形或肾形。代表：茄子 *S. melongena*、白英 *S. lyratum*（图2-164）（图版Ⅵ：M）、珊瑚樱 *S. pseudocapsicum*（图2-165）、少花龙葵 *S. americanum*。

图2-161 迎春花

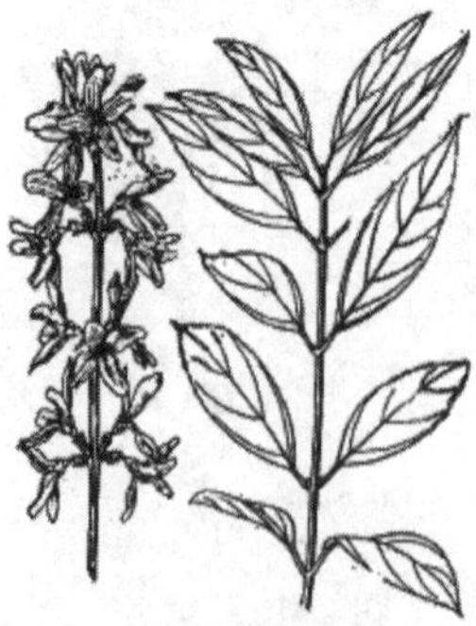
图2-162 金钟花

图2-163 宁夏枸杞

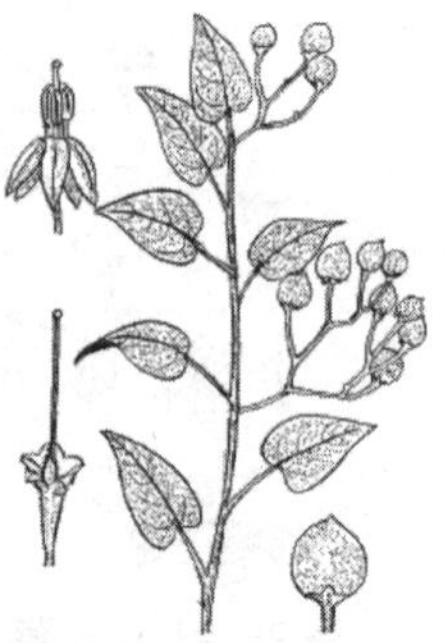
图2-164 白英

烟草属 *Nicotiana* 一年生草本或半灌木。常具腺毛，有强烈刺激味。单叶互生，有柄或无，全缘，稀波状。圆锥式或总状式花序或单生花；花萼5裂，宿存；花冠筒状、漏斗状或高脚碟状；花盘杯状；子房2室，花柱细长，柱头2裂。蒴果，2瓣裂；种子多数，细小。代表：烟草 *N. tabacum*、黄花烟草 *N. rustica*、光烟草 *N. glauca*。

碧冬茄属 *Petunia* 草本。常具腺毛。叶互生，全缘。单生花，紫堇色、白色或其他多种色彩；花萼裂片矩圆形或条形；花冠漏斗状或高脚碟状；雄蕊5枚，冠生；子房2室，花柱丝状，胚珠多数。蒴果，2瓣裂；种子近球形或卵球形。代表：碧冬茄 *P. hybrida*（图2-166）。

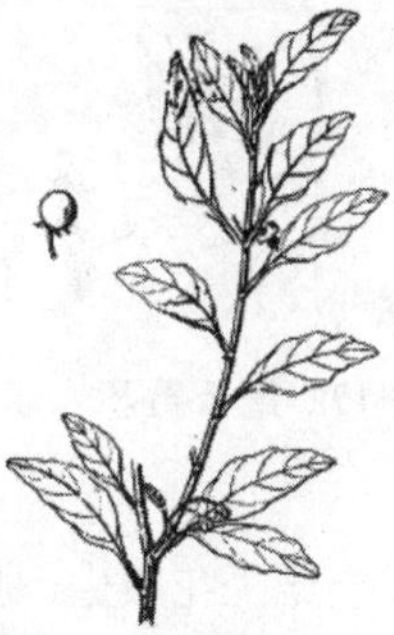
图 2-165 珊瑚樱

图 2-166 碧冬茄

图 2-167 夜香树

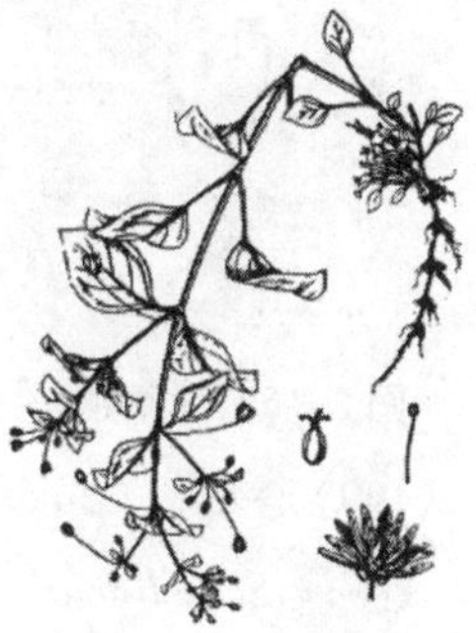
图 2-168 繁缕

曼陀罗属 *Datura* 草本、半灌木或小乔木。单叶互生，具叶柄。花大，单生；花萼长管状；花冠漏斗状，白色、黄色或淡紫色；雄蕊5~7枚，内藏或稍外露；子房2室或不完全4室，花柱丝状。蒴果，4瓣裂，或浆果状；种子多数，扁肾形或近圆形。代表：曼陀罗 *D. stramonium*、毛曼陀罗 *D. inoxia* 、洋金花 *D. metel*。

夜香树属 *Cestrum* 灌木或乔木。叶互生，全缘。伞房式或圆锥式聚伞花序，顶生或腋生；花萼钟状或近管状；花冠高脚碟状或近漏斗状；雄蕊5枚，冠生；花盘不明显或稍增厚；子房2室，花柱丝状。浆果，少汁液；种子长圆形，子叶卵形或半棒状。代表：夜香树（夜来香）*C. nocturnum*（图2-167）、黄花夜香树 *C. aurantiacum*、毛茎夜香树 *C. elegans*。

（108）石竹科 Caryophyllaceae

繁缕属 *Stellaria* 草本。茎直立或匍匐平铺地面，多丛生，光滑或有毛。叶对生，卵形或卵状椭圆形。顶生带叶或不带叶的二歧聚伞花序，少单生叶腋；花两性，白色；萼片与花瓣各5片；子房1室。蒴果长椭圆形或球形；种子扁平。代表：繁缕 *S. media*（图2-168）、中国繁缕 *S. chinensis*。

卷耳属 *Cerastium* 草本。全株被柔毛或腺毛或光滑。叶对生，卵形至披针形，被柔毛。顶生二歧聚伞花序；花两性，白色；萼片5片；子房1室，胚珠多数。蒴果圆柱形或长圆形，多少弯曲；种子扁平。代表植物：球序卷耳 *C. glomeratum* var. *glomeratum*（图2-169）、披针叶卷耳 *C. falcatum*。

石竹属 *Dianthus* 一年生或多年生草本。茎直立，丛生或单生，光滑有毛。叶对生；无托叶。花单生或排成圆锥状聚伞花序；子房1室，胚珠多数。蒴果管状长圆形或卵形；种子扁平或略凸，圆盘状。代表：石竹 *D. chinensis*（图2-170）（图版Ⅳ：G）、大苞石竹 *D. hoeltzeri*、玉山石竹 *D. pygmaeus*。

漆姑草属 *Sagina* 草本。茎矮小，丛生。叶对生，基部有薄膜相连；无托叶。花两性，小，多单生叶腋或茎顶，少为聚伞花序；花瓣全缘；子房1室。蒴果4~5裂，裂片对萼生；种子小，多数，肾形。代表：漆姑草 *S. japonica*（图2-171）、根叶漆姑草 *S. maxima*、仰卧漆姑草 *S. procumbens*。

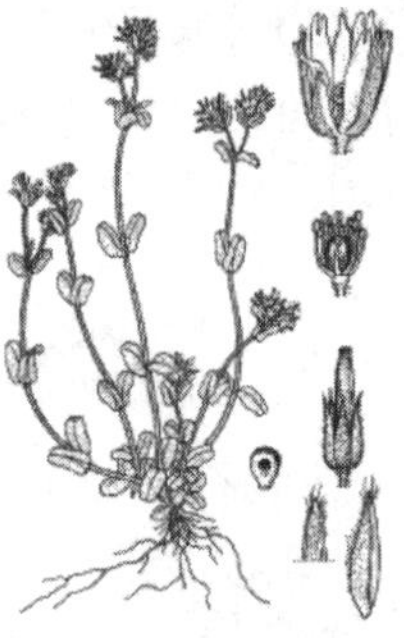
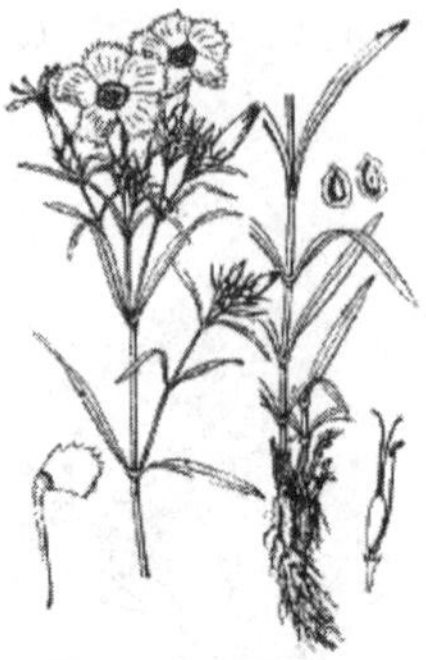
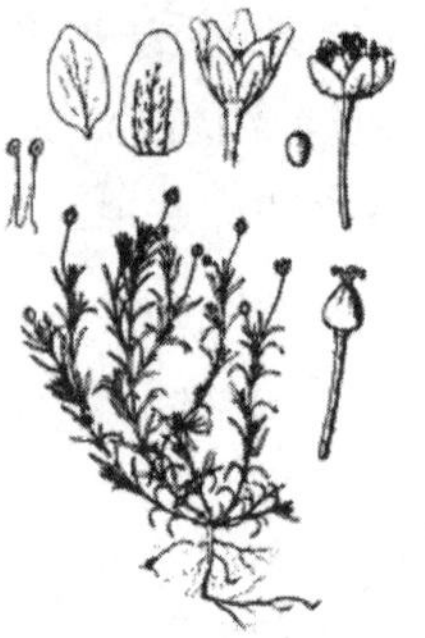

图2-169 球序卷耳　图2-170 石竹　图2-171 漆姑草　图2-172 缙云黄芩

（109）唇形科 Labiatae

黄芩属 *Scutellaria* 一年生或多年生。茎生叶常具齿，或羽状分裂或全缘。花腋生，对生或上部有时互生，组成顶生或侧生总状或穗状花序；花萼钟状，背腹压扁；雄蕊4枚，二强。小坚果扁球形或卵圆形，具瘤，被毛或否，赤道面上有膜质的翅或无。代表：缙云黄芩 *S. tsinyunensis*（图2-172）（图版Ⅵ：L）、安徽黄芩 *S. anhweiensis*。

筋骨草属 *Ajuga* 一、二年生或常为多年生草本，稀为灌木状。茎直立，或具匍匐茎，四棱形。单叶对生，通常为纸质，边缘具齿或缺刻，稀近于全缘；苞叶与茎叶同形。轮伞花序具2至多朵花，集成顶生的假穗状花序；花两性；花萼钟形；花冠筒长；花盘环状，裂片不明显。小坚果倒卵形，有皱纹。代表：紫背金盘 *A. nipponensis*(图2-173)、高山筋骨草 *A. nubigena*、圆叶筋骨草 *A. ovalifolia*。

夏枯草属 *Prunella* 多年生草本。轮伞花序，多数聚集成卵状或卵圆状穗状花序，花萼管状钟形；雄蕊4枚；花盘近平顶。小坚果圆形、卵圆形或长圆形，基部有一锐尖白色着生面。代表：大花夏枯草 *P. grandiflora*、硬毛夏枯草 *P. hispida*、夏枯草 *P. vulgaris*（图2-174）（图版Ⅵ：K）。

图2-173 紫背金盘　图2-174 夏枯草　图2-175 薄荷　图2-176 一串红

益母草属 *Leonurus* 直立草本。下部叶宽大，近掌状分裂；全缘，轮伞花序多花密集，腋生，多数排成长穗状花序；花萼倒圆锥形或管状钟形；雄蕊4枚；花盘平顶。小坚果锐三棱形，顶端平截，基部楔形，无毛。代表：兴安益母草 *L. deminutu*、益母草 *L. japonicus*（图版Ⅵ：J）、大花益母草 *L. macranthus*。

薄荷属 *Mentha* 多年生或多为一年生芳香草本。叶具柄或无柄；有齿。轮伞花序，着生于叶腋内，远离或密集成顶生的头状或穗状花序；花两性或单性；花冠漏斗形；雄蕊4枚，近等大；花柱伸出；花盘平顶。小坚果卵形，干燥，无毛或稍具瘤。代表：薄荷 *M. canadensis*（图2-175）、假薄荷 *M. asiatica*、柠檬留兰香 *M. citrata*。

鼠尾草属 *Salvia* 草本、半灌木或灌木。单叶或羽状复叶。轮伞花序，组成总状或总状圆锥或穗状花序，稀全部花为腋生；花萼二唇形；花丝短；退化雄蕊2枚；子房4全裂。小坚果卵状三棱形或长圆状三棱形，无毛，光滑。代表：一串红 *S. splendens*（图2-176）、近掌脉鼠尾草 *S. subpalmatinervis*。

风轮菜属 *Clinopodium* 多年生草本。叶具齿；有柄或无柄。轮伞花序腋生，少花或多花；花萼管状；花冠白色、紫红或淡红色；雄蕊4枚，有时后对退化，前对较长；子房4裂，无毛；花盘平顶。小坚果极小，卵球形或近球形，褐色，无毛。代表：灯笼草 *C. polycephalum*、风轮菜 *C. chinense*、细风轮菜 *C. gracile*（图2-177）。

图2-177 细风轮菜

图2-178 南川斑鸠菊

图2-179 鱼眼草

图2-180 马兰

石荠苧属 *Mosla* 一年生。揉之有强烈香味。叶下面有明显腺点，具齿；具柄。轮伞花序2朵花在主茎及分枝上组成顶生的总状花序；花萼钟形，基部一边膨胀；花冠白色、粉红至紫红色；雄蕊4枚，花药2室；花盘前方呈指状膨大。小坚果近球形，具疏网纹或深穴状雕纹，果脐基生，点状。代表：小鱼仙草 *M. dianthera*、无叶荠苧 *M. exfoliata*、石荠苧 *M. scabra*。

（110）菊科 Compositae

斑鸠菊属 *Vernonia* 草本、灌木或乔木，有时为藤本。叶互生，稀对生，全缘或有齿。头状花序盘状，多数再排成圆锥状、伞房状或总状；具同型两性花，花少数至多数，结实；总苞钟状，卵形或半球形；花冠管状，粉红色或淡紫色，常具腺。瘦果具棱或肋，常具腺；冠毛通常2层，白色或橙红色。代表：南川斑鸠菊 *V. bockiana*（图2-178）、毒根斑鸠菊 *V. cumingiana*。

胜红蓟属 *Ageratum* 一年生或多年生草本或灌木。叶对生或上部叶互生。头状花序有多数小花，在枝顶排成伞房状或圆锥状；总苞钟状；花冠管状。瘦果有5纵棱；冠毛膜片状，分离或联合成短冠状，顶端芒刺状。代表：藿香蓟 *A. conyzoides*、熊耳草 *A. houstonianum*。

鱼眼草属 *Dichrocephala* 一年生草本。茎直立。叶互生，全缘，琴状或羽状分裂。头状花序小，多数排成圆锥状伞房花序或伞房花序；总苞小；全为管状花，结实；边花雌性；中央花两性，紫色或淡紫色。瘦果压扁；无冠毛或有极短的冠毛。代表：鱼眼草 *D. auriculata*（图2-179）、

小鱼眼草 *D. benthamii*、菊叶鱼眼草 *D. chrysanthemifolia*。

马兰属 *Kalimeris* 多年生草本。叶互生，全缘。头状花序单生枝顶，或排成疏伞房状；总苞半球形；花序托突起或圆锥状；头状花序辐射状；柱头2裂，裂片三角形或披针形。瘦果稍扁，有肋。代表：马兰 *K. indica*（图2-180）、裂叶马兰 *K. incisa*、山马兰 *K. lautureana*。

紫菀属 *Aster* 多年生草本、亚灌木或灌木。茎直立，单生或上部有分支。叶互生，有齿或全缘。头状花序单生，或排成伞房状或圆锥伞房状；总苞，半球形、钟状或倒锥形；头状花序辐射状，全部结实；外围雌花舌状，蓝色、蓝紫色、淡红色或近白色；中央两性花多数，黄色或顶端紫褐色；花柱2裂，裂片三角形或披针形。瘦果具2肋；冠毛宿存，白色或红褐色。代表：三脉紫菀 *A. ageratoides*（图2-181）、钻叶紫菀 *A. subulatus*（图2-182）。

图 2-181 三脉紫菀

图 2-182 钻叶紫菀

图 2-183 小白酒草

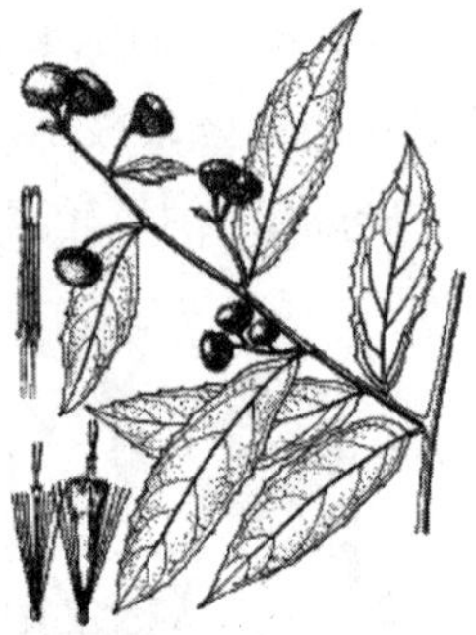

图 2-184 东风草

白酒草属 *Conyza* 一年生或多年生草本。茎直立，上部多分枝。叶互生，全缘或有齿，或羽状分裂。头状花序异型，再排成总状、伞房状或圆锥状花序；总苞半球形至圆柱形；花序托半球形；全部花结实；花冠管状。瘦果很小，极扁；冠毛1层，污白色或变成红褐色。代表：小白酒草 *C. canadensis*（图2-183）、香丝草 *C. bonariensis*。

艾纳香属 *Blumea* 一年生或多年生草本、亚灌木或灌木。常有香气。茎圆柱形，被毛。叶互生，稀全缘。头状花序少数至多数，盘状；总苞半球形、圆柱形或钟状；两性花花冠管状。瘦果小；冠毛1层，白色、淡红色或黄褐色。代表：东风草 *B. megacephala*（图2-184）（图版Ⅵ：N）、长柄艾纳香 *B. membranacea*、馥方艾纳香 *B. aromatica*（图2-185）。

香青属 *Anaphalis* 多年生草本。被白色绵毛或腺毛。叶互生，线形，长圆形或披针形，全缘。头状花序多数，再排成伞房或复伞房花序，少有单生；总苞钟状，半球形或球形，白色；雄花花冠管状，雌花花冠细丝状。瘦果长圆形；冠毛1层，白色。代表：珠光香青 *A. margaritacea*、玉山香青 *A. morrisonicola*。

鼠麴草属 *Gnaphalium* 一年生稀多年生草本。被白色绵毛或绒毛。叶互生，全缘。头状花序小，排成聚伞花序或圆锥状伞房花序，顶生或腋生；总苞钟状或近球形；花序托扁平。瘦果无毛或疏被腺体或短毛；冠毛1层，白色或污白色。代表：鼠麴草 *G. affine*（图2-186）、贝加尔鼠麴草 *G. baicalense*、金头鼠麴草 *G. chrysocephalum*。

天名精属 *Carpesium* 多年生草本。茎直立，多分枝。叶互生，全缘或具不规则牙齿。头状花序顶生或腋生，有梗或无梗；总苞盘状、钟状或半球形；花序托扁平；花黄色异型，花冠管状；

柱头2深裂，顶端钝。瘦果细长，顶端收缩成喙状。代表：天名精 *C. abrotanoides*（图2-187）（图版Ⅵ：O）、烟管头草 *C. cernuum*。

蒿属 *Artemisia* 一至二年生或多年生草本，少为半灌木。常有香味。茎、枝、叶及总苞片均被毛，稀光滑无毛。单叶互生，基生叶常在花后枯萎；中上部叶具短柄或无柄。头状花序小，多数，在茎或分枝上排成疏松或密集的穗状或总状圆锥花序；花全部管状，结实。瘦果细小；无冠毛。代表：野艾蒿 *A. lavandulaefolia*、黄花蒿 *A. annua*（图2-188）、艾蒿 *A. argyi*（图2-189）。

图2-185 馥方艾纳香

图2-186 鼠麹草

图2-187 天名精

图2-188 黄花蒿

图2-189 艾蒿

图2-190 浆果苔草

图2-191 垂穗苔草

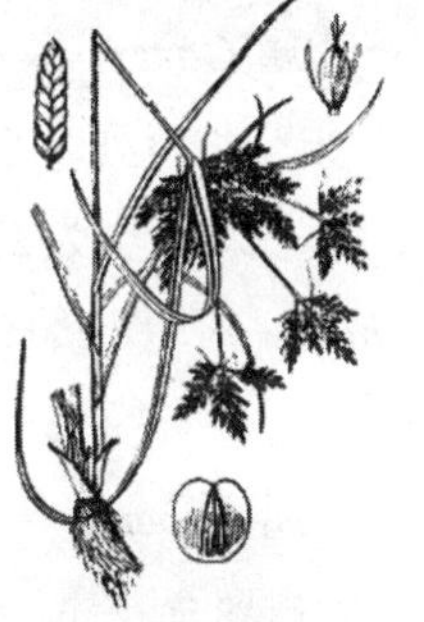
图2-192 碎米莎草

苍术属 *Atractylodes* 多年生草本。具横走的根状茎，茎直立。叶互生，有柄或无柄；全缘或羽状分裂。头状花序单生于茎端，被羽状分裂的苞叶所包围；总苞钟状或筒状，顶端钝，全缘；花序托平坦；全为筒状花。瘦果密被柔毛；冠毛多数，上部羽毛状。代表：苍术 *A. lancea*、白术 *A. macrocephala*、关苍术 *A. japonica*。

苍耳属 *Xanthium* 一年生粗壮草本。茎多分枝，被毛。叶互生，边缘有齿或掌状浅裂。头状花序单性同株；雄花序密集生于枝顶；雌花序单生或密集于茎枝下部。瘦果倒卵形；无冠毛。代表：偏基苍耳 *X. inaequilaterum*、苍耳 *X. sibiricum*、蒙古苍耳 *X. mongolicum*。

向日葵属 *Helianthus* 一年生或多年生草本，通常高大，被粗糙毛。叶互生或下部叶对生。头状花序大或较大，有时排成伞房状；舌状花中性，黄色；管状花两性，黄色、紫色或褐棕色；总苞盘状或半球状。瘦果倒卵形，稍扁。代表：向日葵 *H. annuus*、菊芋 *H. tuberosus*。

菊属 *Dendranthema* 半灌木或多年生草本。叶不分裂或一至二回掌状或羽状分裂。头状花序单生或多数在茎枝端排成疏伞房状或复伞房状花序；总苞浅杯状或钟状；舌状花雌性，白色、黄色或红紫色；管状花两性，黄色。瘦果倒卵形或圆柱形，有多条总肋。代表：菊花 *D. morifolium*、细叶菊 *D. maximowiczii*、楔叶菊 *D. naktongense*。

莴苣属 *Lactuca* 一年生至多年生草本。叶分裂或不分裂。头状花序，花同型，在茎枝顶端排成伞房花序、圆锥花序状分枝；总苞果期长卵球形。舌状小花黄色；花柱分枝细。瘦果褐色，倒卵形、倒披针形或长椭圆形，压扁；冠毛白色，纤细，2层，微锯齿状或几成单毛状。代表：莴苣 *L. sativa*、野莴苣 *L. Torner*。

蒲公英属 *Taraxacum* 多年生草本。有乳汁。叶基生呈莲座状，有柄或无柄；叶片匙形、倒披针形或披针形，羽状全裂或有波状齿。头状花序单生花葶顶端；总苞钟状或长圆形。舌状花，两性，黄色；雄蕊5枚；花柱细长；柱头2裂。瘦果长圆形，稍扁，无毛；冠毛白色。代表：蒲公英 *T. mongolicum*、红角蒲公英 *T. luridum*。

（111）泽泻科 Alismataceae

慈姑属 *Sagittaria* 一至多年生草本。叶基生，挺水、浮水或沉水；叶柄长或无柄。花单性同株，成总状或圆锥状花序；花被6片；雄蕊6枚至多数。蒴果扁薄而背腹具翅或称翅状。代表：高原慈姑 *S. altigena*、浮叶慈姑 *S. natans*、矮慈姑 *S. pygmaea*。

（112）莎草科 Cyperaceae

苔草属 *Carex* 多年生，少一年生草本。具或不具根状茎；秆散生或丛生，通常三棱形。叶基生或茎生，3列。小穗在秆顶排列为穗状、总状、圆锥状花序。花单性，大多雌雄同株，少异株；雄蕊3枚，少为2枚。果囊三棱形，平凸形或双凸形；小坚果包果囊内。代表：浆果苔草 *C. baccans*（图2-190）、垂穗苔草 *C. brachyathera*（图2-191）（图版Ⅶ：K）、白鳞苔草 *C. alba*。

莎草属 *Cyperus* 一年生或多年生草本。有或无横走根茎，秆丛生或散生。叶均基生。单或复长侧枝聚伞花序；小穗2个至多数，于辐射枝上端排列，呈穗状、指状或头状；雄蕊2~3枚；柱头3个。小坚果三棱形。代表：碎米莎草 *C. iria*（图2-192）、香附子 *C. rotundus*（图2-193）、畦畔莎草 *C. haspan*。

砖子苗属 *Mariscus* 一年生或具根茎的多年生草本。秆多丛生，少散生。叶通常基生，少秆生。总苞片多片，叶状；小穗有花数条，排列成聚伞花序；下有明显总花梗；花两性；柱头多为3个。小坚果三棱形。代表：密穗砖子苗 *M. compactus*、砖子苗 *M. umbellatus*（图2-194）。

水蜈蚣属 *Kyllinga* 多年生草本，稀一年生。常具横走根茎；秆丛生或散生。叶基生。头状花序；小穗多数；小穗轴基部上方具关节；鳞片2列；雄蕊1~3枚；柱头2个。小坚果双凸状，棱向小穗轴。代表：短叶水蜈蚣 *K. brevifolia*、水蜈蚣 *K. brevifolia*（图2-195）（图版Ⅶ：I）、黑籽水蜈蚣 *K. melanosperma*。

（113）禾本科 *Gramineae*

慈竹属 *Neosinocalamus* 高大乔木，无刺。地下茎合轴型；秆直立丛生，顶梢部呈弧形或下垂似钩丝状；节间圆筒形。箨鞘厚纸质，背面遍生棕色刺毛；箨舌明显；箨叶披针形或卵状披针形，通常向外反折。代表：慈竹 *N. affinis*。

刚竹属 *Phyllostachys*　乔木或灌木。秆散生，节间空心，在分枝的一侧扁平或有纵沟。叶片披针形或长披针形。花序为头状或穗状。颖果。代表：毛竹 *P. heterocycla*（图版Ⅶ:L）、水竹 *P. heteroclada*（图2-196）、龟甲竹 *P. heterocycla*、紫竹 *P. nigra*。

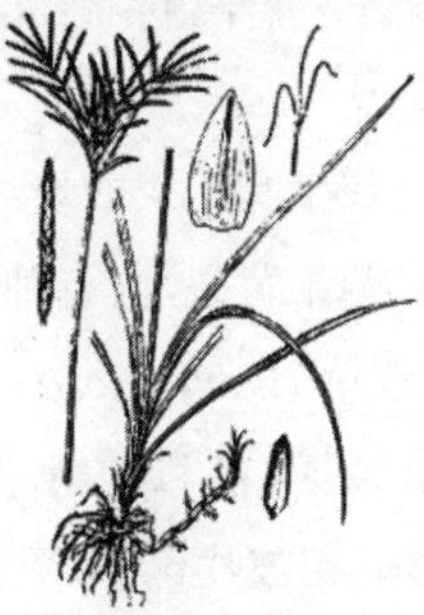
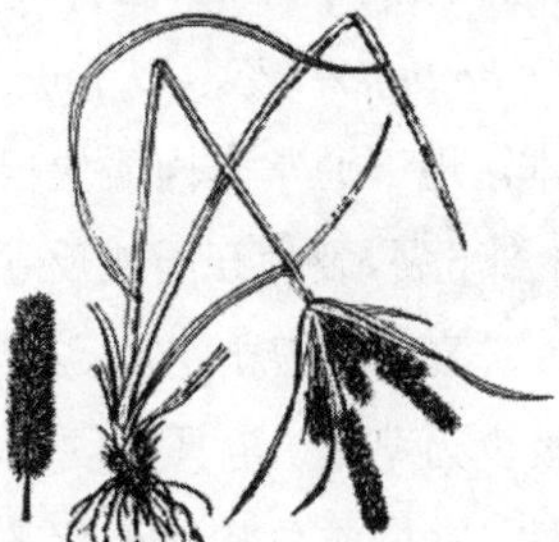

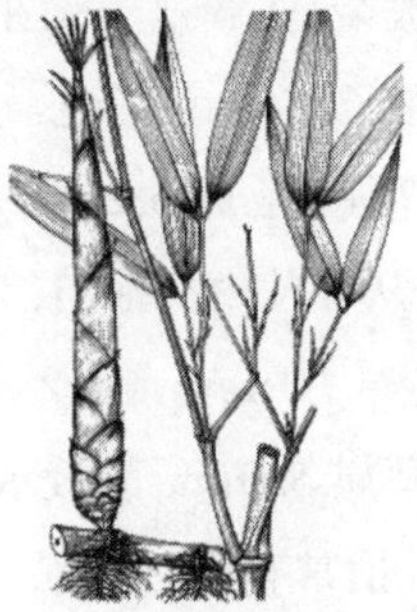

图2-193 香附子　　图2-194 砖子苗　　图2-195 水蜈蚣　　图2-196 水竹

稻属 *Oryza*　一年生或多年生。叶片扁平粗糙。圆锥花序；小穗含1朵两性花，其下有两枚退化的外稃，两侧压扁；外稃具5条脉，内稃具3条脉；雄蕊6枚；花柱2个。代表：稻 *O. sativa*。

小麦属 *Triticum*　一年生或越年生草本。穗状花序直立，顶生；小穗有花3~9朵，两侧压扁，无柄；颖近革质，卵形，具3至数条主脉，主脉隆起成脊。颖果，成熟后易与稃片分离，腹面有纵沟。代表：小麦 *T. aestivum*。

狗尾草属 *Setaria*　一年生或多年生。秆直立或基部倾斜。叶片扁平。圆锥花序为圆柱状、窄塔形或宽塔形，稀椭圆形；小穗椭圆形或卵状披针形，含1~2朵小花，单生或簇生。外稃革质或软骨质，背部隆起，边缘包卷同质的内稃。代表：狗尾草 *S. viridis*（图2-197）、皱叶狗尾草 *S. plicata*、棕叶狗尾草 *S. palmifolia*（图2-198）。

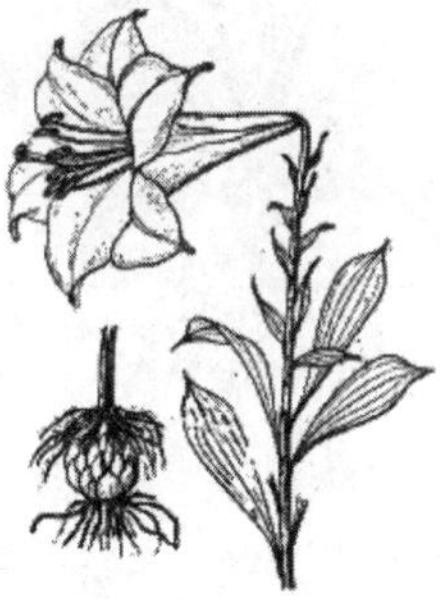
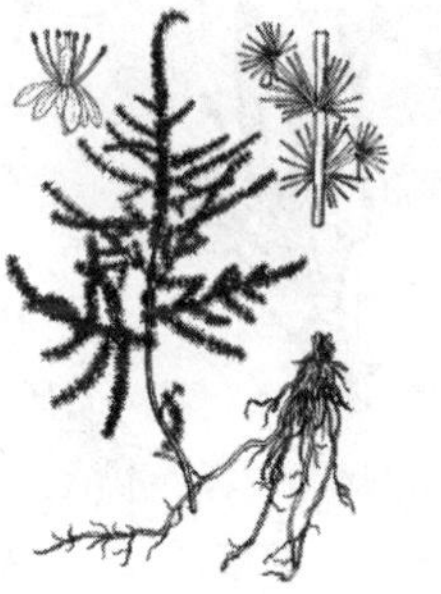

图2-197 狗尾草　图2-198 棕叶狗尾草　图2-199 百合　　图2-200 文竹

（114）百合科 Liliaceae

百合属 *Lilium*　高大草本。具鳞茎；茎直立，常不分枝，有叶。花大，单生或排成总状、伞形花序；花钟状至漏斗状；花被片6，排成2轮，每轮3片；雄蕊6枚，丁字状着生；子房胚珠多数，花柱长。蒴果背裂；种子多数，半圆形，边缘有膜质翅。代表：百合 *L. brownii* var. *viridulum*（图2-199）、野百合 *L. brownii*、南川百合 *L. rosthornii*。

天门冬属 *Asparagus*　多年生草本或亚灌木。根绳索状或膨大为肉质块根。茎直立或攀援，多分枝，常有刺。叶状枝线形或针状。花单生、簇生或排成总状花序；花梗有关节；花小，钟状；花被片6；雄蕊6枚。浆果球形。代表：天门冬 *Asparagus cochinchinensis* 、非洲天门冬 *A. densiflorus*、文竹 *A. setaceus*（图2-200）。

沿阶草属 *Ophiopogon* 常绿草本。根茎短，有匍匐茎。基生叶丛生，革质，线形至宽线形。花一至数朵，成簇地生长在花茎顶端排成总状花序；花柄有关节，下弯；花小，钟状；花被片6，开展。种子球形，蓝黑色。代表：沿阶草 *O. bodinieri*、麦冬 *O. japonicus*。

萱草属 *Hemerocallis* 多年生丛生草本。地下通常有肉质块根。基生叶线形或块线形。花茎单一，从叶丛中央抽出；花大，漏斗状，上部6裂，裂片开展或反卷。蒴果背裂，内有种子数粒。代表：萱草 *H. fulva*（图2-201）（图版Ⅶ：A）、黄花菜 *H. citrina*、多花萱草 *H. multiflora*。

菝葜属 *Smilax* 攀援或直立小灌木，极少为草本。常具坚硬的根状茎。茎常具刺。叶互生，全缘；叶柄常有一对卷须。花小，单性异株；常排成总状或穗状花序；花被片6片，离生；雄蕊6枚；子房3室。浆果球形。代表：菝葜 *S. china*（图版Ⅶ：B）、银叶菝葜 *S. cocculoides*、土茯苓 *S. glabra*。

吊兰属 *Chlorophytum* 多年生常绿草本。基生叶簇生。花茎从叶腋抽出，常呈匍匐茎状而在顶端抽叶成簇，触底生根另成植株。花小，花被片6，离生，2轮；花药基生。蒴果有3条棱，背裂。代表：吊兰 *C. comosum*（图2-202）、狭叶吊兰 *C. chinense*。

（115）龙舌兰科 Agavaceae

丝兰属 *Yucca* 茎分枝或不分枝的灌木状常绿植物。叶坚挺，剑形，边缘常具刺或丝状纤维。圆锥花序；花杯状，通常蜡质，下垂，白色或青紫色，芳香；雄蕊6枚；子房上位，3室。蒴果或稍肉质；种子扁平，黑色。代表：凤尾丝兰 *Y. gloriosa*（图2-203）。

图2-201 萱草

图2-202 吊兰

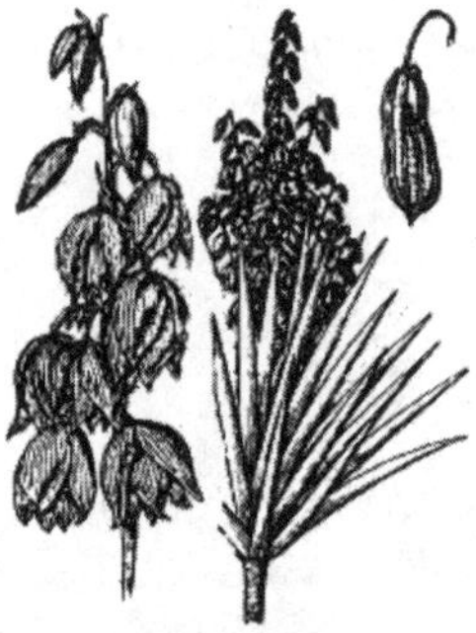
图2-203 凤尾丝兰

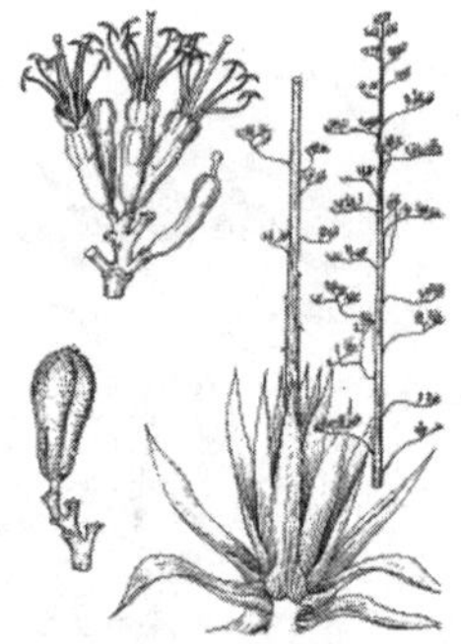
图2-204 龙舌兰

龙舌兰属 *Agave* 木质或稍木质植物。有短茎。叶肉质或厚，叶缘或叶尖常具褐色利刺。一般生长10年左右，顶生多花，呈圆锥花序式排列；花呈漏斗状；雄蕊6枚；子房下位。蒴果长椭圆形，3瓣裂；种子多数，黑色。代表：龙舌兰 *A. americana*（图2-204）、剑麻 *A. sisalana*。

（116）石蒜科 Amaryllidaceae

葱莲属 *Zephyranthes* 多年生矮小禾草状草本。具有皮的鳞茎。叶数枚，线形，簇生。花葶纤细，中空；花漏斗状，单生于花葶顶端；佛焰苞状总苞下部呈管状；雄蕊6枚。蒴果近球形；种子黑色，略扁平。代表：葱莲 *Z. candida*、韭莲 *Z. carinata*（图2-205）。

石蒜属 *Lycoris* 多年生草本。地下具鳞茎，鳞茎近球形或卵形，鳞茎皮褐色或黑褐色。花后抽叶。花葶单一，实心；总苞片2片；伞形花序顶生；花白色、乳白色、奶黄色、金黄色、粉色至鲜红色；花被漏斗状；雄蕊6枚。蒴果通常具3条棱，室背开裂；种子近球形，黑色。代表：石蒜 *L. radiata*、玫瑰石蒜 *L. rosea*、鹿葱 *L. squamigera* 。

（117）仙茅科 Hypoxidaceae

仙茅属 *Curculigo* 具块状根状茎或球茎。叶基生，叶片折叠状或平坦。花葶短或长，组成穗状花序、总状花序或头状花序；苞片大；雄蕊6枚，花丝短，花药2室；子房下位；胚珠多数。蒴果或浆果，有长或短的宿存花被管。代表：短葶仙茅 *C. breviscapa*、大叶仙茅 *C. capitulata* 、绒叶仙茅 *C. crassifolia*。

（118）薯蓣科 Dioscoreaceae

薯蓣属 *Dioscorea* 具块茎或根茎，茎左旋或右旋，有些种类叶腋常有珠芽。叶脉突起呈网状，具叶柄。花小，单性，组成穗状或圆锥花序；雌雄异株；子房3室。蒴果有3翅；种子有薄翅。代表：参薯 *D. alata*、黄独 *D. bulbifera*（图2-206）、薯莨 *D. cirrhosa*。

（119）雨久花科 Pontederaceae

凤眼兰属 *Eichhornia* 浮水草本。叶基生，叶柄中部以下多少膨胀，呈囊状。穗状花序，稀为圆锥花序；花被漏斗状，有长或短的管，雄蕊6枚；子房3室，胚珠极多，花柱丝状。代表：凤眼蓝 *E. crassipes*。

（120）鸢尾科 Iridaceae

射干属 *Belamcanda* 多年生直立草本。根状茎为不规则的块状。叶片剑形，扁平，互生。二歧状伞房花序顶生；苞片小，膜质；花辐射对称，橙红色；子房常为倒卵圆形，花柱3裂。代表：射干 *B. chinensis*。

鸢尾属 *Iris* 多年生草本。有根状茎。叶线形或剑形。花茎直立，单一或分枝；单朵顶生或为总状、圆锥状花序；花较大，蓝紫色、紫色、红紫色、黄色、白色；花柱3分枝。蒴果卵圆形、椭圆形或圆球形，革质；种子梨形、扁平半圆形或为不规则的多面体。代表：中亚鸢尾 *I. bloudowii* 、西南鸢尾 *I. bulleyana*、蝴蝶花 *I. japonica*（图2-207）（图版Ⅶ：D）。

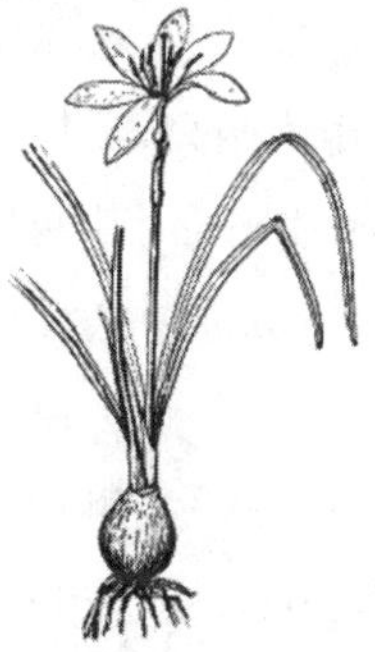

图 2-205 韭莲

图 2-206 黄独

图 2-207 蝴蝶花

图 2-208 鸭跖草

（121）灯心草科 Junaaceae

灯心草属 *Juncus* 多年生草本，稀一年生。常具地下根茎，地上苗丛生，圆形或扁形。叶有时全部退化为鞘状；叶鞘开口。花序顶生或假侧生，聚伞或圆锥花序；花两性，花被6片；雄蕊

6枚；子房3室稀1室，胚珠多数。蒴果3裂；种子小而多。代表：翅茎灯心草 *J. alatus*、葱状灯心草 *J. allioides*。

（122）鸭跖草科 Commelinaceae

鸭跖草属 *Commelina* 草本。茎直立或基部匍匐状，具分枝。聚伞花序；生于聚伞花序上部分枝的花较小，早落；萼片3片，膜质；花瓣3瓣，蓝色，较长；发育雄蕊3枚。蒴果藏于苞片内；种子有网纹、皱纹或有窝陷，稀光滑。代表：鸭跖草 *C. communis*（图2-208）（图版Ⅶ:E）、饭包草 *C. bengalensis*、节节草 *C. diffusa*。

吊竹梅属 *Tradescantia* 多年生草本。茎匍匐，多分枝。叶互生，卵形至椭圆形，有明显的叶鞘。花小，几无梗，数朵簇生于2枚覆叠的苞片内，顶生；雄蕊6枚；子房卵形，上位。果为蒴果。代表：吊竹梅 *T. zebrine*。

（123）棕榈科 Palmae

刺葵属 *Phoenix* 乔木或灌木。叶羽状全裂，裂片在芽时内折。花单性异株，佛焰花序分枝；佛焰苞革质；萼3裂；花瓣3瓣，离生；心皮3个，分离。果实圆柱形。代表：海枣 *P. dactylifera*、刺葵 *P. Naud*、无茎刺葵 *P. acaulis* 。

蒲葵属 *Livistona* 乔木。秆有环纹，顶端常残存有死亡的叶鞘。叶掌状分裂；叶柄全部或基部两侧有刺。花两性，小而绿色；佛焰苞多数；雄蕊6枚；子房3室，花柱短。核果球形或长圆状椭圆形，小而光滑；种子直立。代表：蒲葵 *L. chinensis*、美丽蒲葵 *L. speciosa*。

棕榈属 *Trachycarpus* 乔木或灌木。秆单生或丛生。叶掌状分裂，裂片先端2裂，边缘有齿。花两性或单性，同株或异株，多花集生成多分枝的佛焰花序；佛焰苞多数，革质。雄蕊6枚；心皮3个，基部连合。核果球形，长圆形或肾形，柱头顶生。代表：棕榈 *T. fortunei*、山棕榈 *T. martianus*、龙棕 *T. nana*。

棕竹属 *Rhapis* 灌木或小乔木。丛生，节间长。叶掌状分裂；有长柄，柄上有刺。花雌雄异株；雄蕊6枚；3个心皮离生。果为浆果，种子1粒。代表：棕竹 *R. excelsa*、丝状棕竹 *R. filiformis*、细棕竹 *R. gracilis*。

（124）天南星科 Araceae

菖蒲属 *Acorus* 多年生常绿草本。各部含香油；具横走肉质茎。叶排为两列，无柄，线形或剑形，脉平行，基部有鞘。肉穗花序腋生，花序全部由花覆被；总苞与叶片同形；花两性，花被片6片，两轮；雄蕊6枚；胚珠多数。浆果长圆形，红色。代表：菖蒲 *A. calamus*、金钱蒲 *A. gramineus*、长苞菖蒲 *A. rumphianus*。

石柑子属 *Pothos* 藤状灌木。附生于石岩上或树干上。叶排为两列；常绿；叶柄叶状。花序腋生；佛焰苞小，卵形；肉穗花序球形或圆柱形；花两性；花被6片；雄蕊6枚；子房3室。浆果有种子1~3粒。代表：石柑子 *P. chinensis*（图2-209）、长梗石柑 *P. kerrii*。

马蹄莲属 *Zantedeschia* 多年生草本。具块茎。叶基生，有海绵质长柄。花序具长梗；佛焰苞白色、黄色、黄绿色或红色；肉穗花序无附属器；花单性同株，无花被；心皮1~5个，子房1~5室。浆果含种子数粒。代表：马蹄莲 *Z. aethiopica*（图版Ⅶ:H）、紫心黄马蹄莲 *Z. melanoleuca*、

红马蹄莲 *Z. rehmannii*。

龟背竹属 *Monstera* 攀援灌木。茎粗。叶排为两列，全缘；叶柄基部二分之一以上为叶鞘。花序由枝顶附近抽出；佛焰苞舟状；肉穗花序无梗，圆柱形；花无被；雄蕊4枚；子房2室。浆果密集；种子无胚乳。代表：龟背竹 *M. deliciosa*。

魔芋属 *Amorphophallus* 多年生草本。具块茎。先花后叶。叶柄粗壮，具深色斑块；叶片通常3全裂，裂片羽状全裂或羽状分裂，或二歧分枝后再羽状分裂。花序1个；佛焰苞基部漏斗形或钟形。浆果具1粒或少数种子。代表：天心壶 *A. bankokensis*、大魔芋 *A. gigantiflorus*。

天南星属 *Arisaema* 多年生草本。通常具块茎。成长植株的叶片3浅裂至3全裂。佛焰苞管部席卷。花单性，通常同株，少数异株。浆果常红色，倒圆锥形或倒卵形；种子球状卵形，锥尖。代表：长耳南星 *A. auriculatum*、刺柄南星 *A. asperatum*、滇南星 *A. austro-yunnanense*。

半夏属 *Pinellia* 多年生草本。具块茎。叶片全缘；叶柄上常有珠芽。花序单生，花序梗与叶柄近等长；佛焰苞宿存；肉穗花序；花单性同序，无被。浆果。代表：半夏 *P. ternata*（图2-210）、盾叶半夏 *P. peltata*、虎掌 *P. pedatisecta*。

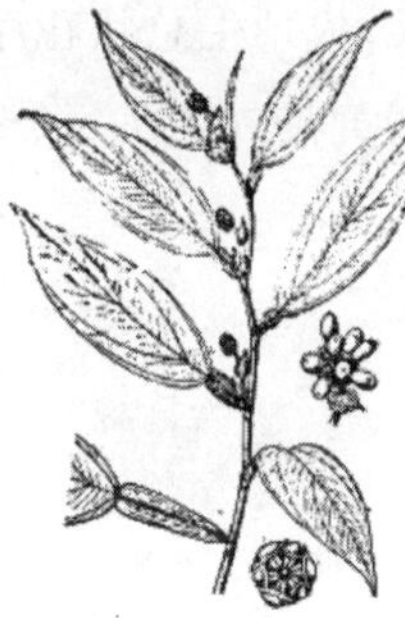

图2-209 石柑子

图2-210 半夏

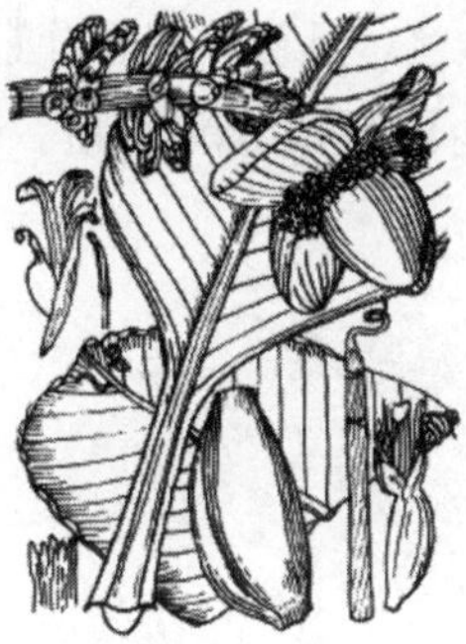

图2-211 芭蕉

图2-212 姜

（125）浮萍科 Lemnaceae

浮萍属 *Lemna* 叶状体扁平，两面绿色，根1条，无维管束。佛焰苞膜质，每花序具雄花2朵，雌花1朵；花丝细，花药2室；胚珠1~6粒。代表：浮萍 *L. minor*、稀脉浮萍 *L. perpusilla*、品藻 *L. trisulca*。

（126）芭蕉科 Musaceae

芭蕉属 *Musa* 多年生大型草本。叶大型，长圆形，具横出平行脉。花序由包围的叶鞘顶端抽出，花序下垂、下弯或直立；苞片为绿、褐、红或暗紫色，但绝不为黄色；雄蕊5枚；子房下位。浆果伸长，光滑；种子多数。代表：芭蕉 *M. basjoo*（图2-211）、野蕉 *M. balbisiana*、兰屿芭蕉 *M. insularimontana*、血红蕉 *M. sanguinea*。

地涌金莲属 *Musella* 多年生草本。具根状茎；茎开花后不死亡。叶大型，长椭圆形；叶柄下部成鞘。花序直立于假茎顶端，短而密集，苞片黄色。浆果三棱状卵形；种子多数，扁球形。代表：地涌金莲 *M. lasiocarpa*。

（127）姜科 Zingiberaceae

姜属 *Zingiber* 多年生草本。根状茎块状，芳香或具辛辣味。叶2列。穗状花序球果状；

萼管状；花冠白色或淡黄色，花丝短；子房3室，中轴胎座。蒴果，果皮薄；种子黑色。代表：毛姜 *Z. kawagoii*、姜 *Z. officinale*（图2-212）、桂姜 *Z. kwangsiense*。

山姜属 *Alpinia* 多年生草本。具根状茎及发达地上茎。叶2列。花为顶生总状、圆锥或穗状花序；花萼管状或钟状；唇瓣比花冠裂片大；子房3室，中轴胎座。蒴果干燥或肉质，3裂；种子多数，具假种皮。代表：华山姜 *A. oblongifolia*、高良姜 *A. officinarum*。

（128）美人蕉科 Cannaceae

美人蕉属 *Canna* 多年生粗壮草本。具块状地下茎。叶大，互生，通常为长圆形或椭圆形；具叶鞘。总状花序、穗状花序或狭圆锥花序；花两性，大而美丽，不对称；花萼绿色，宿存；子房下位。果为蒴果，3瓣裂；种子球形。代表：美人蕉 *C. indica*。

（129）兰科 Orchidaceae

兰属 *Cymbidium* 附生或陆生草本。茎生叶丛生，狭长，革质。花常较大，有香味，单生或总状花序；唇瓣通常3裂或不裂。蒴果长椭圆形。代表：春兰 *C. goeringii*、建兰 *C. ensifolium*、墨兰 *C. sinense*、金兰 *Cephalanthera falcate*（图版Ⅶ：O）。

白芨属 *Bletilla* 陆生兰。具假鳞茎。叶数片，具折扇状脉。花数朵，成顶生总状花序；唇瓣3裂；蕊柱细长；花粉块8个，成2群，粉质。代表植物；白芨 *B. striata*、黄花白芨 *B. ochracea*。

第三篇

动物多样性实习

第三篇　动物多样性实习

动物天生的移动性，对温湿度的敏感性，受惊后易产生逃逸等本能活动为大家所熟悉；但动物自身的保护性行为，又会给动物学实习带来较大困难。要顺利完成实习内容，预先做好有关知识的储备和提升（特别是普通动物学教材）是非常必要的。

动物类群多，生活环境、习性千差万别，采集方法、标本制作、保存均有极大不同，应按照不同类群的要求完成。

一、淡水浮游动物

淡水往往指含盐量在0.1%以下的水体（海洋0.1%~3.5%），水体大多面积小，深度浅，彼此之间缺乏联系，而且自然地理条件的地区性差异很大，因而形成淡水水体中理化因素的多样性和水体情况的不稳定。

淡水浮游动物是指生活在淡水中，身体微小，运动能力弱，不能逆水流而动，只能随波逐流的一类动物，主要包括原生动物、轮虫、枝角类和桡足类。

常见的淡水水体包括以下几类：

流水水体：水流沿一定方向流动，如江河，汇集大气降水、地下水、湖沼水，水流量大，流程长。汇集泉水或静水体形成的溪流，水流量一般较小，流程短。

静水水体：水流没有一定方向，包括面积大而深的湖泊，面积小、水位浅的池塘以及沼泽和水洼。

半流水水体：介于流水和静水水体之间，如水库、堰河等。

间隙性水体：指水的存在不是常年的，如稻田等。因施用肥料，水种营养物质丰富，种类虽然不多，但往往个体数量很大。

以上划分不是绝对的，应依具体情况而定，但可作为野外实习的依据。

1. 采集方法

定性采集：采样选择静水水体（池塘）或河流流速在0.2~0.3m/s的水体中进行，用25# 浮游生物网在水面至0.5m的水层中反复作“∞”形拖动，时间约3min，将取得的水样装入编号瓶内，先用1.5%的碘液将浮游动物麻醉、杀死，然后用4%~5%的甲醛液保存，带回室内做定性观察并保存。

定量采集：在每一样点选择不同生境，用采水器在水面下0.5m处开始采集水样，定量水样为10L混合，用25#浮游生物网过滤，装入编号瓶内，加4%~5%的甲醛液进行杀死固定，带回室内可通过下列步骤计算出生物量：①沉淀24h，浓缩成30mL；②用定量吸管吸取1mL水样于载片上（可分几片）或计算框中，在低倍镜下观察；③统计数量，以个数表示；④通过1mL水样中观察的浮游动物数量推算出一升水中的总量。计算公式如下：

浮游动物数量（个/L）= 观察数量 × 浓缩水量/采集水样（L）

将结果填入表3-1中。

表3-1 浮游动物数量统计表

采集日期 水温	采集水量 地点	计算水量 浓缩水量	
种类	个/mL	个/L	百分比
原生动物			
轮虫			
枝角类			
桡足类			
其他			
总计			

2. 代表类群

（1）原生动物

浮游性的原生动物多是单细胞的，而多细胞组成的群体往往是植鞭亚纲的种类，在野外实习中，常把植鞭亚纲种类归为浮游植物。识别的主要依据是运动胞器：鞭毛、纤毛、伪足。

① 肉足纲（Sarcodina）：伪足为运动胞器，伪足内有轴丝者为辐足亚纲，淡水中生活的种类为辐足虫目。无轴丝者为根足虫亚纲，根据体表有无壳分为变形目和表壳目。常见种类识别（图3-1）。

大变形虫 *Amoeba proteus*

体大，伪足呈指状，末端扁圆，常向前或向两侧伸出，并可辨认出有纵向的脊纹。常可见于硅藻或绿藻形成的食物泡。

多足变形虫 *Amoeba polypodia*

体近圆形，25~500 μm，伪足呈细锥状，基部略宽，较长，内质无色透明。分布很广泛。

绒毛变形虫 *Trichamoeba villosa*

体较大，可达300 μm。主要特征是身体后端有一绒毛状的圆球。

池沼多核变形虫 *Pelomyxa palustris*

体长150~200 μm，宽85~105 μm。体呈圆形、卵圆形或纵长形。

普通表壳虫 *Arcella vulgaris*

壳呈圆形，侧观背面明显的小于半球，腹面稍平。幼时色浅，老熟者深褐色。分布广。

杂葫芦虫 *Cucurbitella mespiliformis*

壳长88~116 μm，宽77~88 μm；卵呈圆形，黄褐色。壳口位于顶端，其前有矮的领子，为颈部。颈与壳体界限分明。

球形砂壳虫 *Oifflugia globulosa*

壳长30~80 μm，呈球形，不透明，由外界微小的沙粒组成。

藻壳沙壳虫 *Diffugia bacillariarum*

壳长50~80 μm，呈椭圆形，由外界微小的沙粒和藻壳组成。

梨形沙壳虫 *Diffugia pyriformis*

壳长450 μm，略呈长方形，壳口端略小，中部有粗沙粒，后端略圆。

圆钵沙壳虫 *Diffugia urceolata*

壳长350 μm，略呈球形，不透明，壳口收缩，后端为圆形。

壶形沙壳虫 *Diffugia lebes*

壳长400 μm，壳呈球形，有颈，壳口向外翻卷。

针棘匣壳虫 *Centropyxis aculeate*

壳上覆盖不定形的硅质颗粒或小石子，淡黄色，两侧及后端有棘，以4~6个为常见。

半球法帽虫 *Phryganella hemisphaerica*

壳直径40~55 μm，高22~32 μm；壳小，腹观或背观时均呈圆形。侧观时呈半球形。壳呈黄色或黄褐色。

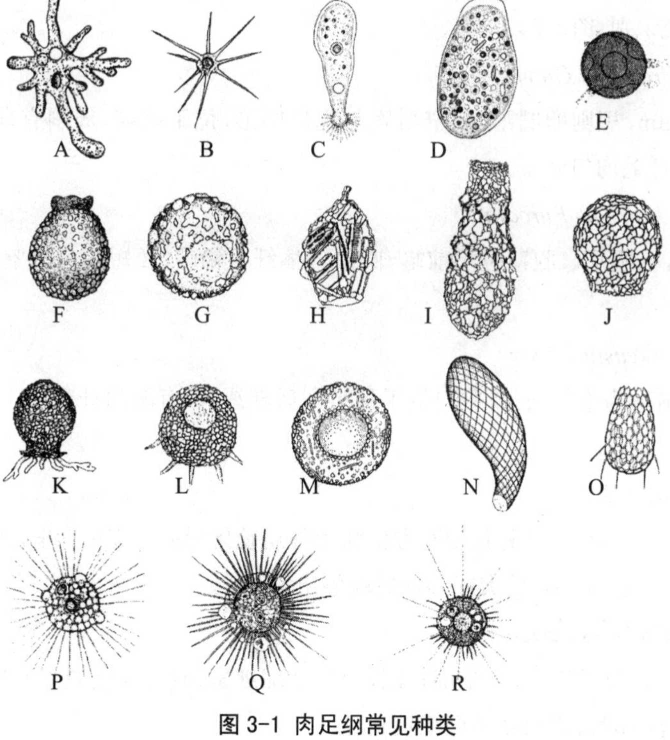

图 3-1　肉足纲常见种类

A. 大变形虫 B. 多核变形虫 C. 绒毛变形虫 D. 池沼多足变形虫 E. 普通表壳虫 F. 杂葫芦虫 G. 球形砂壳虫 H. 藻壳沙壳虫 I. 梨形沙壳虫 J. 圆钵沙壳虫 K. 壶形沙壳虫 L. 针棘匣壳虫 M. 半球法帽虫 N. 坛状曲颈虫 O. 有棘鳞壳虫 P. 放射太阳虫 Q. 艾氏辐球虫 R. 针棘刺胞虫

坛状曲颈虫 *Cyphoderia ampulla*

壳长80 μm，宽20 μm；淡黄色或棕黄色。壳呈长卵圆形，稍微侧扁。口孔斜位于腹面前端，圆形，但不凹陷。侧观时在前端壳口处微弯曲。

有棘鳞壳虫 *Euglypha acanthophora*

壳长72~100 μm，宽42~55 μm；呈卵圆状。壳体上的鳞片呈椭圆形，呈覆瓦状排列。壳后部通常有3~7个短刺。

放射太阳虫 *Actinophrya sol*

轴伪足很多，轴丝从细胞核处伸出，细长而挺直。体呈球形，边缘不光滑，有突起。

艾氏辐球虫 *Actinophaerium eichorni*

轴伪足较少，足丝从中央的中心粒伸出。外包呈圆球形，鳞片层之外还有一层硅质的辐射状的刺，刺多少弯曲。

针棘刺胞虫 *Acanthocystis aculeata*

轴伪足长而细，足丝从中央的中心粒伸出。外包呈圆球形，鳞片层之外还有一层硅质的辐射状的刺，刺呈鞋钉状。

② 纤毛纲(Ciliata)：纤毛为运动胞器。在生活史中，至少有一个时期是具有许多纤毛的，有时还有口纤毛和体纤毛的区别；细胞核有大核和小核两种；一般都有明显的胞口。种数多，分布广。常见种类识别(图3-2)。

卵圆前管虫 *Prorodon Ouam*

体长80~100 μm，规则卵圆形，前窄后宽。胞口圆形，位于前端，周围有向内弯曲的纤毛。胞咽呈漏斗状，体纤毛均匀分布。

双叉尾毛虫 *Urotricha Furcata*

长22~25 μm，椭圆形。胞口位于前端，圆形。体纤毛稀疏，长短均匀。鉴别特征为体后端有2根长的尾毛。

滚动焰毛虫 *Askensia volvox*

体短，卵形，前端为锥状凸出，胞口位于顶端。后部浑圆，有两圈纤毛环。在后纤毛环上辐射出一圈刚毛。

毛板壳虫 *Coleps Hirtus*

体长40~65 μm，榴弹状，体外包围有方格状由外质硬化形成的壳板。纤毛从壳板缝中伸出，全身分布均匀。围口板为尖角状突起。体后端伸出3个刺。

胃形斜口虫 *Enchelys gasterosteus*

长40~65 μm；体呈长胃形，后半部较圆，前半部缩细呈颈状，前端倾斜的平截。背部微凸。纤毛长而稀疏，共约16行，围口处的纤毛较长。

双核长颈虫 *Dileptus binucleatus*

长300~400 μm，呈矛状，侧扁，前端吻长而细，后端延长成“尾”。胞口为圆形，具漏斗状的胞咽。

天鹅长吻虫 *Lacrymaria olor*

长400 μm，纵长纺锤形，前端有一细长的“吻”，伸长时可达体躯的4~5倍。体纤毛呈螺旋排列，短而密，分布均匀。

片状漫游虫 *Litonotus fasciola*

体长80~110 μm，呈矛状，侧扁前端伸长成“颈部”，后端有狭长的“尾部”。胞口位于身体侧面，呈一条狭长的裂缝。

薄片漫游虫 *Litonotus lamella*

体长200 μm；身体呈矛状，侧扁，尾部变尖但微宽，前有削细的颈部，其顶端向背面微弯，颈及背部均扁平，但躯干左面拱起。

猎半眉虫 *Hemiophrys meleagris*

长200~300 μm；体呈矛状，侧扁，后部稍尖，前部颈状且向背弯曲，故腹面凸出，背面呈“之”字形。

钩刺斜管虫 *Chilodonella uncinata*

长50~90 μm，呈卵圆形，腹面扁平，背面凸出。前端扁平，并向左边弯转成一尖角状钩刺。大核为卵圆形。

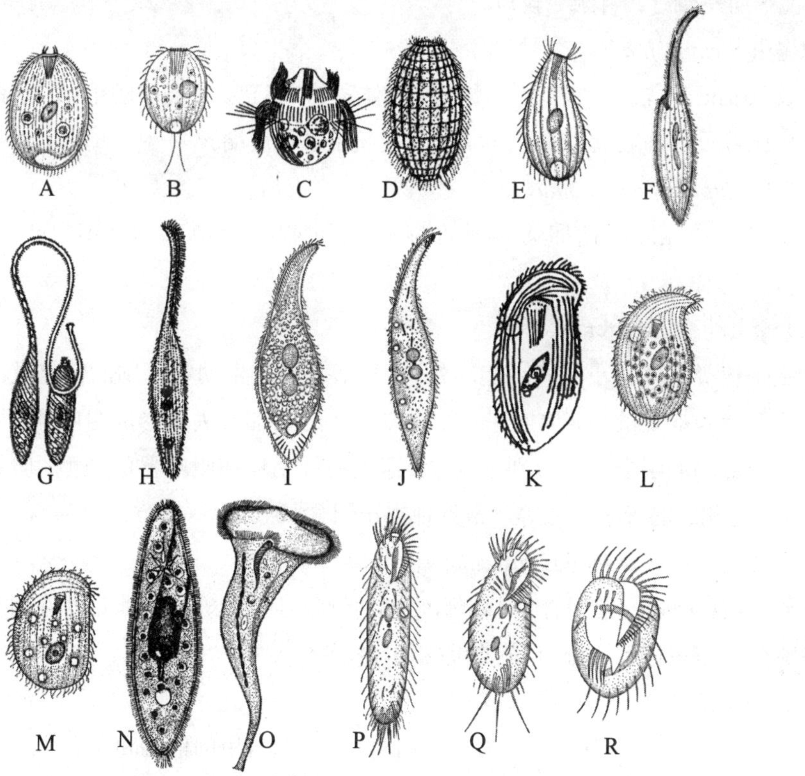

图 3-2 纤毛纲常见种类

A. 卵圆前管虫 B. 双叉尾毛虫 C. 滚动焰毛虫 D. 毛板壳虫 E. 胃形斜口虫 F. 双核长颈虫 G. 天鹅长吻虫 H. 片状漫游虫 I. 薄片漫游虫 J. 猎半眉虫 K. 钩刺斜管虫 L. 食藻斜管虫 M. 河流斜管虫 N. 尾草履虫 O. 多态喇叭虫 P. 尖毛虫 Q. 棘尾虫 R. 游仆虫

食藻斜管虫 *Chilodonella algivora*

长50~80 μm；体呈宽卵圆形，后端浑圆，前端斜向左缘延伸呈尖喙。口后区没有纤毛。体内充满吞入的小的绿藻、绿裸藻、硅藻等。

河流斜管虫 *Chilodonella fluviatilis*

体长50 μm；体呈不规则的卵形，长为宽的1~1.5倍，后端宽而圆，左缘直，右缘为弧形，前端的喙圆而钝，整个腹面都有纤毛列，约10~11行。

尾草履虫 *Paramecium caudatum*

长180~300 μm，草履状，断面呈圆形或椭圆形。口沟发达，胞咽内具波动膜，纤毛密布全身。伸缩泡前后各一。

多态喇叭虫 *Stentor polymorphus*

体大型，口缘区内具普通纤毛而无波动膜。伸展时呈喇叭状，为鉴别的主要特征。相似种天蓝喇叭虫 *S. coeruleus* 身体呈天蓝色。

尖毛虫 *Oxytricha*

体长180 μm；体呈纵长的叶片形，侧扁，柔软而易弯曲。小膜口缘区发达，达体长的1/3，口缘左唇前端向左微弯。背刚毛较短。

棘尾虫 *Stylonychia*

体长80 μm；体较小，卵圆形，体长约为体宽的2.5倍。8根前触毛；5根腹触毛分散于体中部，5根比较长的臀触毛，其中至少右面3根超出身体后端。

游仆虫 *Euplotes eurostomus*

体长130~200 μm，呈宽卵圆形，腹面扁平，背面突出。小膜口缘区不超过身体中部，在中部呈“之”字形弯曲。

（2）轮虫动物（Rotifera）

轮虫是一类身体极小的多细胞动物，在外形上与原生动物区别的特点是：体前端或近前端有用于游泳和捕食的头冠（纤毛轮盘）；口腔后的咽部膨大而形成咀嚼囊，内有发达的肌肉和一副不断活动的咀嚼器。鉴别依据：头冠上的纤毛环和咀嚼器的类型；卵巢是否成对；背甲的有无；足和趾的形态构造等。常见种类识别（图3-3）。

萼花臂尾轮虫 *Brachionus calyciflorus*

椭圆形，背腹扁平，前缘有2对棘刺，后部两侧各具1根长的侧刺，足孔两侧有短的棘突。属的典型特征：足有环纹，不分节，能收缩蠕动，种类多。

壶状臂尾轮虫 *Brachionus urceus*

披甲透明且很光滑，比较短而宽。腹面扁平；背面自甲的前端和左右两边逐渐向后点和中央凸出。从背面或腹面观，后半部比前半部膨大，形成壶状。被甲长196~240 μm。

剪形臂尾轮虫 *Brachionus forficula*

披甲腹面扁平。背面略显凸起，并有若干隆起之处，以靠近后端向上分歧隆起和两侧与边缘平行的隆起最为明显而常见。被甲长95 μm，宽85 μm；后端棘状突起。

腹棘管轮虫 *Mytilina ventralis*

管状的被甲在横切面呈相当高的三棱形；腹面很宽阔，两侧自腹面向上显著地减少宽度，最狭的部分也就在最高的背面。被甲长280~340 μm；趾长70~80 μm。

大肚须足轮虫 *Euchlanis dilatata*

被甲从背面或腹面观，呈卵圆形；背甲前端边缘显著地下沉，形成一宽阔或深或浅的凹陷；后端浑圆。被甲长200~270 μm；宽90~189 μm；趾长60~75 μm。

曲腿龟甲轮虫 *Keratellavalga*

被甲从背或腹面观，倘不包括后端棘状凸起在内，呈长方形，少数也有椭圆形的类型；背腹甲的形式和构造也完全和矩形龟甲轮虫相同。被甲长102~120 μm；宽74~90 μm。

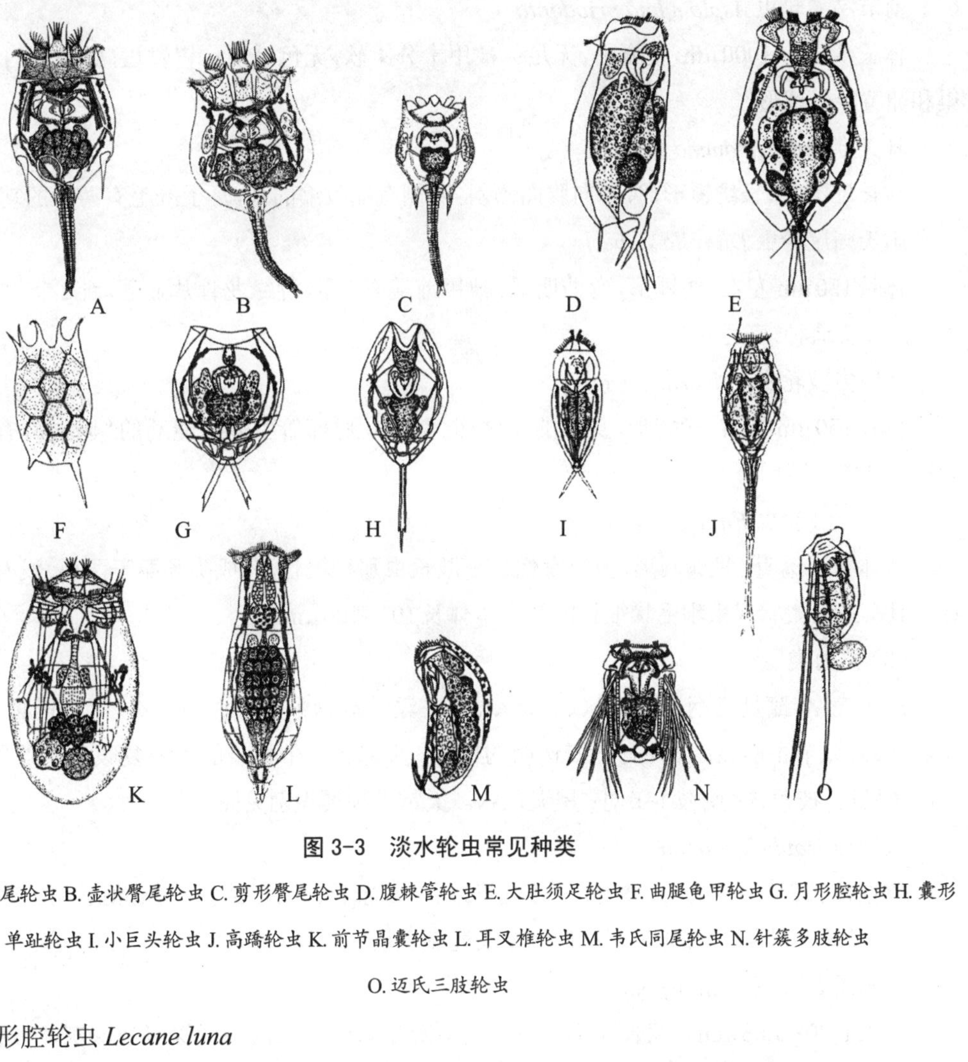

图 3-3　淡水轮虫常见种类

A. 萼花臂尾轮虫 B. 壶状臂尾轮虫 C. 剪形臂尾轮虫 D. 腹棘管轮虫 E. 大肚须足轮虫 F. 曲腿龟甲轮虫 G. 月形腔轮虫 H. 囊形单趾轮虫 I. 小巨头轮虫 J. 高蹻轮虫 K. 前节晶囊轮虫 L. 耳叉椎轮虫 M. 韦氏同尾轮虫 N. 针簇多肢轮虫 O. 迈氏三肢轮虫

月形腔轮虫 *Lecane luna*

体长200 μm，呈卵圆形，被甲前缘凹陷呈月形，无前侧刺，光滑无刻纹。趾1对，完全分开。广温性种类。

囊形单趾轮虫 *Monostyla bulla*

被甲系长卵圆形；宽度约为长度的3/5。背甲和腹甲几乎统一式样，大小也差不多相等；不过背甲远较腹甲为隆起。背甲前段有一比较小而浅的半圆形下凹。

小巨头轮虫 *Cephalodella exigna*

身体较小，短而粗壮，前段显著地向腹前倾斜。头部很大且倾斜，它与腹部交界之处有一很明显紧缩的颈圈凹痕。体长65~98 μm，趾长18~24 μm。

高蹻轮虫 *Scaridium longicaudum*

身体纵长，近似圆筒形或纺锤形，躯干背面和腹面具很薄的被甲，背甲两侧自前向后逐渐压缩而瘦削直到最后少许凸出的尖端为止。体全长356~428 μm。

前节晶囊轮虫 *Asplanchna priodonta*

体长♀600~1000 μm，呈囊形，无足。被甲十分柔软，无色透明。胃发达，肠和肛门消失，卵巢和卵黄腺呈球形。

耳叉椎轮虫 *Nutomma aurita*

体长350 μm，长纺锤形，头冠向腹面倾斜，两侧有能收缩的耳，耳上纤毛有游泳的功能。

韦氏同尾轮虫 *Diurella weberi*

体长150 μm左右，纺锤形，弯曲明显，被甲前端有1齿，背缘龙骨片显著，趾2个，右趾稍短于左趾。普通种，广泛分布。

针簇多肢轮虫 *Polyarthra trigla*

体长150 μm左右，囊袋形，身体的背腹面、两侧及肩部着生多数能动的“附肢”，有跳跃和游泳的功能。我国分布广泛。

迈氏三肢轮虫 *Filinia maior*

身体相当透明；呈卵圆形，但没有像长三肢轮虫那样粗壮，分成头和躯干两部，没有足的存在。具有三条鞭状或粗刚毛状很长的肢。本体长105~180 μm。

(3) 枝角类

属甲壳纲，鳃足亚纲，枝角目(Cladocera)，在浮游动物中属较大型种类，肉眼可见。体短，左右侧扁，分节不明显；体外有两瓣透明的甲壳；头部有一个显著的黑色复眼和小的单眼；第二触角发达，枝角状；胸肢4~6对；尾叉爪状。类常见种类识别见图3-4。

大型溞 *Daphnia magna*

雌性体长2.2~4.8 mm。体宽，呈卵圆形，后半部较狭。黄色或淡红色，稍透明。壳瓣上具菱形壳纹，背缘和腹缘的后半部分、后缘以及壳刺上均被小棘。

长刺溞 *Daphnia longispina*

体长1.20~3.08 mm。宽长卵形，侧扁。体色呈黄、红、棕、浅绿或深绿或深灰，半透明或全透明。壳瓣背侧的脊棱不伸到头部，背、腹两缘的后端部分以及较长的壳刺上都有小棘。

蚤状溞 *Daphnia pulex*

体长♀1.2~4.5 mm，背甲呈长卵形，壳弧向后凸出，呈圆状。吻发达，尖形。头部与甲壳分界不明显。

平突船卵溞 *Scapholeberis mucronata*

体长♀0.60~1.20 mm。体短，近乎长方形。暗灰或暗褐色，吻部的末端和壳瓣的前缘颜色更深。壳瓣腹圆平直，其前端有一棱角突起，沿缘列生细而密的刚毛。

老年低额溞 *Simocephlaus vetulus*

体长♀1.2~2.0 mm，呈卵圆形，前狭后宽。单眼细长，呈纺锤形或菱形。头部小而低，有颈沟。壳瓣背缘的后端部分不向外突起。

角突网纹溞 *Ceriodaphnia cornuta*

体长♀0.45~0.62 mm。体为卵圆形，侧扁，无色透明或淡棕色。壳瓣的后背角显著凸出，很像具有短的壳刺。壳面呈多角形网纹。体长♂0.30~0.39 mm。

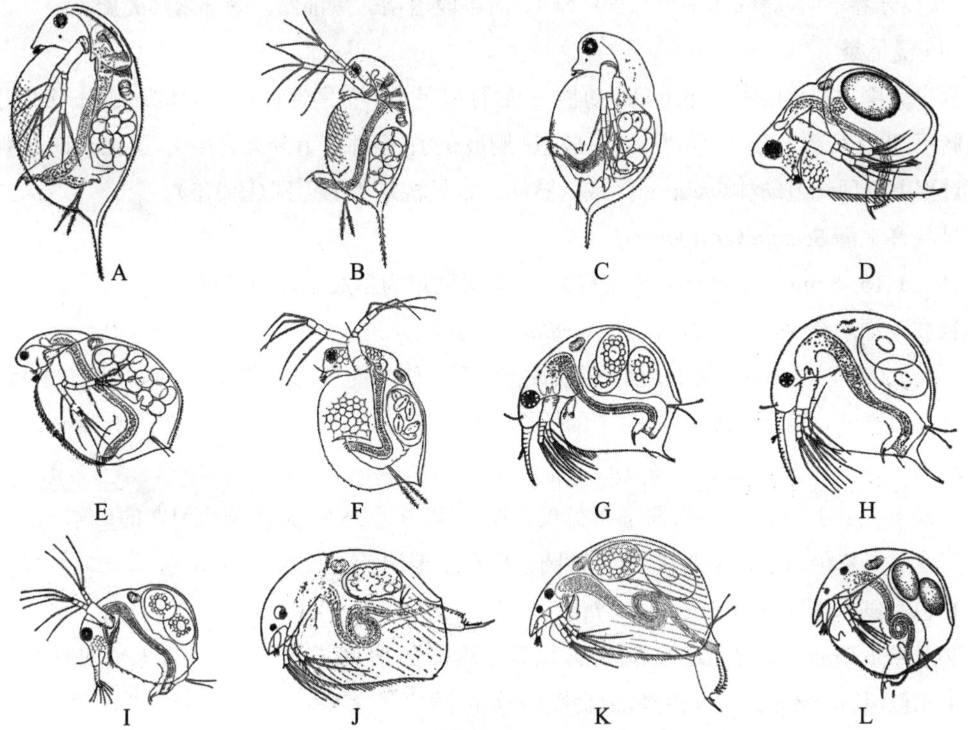

图 3-4　淡水枝角类常见种类

A. 大型溞 B. 长刺溞 C. 蚤状溞 D. 平突船卵溞 E. 老年低额溞 F. 角突网纹溞 G. 长额象鼻溞 H. 简弧象鼻溞 I. 颈沟基合溞 J. 镰形顶冠溞 K. 方形尖额溞 L. 卵形盘肠溞

长额象鼻溞 *Bosmina togirostris*

体长♀0.4~0.6 mm，呈卵圆形，腹后端延伸呈棘状凸起，后缘平截，无颈沟。额毛位于复眼与吻端之间的正中。

简弧象鼻溞 *Bosmina coregoni*

外形与长额象鼻溞相似。后腹角的壳刺很长。额毛非常靠近吻部末端。

颈沟基合溞 *Bosminopsis deitersi*

体长♀0.28~0.58 mm。体呈宽卵形。无色或带淡黄色。颈沟颇深，其部位离头顶很远。壳瓣腹缘列生4~10个棘刺。

镰形顶冠溞 *Acroperus harpae*

体长0.49~0.72 mm。体呈长卵形。淡黄色透明。头部与背部都有隆脊，位于前额缘的隆脊较低。头部尚大。吻短而尖。单眼显著小于复眼，它到复眼的距离比到吻尖短。

方形尖额溞 *Alona quadrangularis*

体长0.60~0.85 mm。体近长方形。浅黄色或黄褐色。壳瓣背缘弓起，中部最高；后缘高，稍微向外凸出，其高度仅比壳瓣的最高部分略低；腹缘比较平直，全部列生刚毛。

卵形盘肠溞 *Chydorus ovalis*

体长0.51~0.62 mm。呈卵圆形。浅黄色或黄褐色。壳瓣背缘拱形；后缘很低，它同腹缘连在一起，分界不明，腹缘几乎全部列生刚毛，后半段内褶。头部低。吻部紧贴壳瓣。

（4）桡足类

属甲壳纲，桡足亚纲（Copepoda）动物，一般称桡足类。鉴别性特征：身体纵长，分节不明显；无头胸甲，也无壳瓣；第一触角发达，单肢型；胸肢6对；腹部末节分叉为尾叉，叉上有许多刚毛；发育过程中出现无节幼体（nauplius）或六肢幼。常见桡足类的识别（图3-5）。

球状许水溞 *Schmackeria forbesi*

体长1.15~8 mm。头胸部后侧角钝圆；第5对胸足为单肢型，左右对称。

锥肢蒙镖水溞 *Mongolodiaptomus birulai*

体长1.09~1.43 mm。第4、5胸节中部愈合，两后侧角的顶部和背部有一刺。尾叉的内、外缘上都有细刚毛。第5对胸足第1基节的外末角有一粗刺。

汤匙华哲水溞 *Sinocalanus dorrii*

体长♀1.4~1.7 mm，窄长，腹部可见仅3节，生殖节近圆形，叉尾长约为宽的6倍。第五胸足第二茎节内基角凸出物呈匙状，末端钝圆。广布于湖泊、池塘和河流中。

白色大剑水溞 *Macrocyclops albidus*

体长♀1.2 mm，头胸部足为卵圆形，显著较腹部宽，生殖节长宽约相等，生殖期卵囊1对。♂与♀相似，长0.8 mm。广温性种，肉食性，分布广泛。

毛饰拟剑水溞 *Paracyclops fimbriatus*

体长♀0.7~0.83 mm，体形扁而宽，头胸部呈卵圆形，第5胸节后侧角突出呈三角形，边缘饰有细刚毛。

近邻剑水溞 *Cyclops vicinus*

体长1.45~2.63 mm。体形粗壮，头节的末端最宽。第4胸节的后侧角呈锐角三角形，向后侧方突出。

沟渠异足猛水溞 *Canthocamptus staphylinus*

体长♀0.7 mm，体前部与后部分界不明显。第一触角短小，第五对胸足退化，呈板状，尾节的后侧无角形凸起。没有心脏，卵囊仅一个，位于生殖节腹面。

小渠异足猛水溞 *Canthocamptus microstphylinus*

体长0.75~0.77 mm。体型壮大窄长，生殖节的后半部较宽，腹节的近后缘处均有一横列小刺，尾节的后侧角凸出呈三角形，肛门板的后缘具有9~10个小刺。

鱼饵湖角猛水溞 *Limnocletodes Behningi*

体长♀0.4 mm，体形窄长，头呈圆方形，4~5胸节两侧向后延伸呈角状。生殖节2节，长方形。我国分布较广泛。

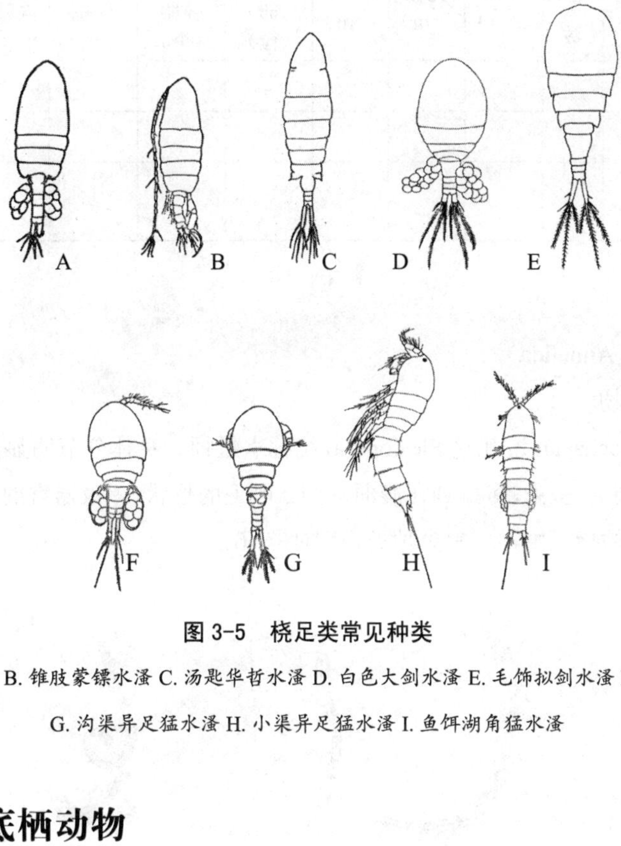

图3-5　桡足类常见种类

A. 球状许水溞 B. 锥肢蒙镖水溞 C. 汤匙华哲水溞 D. 白色大剑水溞 E. 毛饰拟剑水溞 F. 近邻剑水溞 G. 沟渠异足猛水溞 H. 小渠异足猛水溞 I. 鱼饵湖角猛水溞

二、淡水底栖动物

淡水底栖动物包括固着性、底埋性、座住性、步行性等生态类群。从原生动物至苔藓动物，只要是淡水生活的类群，都有底栖种类。为了学习的方便，我们将水生无脊椎动物中，除了浮游生物以外的类群都归入这里。

1. 采集方法

定性采集：每一样点沿着岸边，选择不同生境，翻捡石头或水中可移动物体，用镊子或用手抄网捞取，清出渣质后，将获得的样品装入盛有少量清洁水的编号瓶中，加5%~6% 的甲醛液杀死固定，带回室内进行鉴定并保存。

定量采集：底栖动物的定量采集可采用两种方法，在泥沙底或沙泥底质的河床采用1/16 m^2

改良式采泥器采集，以40目土壤筛水洗、挑选出底栖动物；在石盘、卵石夹沙或硬底环境中，用手抄网划定面积，采用流水冲击法或逐一搬石，将底栖动物收集起来，装入带有少量清水的编号瓶中，用5%~6%甲醛液杀死固定，带回室内进行统计。每一采样点采集不少于3个。将统计结果（也可以是其他种类）填入表3-2。

表3-2　田螺标本测量及繁殖情况调查表

采集地点　　　　　　　　　　采集环境　　　　　　　　　　时间　　　年　　　月　　日

标本号	性别	体重（g）	螺层数	壳高（cm）	壳宽（cm）	壳长（cm）	繁殖情况					备注
							卵（粒）	胚胎（个）	仔螺（个）	输精管中精子	性（未）成熟	
平均	性比											

2. 代表类群

（1）环节动物（Annelida）

①水生环节动物

属寡毛纲 Oligochaeta，近孔目 Plesiopora，统称水蚯蚓。身体分节明显，头部及感觉器官多消失，运动器官为刚毛，呈束，多排列在腹面两侧。刚毛的形状、呼吸器官的有无是鉴定的特征。水蚯蚓是水体污染的指示生物。常见种类识别（图3-6）。

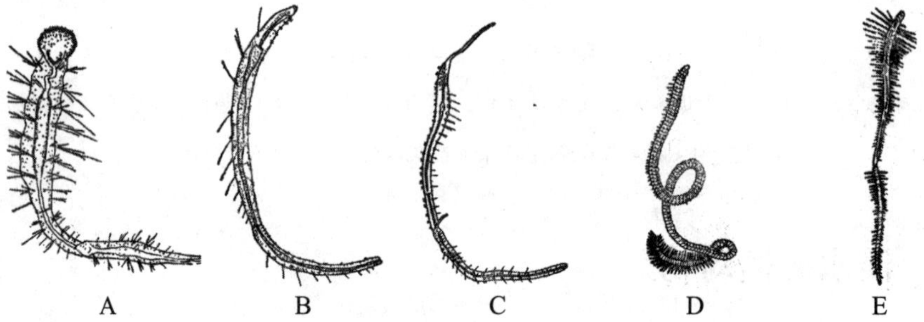

图3-6　水蚯蚓常见种类

A. 红斑颗体虫 B 参差仙女虫 C. 尖头杆吻虫 D. 苏氏尾鳃蚓 E. 印西头鳃虫

红斑颗体虫 *Aeolosoma hemprichii*

体长1~3mm，口前叶近圆形，比后一节宽，自Ⅱ节开始，每节有发状刚毛4束。体内有圆形或半月形油滴，呈红色或橙色。杂食性，分布很广。

参差仙女虫 *Nais variabilis*

体长约6~10mm。前端常常带有棕黄色。其刚毛形状有三种：长在背面的，每束有1~2条发状刚毛和1~2条针状刚毛；腹面则为钩状刚毛。

尖头杆吻虫 *Stylaria fossularis*

体长5~10 mm，体节数27~28，透明，具一细长杆状吻前伸，其长为宽的3倍以上，眼位于头两侧，前6体节常有黄绿色素。

苏氏尾鳃蚓 *Branchiura sowerbyi*

体长150 mm 以上，淡红色或淡棕色。从体后部约1/3开始，每节有1对丝状鳃，鳃由前向后逐渐变长。

印西头鳃虫 *Branchiodrilus hortensis*

体长16~25 mm，常具有芽体，口前叶呈锥状，无眼。自Ⅵ节始出现丝状鳃，前面鳃长可达体宽的3倍以上，向后逐渐变短。生活于有机腐屑较多的淤泥中。

② 淡水水蛭

属蛭纲（Ifirudinea），体节数恒定，27节，但体环数不定，多者可达10环以上。头部有眼点，其数目和排列方式，以及口腔有无颚等是鉴别的特征。常见种类识别（图3-7）。

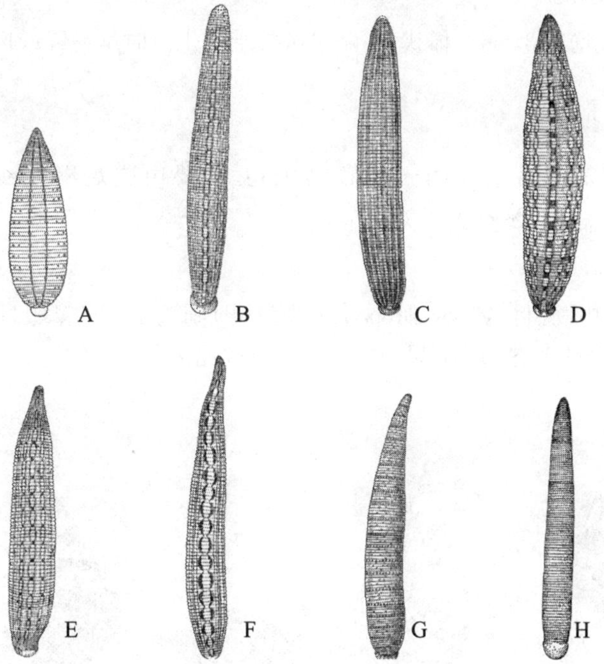

图 3-7　水蛭常见种类

A. 扁舌蛭 B. 日本医蛭 C. 丽医蛭 D. 宽体金线蛭 E. 光润金线蛭 F. 尖细金线蛭 G. 八目石蛭 H. 巴蛭

扁舌蛭 *Glossiphonia complanata*

体长15~30 mm，宽5~9 mm。躯体扁平，前端尖长，后半身呈卵圆形。背面呈褐绿或浅棕色，腹面灰白色。背中线两侧各有一条断续的棕褐色的纵行斑点。

日本医蛭 *Hirudo nipponia*

体狭长，长30~60 mm，宽4~8.5 mm，略呈圆柱状。背面具5条黄白色的纵纹，以中间一条最宽和最长。纵纹的两侧具密集的黑褐色细斑点。我国分布很广。

丽医蛭 *Hirudo pulchra*

体粗大，长32~71 mm，宽5~10 mm。背部隆起，腹平坦。色泽艳丽，背部底色为冬青绿色，有3~5条狭窄的淡绿色条纹将底色隔成6条宽阔的纵带。

宽体金线蛭 *Whitmania pigra*

体较大，长80~130 mm，略呈纺锤形。体背由5条黑色和淡黄色斑纹组成纵纹，以中央纵纹最粗长。广泛分布于各种水体中。

光润金线蛭 *Whitmania laevis*

体长32~81 mm，宽5~12 mm。背部呈橄榄绿色到棕色，有5条由黄斑组成的纵纹，中间一条较宽。体的正侧面为两条淡黄色的带。腹面的两侧有两纵行黑褐色的斑点。

尖细金线蛭 *Whitmania acranulata*

体长28~58 mm，宽3.5~6 mm。体呈柳叶形。头端极细小。背部为橄榄色或茶褐色，有5条黄褐或黄绿色斑纹组成的条纹，周围有黑点。

八目石蛭 *Erpobdella octoculata*

长钉形，前端1/4削尖，其余部分保持宽度不变。背隆起，腹平坦，后吸盘直径几乎与最大体宽相等。喜流水，分布十分广泛。

巴蛭 *Barbronia weberi*

体长25~35 mm，宽2~3 mm。体狭长，略呈圆柱形。生活时呈粉红或肉色。体前端的色泽稍淡，为透明的肉色。

（2）淡水软体动物

淡水软体动物是非常重要的一类底栖生物，主要由腹足纲（Gastropoda）和瓣鳃纲（Lamellibranchia）的部分种类组成。

①淡水腹足类

属于前鳃亚纲的中腹足目（Masogastropoda），少数属于肺螺亚纲的基眼目（Basommatophora）。动物的呼吸方式，贝壳的形态，大小，以及贝壳各部分的比例是鉴定的重要依据。前鳃亚纲常见种类识别（图3-8）。

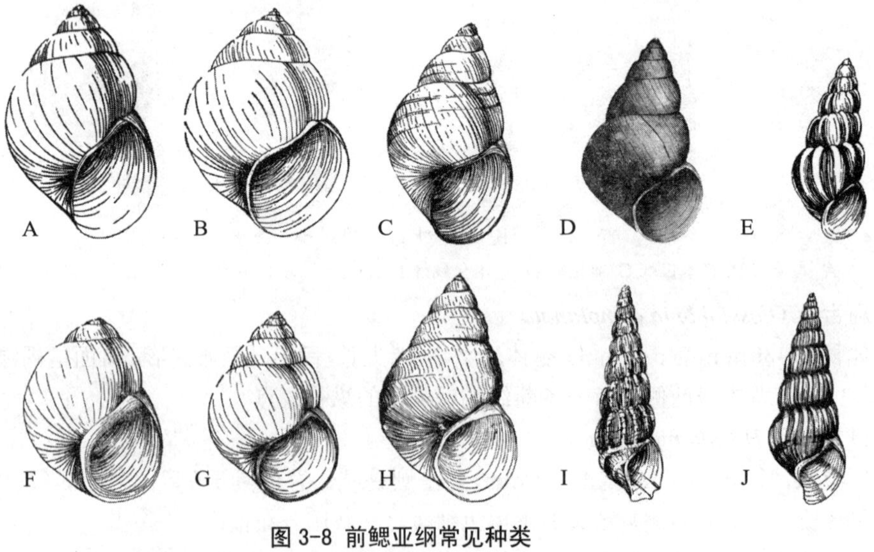

图3-8 前鳃亚纲常见种类

A. 中国圆田螺 B. 中华圆田螺 C. 梨形环棱螺 D. 铜锈环棱螺 E. 钉螺
F. 赤豆螺 G. 纹沼螺 H. 长角涵螺 I. 方格短沟蜷 J. 色带短沟蜷

中国圆田螺 *Cipangopaludina chinensis*

贝壳大型，黄褐色或绿褐色。壳面光滑具有细密的生长线，壳口上方具一锐角，周缘有一黑色框边。厣为角质，黄褐色。食用种类，分布于全国各省。

中华圆田螺 *Cipangopaludina cathayensis*

比中国圆田螺小。壳高50 mm，宽35 mm。

梨形环棱螺 *Bellamya purificata*

贝壳高37 mm，宽25 mm，黄绿色或黄褐色，呈梨形，体螺层上具3~4条螺棱，壳口呈卵圆形，常有黑色框边，脐孔明显。

铜锈环棱螺 *Bellamya aeruginosa*

贝壳较前种瘦小，成体一般壳高25 mm，宽15 mm。壳厚，坚硬，外形呈长圆锥形。壳面光滑，呈铜锈色或绿褐色。

钉螺 *Oncomelania hupensis*

外形尖圆锥形，壳高7~10 mm，宽3~4 mm，有6~9螺层。壳面淡灰色，具粗或细两种纵肋。厣角质，黄褐色。亚种有的壳面无纵肋，光滑。

赤豆螺 *Bithynia fuchsiana*

壳高7 mm，宽5 mm，灰褐色或淡褐色，宽圆锥形。螺旋部等于或略大于壳高的1/2。壳口具黑色框边，厣石灰质，不能拉入壳内，无脐孔。

纹沼螺 *Parafossarulus striatulus*

贝壳小型，壳高9 mm，宽6 mm，外形呈宽卵圆形。壳面呈灰黄色、褐色、淡褐色，有细的生长纹及螺棱。厣石灰质，较厚，不透明。

长角涵螺 *Alocinma longicornis*

壳高8 mm，宽6 mm，略呈球形。壳顶钝，螺旋部短且宽，体螺层极膨大，几乎占据了全部贝壳。厣石灰质。

方格短沟蜷 *Semisulcospira cancellata*

壳高25~30 mm，宽7~8 mm，黄褐色，长圆锥形，有2~3条深褐色色带。有螺纹及发达的纵肋，二者相连形成方格状，壳口外唇边缘呈锯齿状。

色带短沟蜷 *Semisulcospira mandarina*

壳高27 mm，宽8 mm，黄褐色，长圆锥形，有11个螺层，色带2~3条红色。壳口外唇边缘光滑。

肺螺亚纲常见种类识别(图3-9)。

泉膀胱螺 *Physa fontinalis*

贝壳呈卵圆形，左旋，壳质薄，易碎，半透明。螺层3~4层，螺旋部低，体螺层极膨胀。壳口呈长椭圆形，上面有一锐角，外缘薄而简单，轴缘略形成褶皱。

椭圆萝卜螺 *Radix swinhoei*

壳质薄，略坚固，呈椭圆形。壳高30 mm，宽15 mm。有3~4个螺层，壳顶尖，经常损蚀，体螺层较长。壳面呈淡褐色或褐色。

折叠萝卜螺 *Radix plicatula*

壳高25mm，宽20mm。壳质薄，有4~4.5个螺层。体螺层极膨大，倒数第二螺层也膨大。轴缘强烈地扭转。

卵萝卜螺 *Radix ovata*

贝壳较小型，壳质薄，透明，易碎，外形呈卵圆形。螺旋部短，尖锐，高度小于壳高的1/4，呈梯状排列。壳面呈灰白色或褐色。

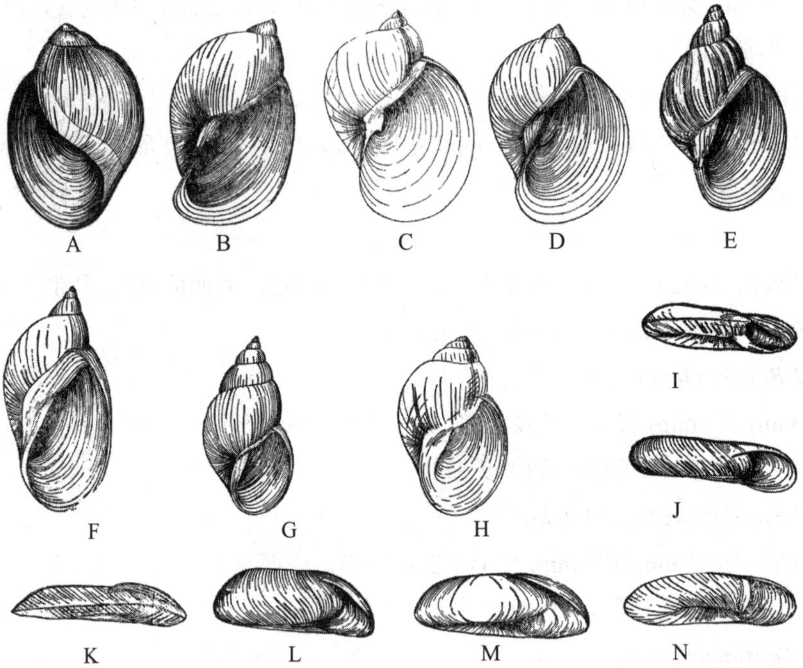

图 3-9 肺螺亚纲常见种类

A. 泉膀胱螺 B. 椭圆萝卜螺 C. 折叠萝卜螺 D. 卵萝卜螺 E. 狭萝卜螺 F. 尖萝卜螺 G. 截口土蜗 H. 小土蜗 I. 白旋螺 J. 扁旋螺 K. 凸旋螺 L. 大脐圆扁螺 M. 尖口圆扁螺 N. 半球多脉扁螺

狭萝卜螺 *Radix lagotis*

贝壳中等大小，壳质较薄，但坚固，呈长椭圆形。有4~5个螺层，螺旋部高度约为全部壳高的1/3，肩部削尖形。壳面呈淡白色、淡红色或黄褐色。

尖萝卜螺 *Radix acuminata*

贝壳中等大小。壳质较薄，略透明，外形呈长卵圆形。有4个螺层。螺旋部约占壳高的1/3，削尖。体螺层狭长，不膨大。

截口土蜗 *Galba pervia*

贝壳小型，外形呈卵圆形。有4~5个螺层，皆外凸，不倾斜，缓慢均匀增长，呈梯状排列，螺旋部宽圆锥形；壳面淡褐色或黄褐色。

小土蜗 *Galba peruia*

壳高10~12mm，宽7~8mm，淡褐色或淡黄褐色，呈卵圆形，螺旋部的高度等于或大于壳口高度。无厣，脐孔较宽。为多种寄生虫的中间寄主。

白旋螺 *Gyraulus albus*

贝壳小型，壳质薄，易碎，呈圆盘状。有3.5~4个螺层，螺层上、下两面皆膨胀，中央皆凹入。体螺层周缘有钝的龙骨。壳面黄褐色、褐色或淡灰色。

扁旋螺 *Gyraulus compressus*

贝壳小型，壳质薄而坚固，外形呈圆盘形。有4~4.5个螺层，各螺层上、下两面较小膨胀；体螺层周缘有钝的龙骨。壳面淡灰色、黑色或茶褐色。

凸旋螺 *Gyraulus convexiusculus*

贝壳直径7~8 mm，高1.4~1.5 mm，呈扁圆盘状。壳的两面中央凹入，可见同样的螺层数，壳口斜卵圆形，无厣。分布广泛。

大脐圆扁螺 *Hippeutis umbilicalis*

贝壳小型或中等大小，呈厚圆盘状。有4~5个螺层；体螺层膨大，几乎将前面螺层全部覆盖，壳顶凹入，体螺层周缘或底部有钝的龙骨。

尖口圆扁螺 *Hippeutis cantori*

贝壳直径8 mm，高1.5 mm，呈扁圆盘状。体螺层有尖锐的龙骨突，使壳口呈心脏形，无厣。为多种吸虫的中间宿主，分布广。

半球多脉扁螺 *Polypylis hemisphaerula*

体小，半球形，透明，有4.5~5个螺层。壳顶向内略凹入，脐孔窄而深。壳口有三块半圆形及一块较小的隔板，体螺层有3~4副隔板，这些隔板透过贝壳可见到。

② 淡水瓣鳃类

属于瓣鳃纲（Lamellibrachia），有两瓣贝壳。外套腔中具有左右瓣状鳃是其主要特征。生活于淡水中的瓣鳃类仅属于异柱目和真瓣鳃目，且绝大部分是后者。鉴别依据为贝壳的形态、闭壳肌的发育程度和铰合部齿的类型及变化。瓣鳃类常见种类识别（图3-10）。

沼蛤 *Limnoperna fortunei*

贝壳小，长25 mm，高10 mm 。腹缘在足丝处凹陷，背缘弯曲，壳顶极靠前端，无铰合齿。固着生活。又称湖沼股蛤或淡水壳菜。

珠母珍珠蚌 *Margaritiana dahurica*

贝壳大型，外形呈长椭圆形。壳长180 mm，高70 mm，宽40 mm，深褐色或黑色。生长线细，腹缘中部略凹入，从壳顶到腹缘有一条不明显的凹痕。

圆顶珠蚌 *Unio douglasiae*

贝壳中等大小，外形呈长椭圆形。壳长55 mm，高25 mm，宽18 mm，黑褐色或黑色。壳顶及其附近有颗粒状突起和长条突起。

背角无齿蚌 *Anodonta woodiana*

壳长190 mm，高135 mm，前端钝圆，后端略呈斜切状，末端钝。后背部有自壳顶向后辐射的三条不明显的肋脉，最下条肋脉末端位贝壳中线上。

舟形无齿蚌 *Anodonta euscaphys*

壳长80 mm，高46 mm。壳质稍厚而坚硬，两壳膨胀，外形呈长椭圆形。壳长约为壳高的2倍，两侧略不等称。

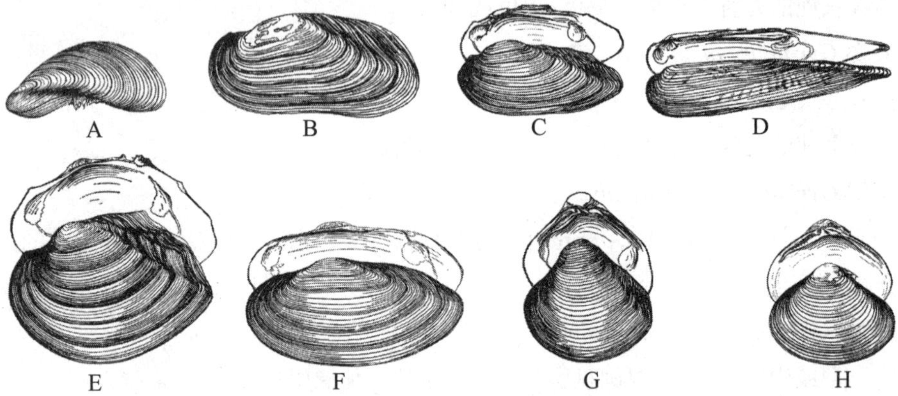

图 3-10 瓣鳃类常见种类

A. 沼蛤 B. 珠母珍珠蚌 C. 圆顶珠蚌 D. 背角无齿蚌 E. 舟形无齿蚌 F. 剑状矛蚌 G. 河蚬 H. 刻纹蚬

剑状矛蚌 *Lanceolaria gladiola*

贝壳中等大小，窄长，剑状，壳长110 mm，高30 mm。壳顶部膨胀，凸出于背缘之上，位于贝壳全长的1/7处。壳后部伸长，剧烈削尖，至末端变尖锐。

河蚬 *Corbicula fluminea*

贝壳中等大小，质厚而坚硬，略呈正三角形，壳长40 mm，高25 mm。壳面呈棕黄色、黄绿色或黑褐色等，有光泽。生长线较粗，同心圆状，韧带呈柱状。

刻纹蚬 *Corbicula largillierti*

壳长31 mm，高25 mm。壳质厚，坚固，两壳略显膨胀。外形略呈三角形。贝壳两侧不等称。贝壳前部圆，后部呈截状，前部短于后部。珍珠层紫色。

（3）淡水甲壳类

底栖甲壳类常见甲壳纲（Crustacea）中软甲亚纲（Malacostraca）的种类。鉴别特征：具坚硬发达的头胸甲，且多为大型种类；体多为20节，少21节，几乎每节都有一对附肢；身体的形状、头胸甲的形状、额角刺的数目以及附肢变化均是分类的重要依据。常见种类识别（图3-11）。

中华新米虾 *Neocaridina denticulate sinensis*

体色为浓绿色，背面中央有一条不规则的棕色纵斑。多生活于水草间，故称“草虾”。分布全国。

日本沼虾 *Macrobrochium nipponensis*

体青为绿色，额角基部第一齿与第二齿的距离较远。雄性第二步足指节表面覆盖有硬毛。普遍分布。

克氏螯虾 *Cambarus clarkii*

体呈圆筒状，血红色，甲壳极厚。第一对步足特别粗大，胸部末节不具侧鳃。常在堤岸边筑洞生活，可较长时间离开水体不死亡。

锯齿溪蟹 *Potamon denticulatus*

头胸甲近圆形，背面稍隆起，额部后方有2个隆块。雄性第一腹肢较粗壮，末节一般较短，向末端趋尖。

华溪蟹 *Sinopotamon*

头胸甲的前侧缘齿呈锯齿状。两螯稍不对称，雄性第一腹肢的末端稍窄。

中华绒螯蟹 *Eriocheir sinensis*

螯足掌节密生绒毛。额平直，具4齿，额宽不超过头胸甲宽度的1/3。第一触角横卧。第二触角直立。第3颚足长节的长度约等于宽度。

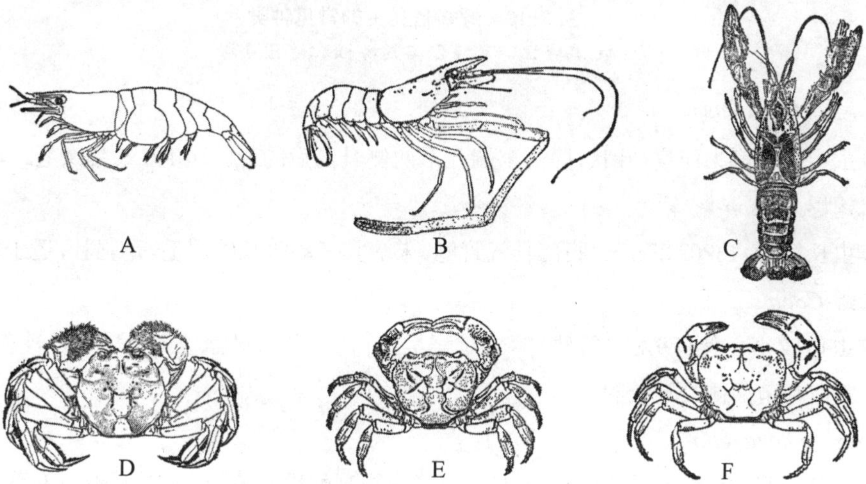

图 3-11　淡水甲壳类常见种类

A. 中华新米虾 B. 日本沼虾 C. 克氏螯虾 D. 锯齿溪蟹 E. 华溪蟹 F. 中华绒螯蟹

（4）水生昆虫

绝大多数生活于淡水中，特别是池塘、河流和湖泊的沿岸区，溪流的上、中段，有时成群出现，数量非常大。仅极少的种类生活在较窄的湖底。

水生昆虫按发育阶段的生活习性，分为两类，一类是幼虫生活在水中，羽化后成虫上陆地生活，如蜉蝣目、蜻蜓目、襀翅目、脉翅目、鳞翅目、毛翅目、双翅目。其中鳞翅目、脉翅目、双翅目仅少数种类幼虫在水中生活，而蜻蜓目、蜉蝣目、襀翅目和毛翅目全部种类的幼虫均为水生。另一类是幼虫和成虫均可在水中生活，如鞘翅目和半翅目中的少数种类。

淡水水生昆虫以它们的行为方式、身体构造、呼吸方式等作为鉴别的依据。

①蜉蝣目 Ephemerida 常见种类识别（图3-12）。

扁蜉 *Ecdyrus*

稚虫极扁，头大而宽，复眼亦大，大触角短。前胸约为长方形。足扁，蟹足状，下面具齿，便于紧紧附在物体上。尾毛有2~3条，等长。

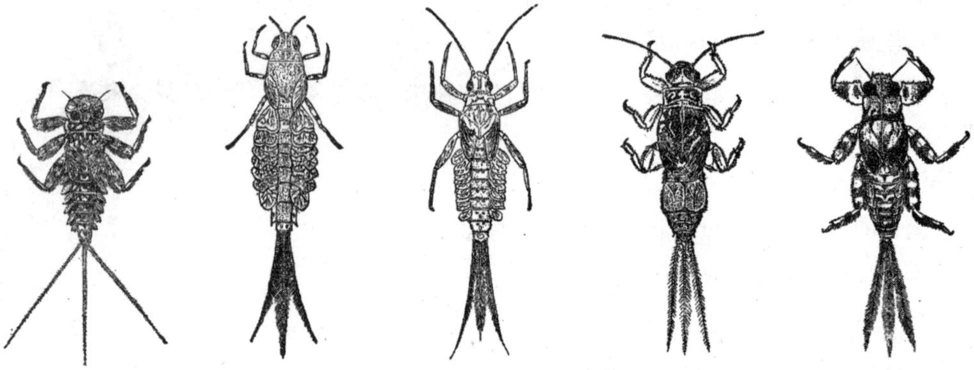

A B C D E

图 3-12 蜉蝣目昆虫的常见种类

A. 扁蜉 B. 二尾蜉 C. 二翅蜉 D. 细蜉 E. 小蜉

二尾蜉 *Siphlonurus*

稚虫头小。鳃大而扁，叶状，腹部末端几节两侧具向后的棘。尾毛3条具缘毛。足小。

二翅蜉 *Cloeon*

稚虫长筒形，长20~30 mm。腹部具气管鳃，末端具三条等长的尾毛。足强壮，适于掘泥生活。

细蜉 *Caenis*

稚虫体较小。具有6对气管鳃，第一对鳃呈小棒状，第二对鳃极大，呈甲状，覆盖在其余各鳃上。腹后几节两侧具较长的棘。

小蜉 *Ephemerella*

稚虫体长形。头较小，与胸分节明显。腹节两侧有朝后的尖棘。每节后缘具有两个背结节，气管鳃有5对，扁平。尾毛3条，等长，光滑或具细毛。

②蜻蜓目 Odonata 和襀翅目 Plecoptera 常见种类识别(图3-13)。

黑河蟌 *Agrion atratum*

稚虫长22 mm，头近四角形。复眼小，尾片长而扁，匕首状，中片短于侧片。是豆娘中最常见的种类。

箭蜓 *Gomphus*

体一般大型，稚虫粗壮。触角4节，复眼完全分开，下唇中片无凹裂，腹末具短刺。为穴居或爬行种类。

黄蜻 *Pantala flavescens*

稚虫体短而扁，长23 mm。下唇较长，匙状，腹部极宽，第3~9节上有小的背棘。是蜻蜓中最普通的种类。其余如赤卒 *Sympetrum*、虎蜻 *Epitheca marginata*。

绿石蝇 *Chloroperla*

稚虫体扁而延长，雌虫长30 mm，雄虫长20 mm。触角长，三对丝状气管鳃束生于三个胸节的侧板上。尾须一对，丝状多节。

短尾石蝇 Nemouridae

成体缺长的尾须，稚虫仅前胸下面有管状气管鳃一对，着生在足的基节基部。足的第二跗节较第一或第三节均短。

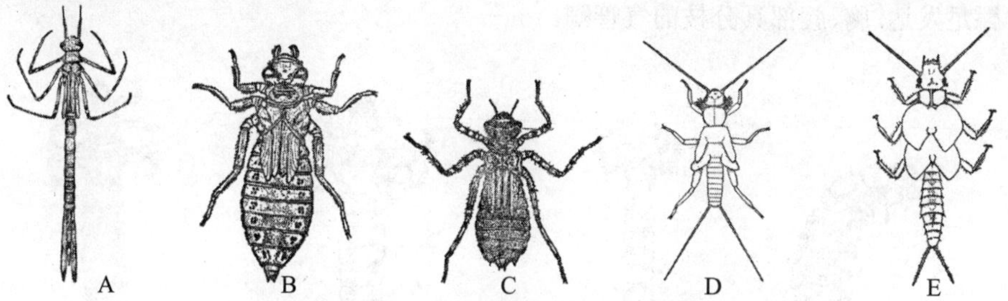

图 3-13　蜻蜓目和襀翅目的常见种类

A. 黑河蟌 B. 箭蜓 C. 黄蜻 D. 绿石蝇 E. 短尾石蝇

③半翅目 Hemiptera 常见种类识别（图 3-14）。

水黾 *Kirkaldyidema krarpelini*

长3~4 mm，背面呈黑褐色带有蓝白色斑纹。复眼大而突出，翅长超过腹末。前足短，中足长，后足特长，在水面跳跃行走。

田鳖 *Kirkaldyia deyrollei*

大型种，体阔扁，背观为卵圆形，长65~70 mm，暗褐色，头小，呈三角形，前足腿节粗大，跗节末端有锋利的长爪。对鱼苗有害。

负子蝽 *Sphaerodema rusticca*

体扁，椭圆形，长18~24 mm，体色暗，繁殖时，雄虫因有负卵于背上的习性而得名。习性同田鳖。

水斧虫 *Ranatra chinensis*

体细长如螳螂，长40~50 mm，暗黄褐色，两根呼吸管细长，与体长相等。对鱼苗有害。

长蝎蝽 *Laccotrephes japonensis*

身体扁而狭长，蝎状。前胸背板大，略四方形，中央隆起。

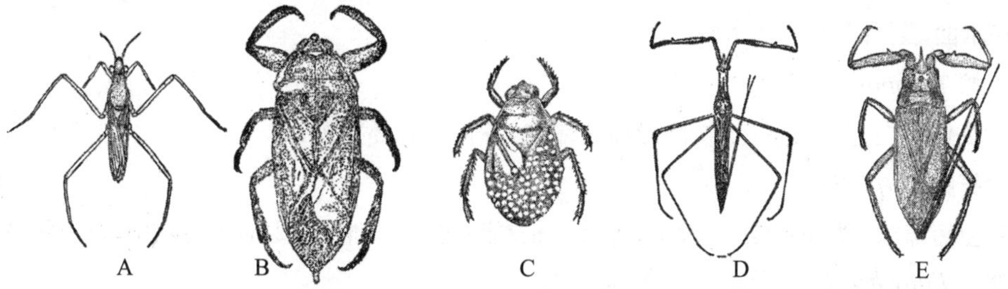

图 3-14　半翅目昆虫的常见种类

A. 水黾 B. 田鳖 C. 负子蝽 D. 水斧虫 E. 长蝎蝽

④毛翅目 Trichoptera 昆虫的种类识别（图3-15）。

纹石蚕 *Hydropsyche*

幼虫蠕虫形，22 mm，头部较小，大颚多齿，触角退化。3个胸节背方各具方形暗色的硬甲，胸足短，臀足发达，胸、腹部具分枝的气管鳃。

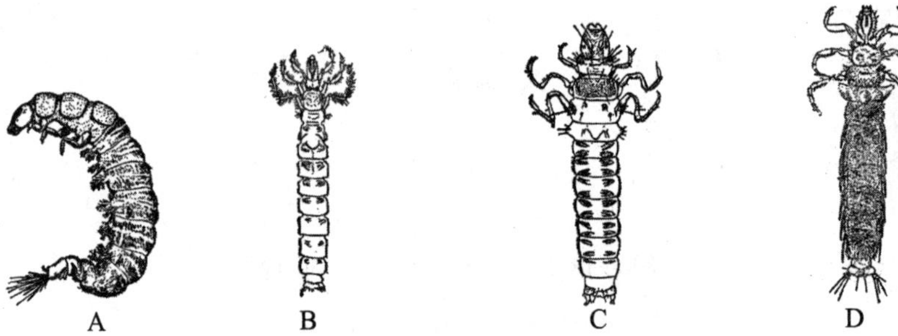

图 3-15 毛翅目昆虫的常见种类

A. 纹石蚕 B. 盾巢石蚕 C. 石蚕 D. 长角石蚕

盾巢石蚕 *Molannidae*

幼虫体长17 mm，身体扁平。头部呈卵圆形，中间具黑色图案。第一、二胸节背面硬化。足具细毛。具3~4个细管排列成束的气管鳃。小巢呈盾状。

石蚕 *Phryganeidae*

幼虫大型，体长达40 mm，巢筒由规则的碎块排成直管，长达50 mm。

长角石蚕 *Leptocerus*

幼虫体呈圆柱型，长11 mm。触角长，腹部较胸部粗，臀足短，具强爪。无气管鳃，以直肠鳃进行呼吸，能筑携带的小巢。

⑤双翅目 Diptera 昆虫常见种类识别（图3-16）。

大蚊 *Tiplua*

幼虫体长10~25 mm。体壁透明，呈褐色到白色。

按蚊 *Anopheles*

幼虫体较短小，口刷呈扇形，可滤食食物。无呼吸管，气门可开口于腹部第8节背面。水平地浮在水面，生活于较清洁水中。

牛虻 *Tabanus*

幼虫体呈白色或淡黄色，长筒形而两端尖，各体节有环状突。

食蚜蝇 *Syrphidae*

幼虫短棒状。头壳不完整，膜质，呼吸管长，能做套筒式伸缩。生活于污水中，以有机物为食。

水蝇 *Ephydra*

幼虫粗短，头部不明显。呼吸管短。多分布在水草和丝状藻类丛生处。

摇蚊 *Tendipus*

体大型，长25~30 mm，红色。头部甲壳质化，胸部3节，腹部第8节有2对腹鳃，末节上着生1对原足。杂食性，为鱼类的优质饵料。

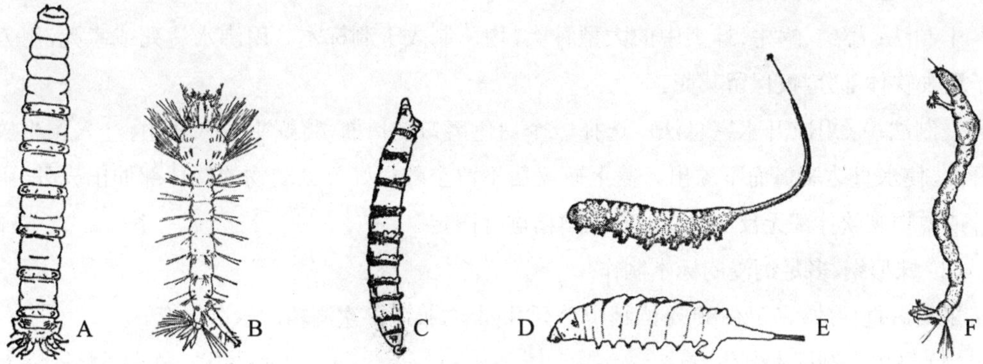

图 3-16　双翅目昆虫常见种类

A. 大蚊 B. 按蚊 C. 牛虻 D. 食蚜蝇 E. 水蝇 F. 摇蚊

三、土壤无脊椎动物

1. 基本特征

指主要栖息于土壤内以及土壤表面、草丛下层、缝隙、石下和落叶层等生境的无脊椎动物。包括扁形动物门的陆生涡虫，环节动物门的蚯蚓，软体动物门的陆生贝类，节肢动物门蛛形纲的蜘蛛(部分)、蜱螨、盲蛛、伪蝎、蝎，昆虫(部分)、多足类和甲壳纲的鼠妇等。

2. 采集方法

采集方法因类群而异。采集地面、草丛、缝隙和石下等部位的无脊椎动物时，可在去除障碍物后，用镊子轻轻夹取(如甲虫和个体较大的蜘蛛)或者采取直接手捉(如个体较小的蜘蛛、蝗虫)或将小动物驱赶至扣管(塑料管或玻璃管)中；而对于落叶层中的小型无脊椎动物，除直接寻找外，还可以先用筛网进行粗筛后，再用吸虫管进行吸取；而采集生活于土壤中的蚯蚓等无脊椎动物时，则需要将土层挖开，用手或镊子夹取。

3. 标本制作方法

(1) 土笄蛭和蚯蚓标本的制作

土笄蛭采用醋酸麻醉法。将土笄蛭放在培养皿中，虫体周围保留少量的水。用毛笔蘸取少量的30% 醋酸在虫体周围搅动，勿直接接触到虫体。并逐渐增加醋酸浓度。经过几分钟后，虫体伸直而死。然后放入50% 酒精中硬化，30 min 后，放入70% 酒精或5% 甲醛中固定并保存。

麻醉时应将标本充分洗净，放入培养皿中。加入少量的清水，以刚好淹没虫体为度，慢慢滴入95% 酒精，使之达到10% 的浓度。约1 h 后，动物伸长至每个体节均非常明显时，则停止滴注。固定用75% 酒精或7% 甲醛，并将固定液注入蚓体内(陆生大型种类)。

（2）陆生软体动物标本制作

干制法：螺类、蜗牛、蚌类中的大型种类，均可制成干制标本。用沸水烫死或煮死，用刀或镊子剔去软体部分，仅保留其壳。

浸制法：采用凉开水窒息法。选择一个白色磨口广口瓶，将蜗牛放入瓶中，注入预先放冷的开水，使水直达瓶口而不溢出。盖上瓶盖后不留空隙最好。见动物的软体部伸出壳外，用解剖针或锐物刺软体部无反应时，用70%酒精进行固定。

（3）蛛形纲、多足纲浸制标本制作

采集后直接放入75%~80%酒精中杀死并固定，换1~2次酒精后永久保存。

（4）昆虫干制标本制作方法

总的原则是要保持标本的固有形态、色彩，并要求外观美丽完整。

针插法：昆虫针是用不锈钢按一定的规格特制的，再用细铜丝作针帽，有利操作。有00号、0号、1号、2号、3号、4号和5号7种规格。用针原则是昆虫越小，针的号数越小。5号针适用于大型甲虫，最常用的针是3号针。

针插部位的基本规则是：鞘翅目在右鞘翅的基部内侧下针；直翅目的蝗虫下针在前胸背板的后端中隆线偏右侧；鳞翅目（包括膜翅目、蜻蜓目、同翅目等）从中胸背板的正中央插入；双翅目针插部位为中胸中部偏右；半翅目针插在中胸小盾片中央。

三级台及使用方法：针插标本都必须用三级台加以整理，使标本和下面的标签高度一致，符合国内外标本交换的要求，而且保存在标本盒中更加美观。三级台用较硬的木头制成，分为三级，每级0.8 cm，中央有一小孔。使用时，将昆虫针刺穿虫体，把针倒过来，放入三级台的第一级小孔中，使虫体背部与第一级台相接触，等于虫体背部离针帽顶端的距离为0.8 cm。然后用昆虫针刺穿采集标签的中央，把针尖放入第二级小孔中，标签下方的高度与三级台第二级的高度相等。最后插鉴定标签。鉴定标签在标本下方的高度与三级台第三级的高度相等。身体较大的昆虫，如金龟子，可使两个标签的距离靠近，虫背面针的高度不变。

展翅板及使用方法：展翅板多用质地松软的木头制成，面板长30 cm，宽10 cm。展翅时，先用针插好虫体，穿入展翅板的槽中，调整面板宽度，用纸条压在翅上，并用大头针将纸条前端固定；然后调整翅的角度，鳞翅目、蜻蜓目、直翅目使两个前翅后缘左右成一条直线，双翅目和膜翅目则要使其前缘的顶角与头在一个水平线上；最后用大头针将纸条后端固定。

整形是制作针插标本的最后一道工序。要求头部在中央位置，触角呈“八”字形平伸前方，若腹部下垂，可用针作交叉状支架将腹部托起，与胸部纵轴平行，足按自然姿势摆放。雌性的蛾类、螽蟖、油葫芦等腹部特别肥大，可在展翅前将腹部剖开，取出内脏，填入脱脂棉，以利标本的迅速干燥，防止腐烂。

标签：标签是标本的文字档案，没有标签的昆虫标本，无论制作得多么完美，毫无科学研究价值，也无法与别人交换。标签格式如下：

×× 大学生命科学学院
科名
学名
♀或♂
鉴定人

采集标签

＿日＿月＿＿＿年
采集地
采集人
采集场所

鉴定标签

4.代表类群

图 3-17 土笄蛭

（1）陆生涡虫

为扁形动物门 Plathelminthes，涡虫纲 Turbellaria，三肠目 Tricladida，陆栖亚目 Terricola 的种类。体扁平，两侧对称，三胚层，无体腔，有消化道，无肛门，排泄器官为原肾管型，有脑和原始的神经索，生殖系统复杂。主要生活于潮湿的陆地上，我国目前已记载1科（笄蛭科 Bipaliidae）1属（笄蛭涡虫属 *Bipalium*）9种。常见种类为土笄蛭 *Bipalium kewense*（图3-17），分布于中国南方。

（2）陆生环节动物

陆生环节动物以蚯蚓为主，属环节动物门，寡毛纲，后孔寡毛目。鉴定依据为虫体大小，外部形态、体色，环带颜色、形状，第一背孔位置和受精囊孔数量等。常见种类如下。

背暗异唇蚓 *Allolbophora caliginosa subsp*

体灰褐色。环带色棕红，马鞍形，腹面两侧各有1条纵隆起。体长100~270mm，宽3~6mm，体节数118~170。背孔自8/9节开始。雄生殖孔1对位于第15节，横列状。雌生殖孔位于第14节，受精囊孔两对，位于9/10、10/11节间。

湖北环毛蚓 *Pheretima hupeiensis*

青绿色，背侧有一天黑色纵线，活体常扭曲成麻花状或中国节形状。第一背孔位于11/12节，受精囊孔3对，雄孔在18节腹侧的刚毛线一平顶乳突上开孔，附件有3对，左右凸起似雄孔状。

舒脉腔蚓 *Metaphire schmardae schmardae*

黑褐色，背侧有一天黑色纵线，体节清楚明晰，呈黑色环纹状。第一背孔位于12/13节，雄孔间刚毛数为12~14，雄孔位于第18节腹侧，横裂，受精囊孔2对，位于7/8/9腹外侧。

参状远盲蚓 *Amynthas aspergillum*

体粗壮。第一背孔位于11/12。雄孔中央有 2~4 横列的乳突，位于刚毛线前后，每列乳突数为 2~6 颗或更多。雄孔间刚毛数为12~19 。受精囊孔2 对，位于7/8~8/9腹侧；受精囊孔乳突有或无，若有乳突，则是 1~6 颗密集的小圆乳突横列于受精囊孔附近。

（3）陆生贝类

陆生软体动物属腹足纲，肺螺亚纲。鉴定依据贝壳的有无、外部形态、壳饰和虫体大小等。陆生软体动物常见种类识别(图3-18)。

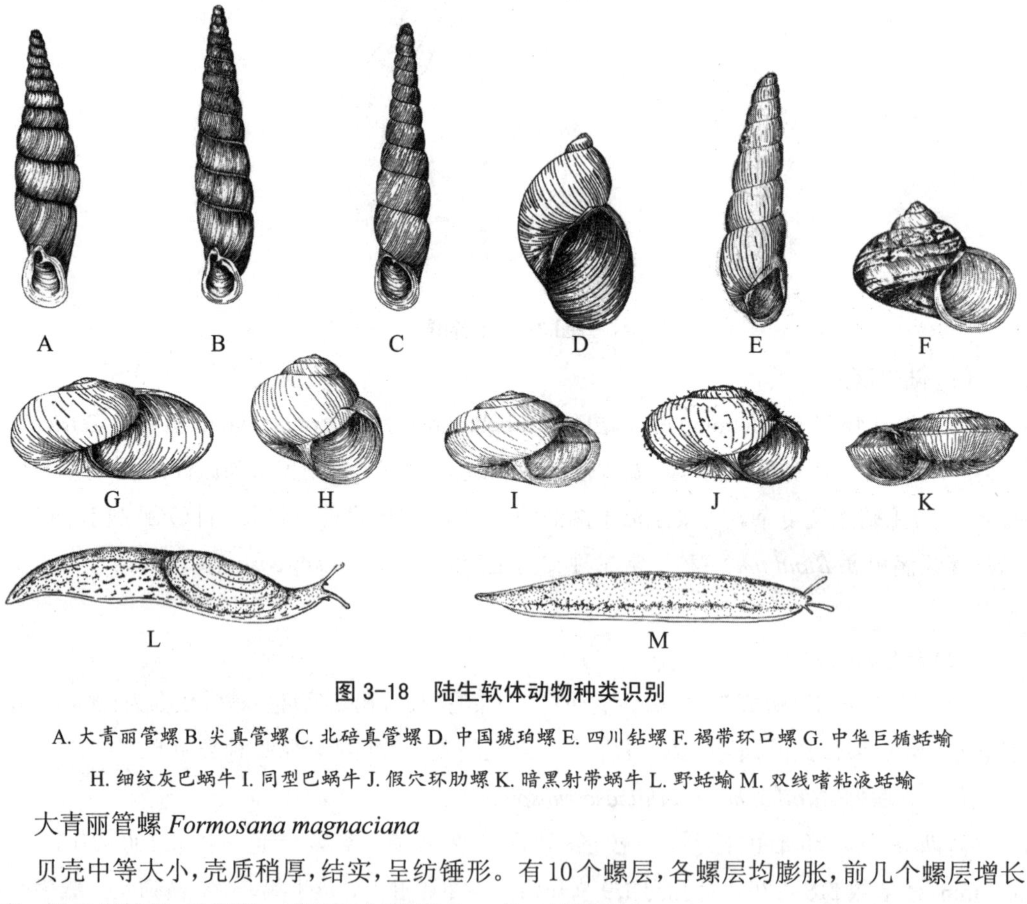

图 3-18　陆生软体动物种类识别

A. 大青丽管螺 B. 尖真管螺 C. 北碚真管螺 D. 中国琥珀螺 E. 四川钻螺 F. 褐带环口螺 G. 中华巨楯蛞蝓 H. 细纹灰巴蜗牛 I. 同型巴蜗牛 J. 假穴环肋螺 K. 暗黑射带蜗牛 L. 野蛞蝓 M. 双线嗜粘液蛞蝓

大青丽管螺 *Formosana magnaciana*

贝壳中等大小，壳质稍厚，结实，呈纺锤形。有10个螺层，各螺层均膨胀，前几个螺层增长较快，螺旋部较长，呈塔形。壳面呈红棕褐色。壳口呈梨形。

尖真管螺 *Euphaedusa aculus aculus*

壳质坚实，左旋，尖塔形，高17mm，宽3.5mm。壳面黄褐色或红褐色，生长线细致，口内有发达的上板和下板，无厣，无脐孔。

北碚真管螺 *Euphaedusa beipeinensis*

壳高21.4mm，壳宽5mm，壳质厚，有光泽，呈纺锤形。有11.5个螺层，各螺层均膨胀，体螺层及倒数第2~5个螺层增长特迅速，膨大，体螺层呈纺锤形，壳面呈深黑褐色。

中国琥珀螺 *Succinea chinensis*

壳质薄，易碎，卵呈圆锥形。壳高11.5 mm，宽6.5 mm。有3.5个螺层，顶部两个螺层增长缓慢，体螺层膨大，高度约为壳高的7/8。壳面呈黄褐色。

四川钻螺 *Opeas setchuanensis*

贝壳小型，易碎，有光泽。长塔形。有8个螺层，均匀增长，螺旋部高，呈长圆锥形。壳顶缝合线深。壳面呈黄褐色或淡褐色。

褐带环口螺 *Cyclophorus martensianus*

壳质坚硬，低圆锥形。高18 mm，宽21 mm。壳面光滑，具光泽，淡黄色，有褐色雾状花纹和环带。厣角质，圆形，脐孔洞穴状。生活在多石灰岩的地区。

中华巨楯蛞蝓 *Macrochlamys sinensis*

贝壳中等大小，壳质薄、半透明，呈扁圆锥形。有5.5个螺层。螺旋部低矮。体螺层急剧增长膨大。壳面呈琥珀色或黄褐色，光滑有光泽。

细纹灰巴蜗牛 *Bradybaena ravida redfieldi*

壳质稍厚，呈高圆锥形。有5.5个螺层。体螺层急剧增长、膨大但不倾斜。壳口呈新月形，稍向右下方倾斜。脐孔狭小，呈空穴状。

同型巴蜗牛 *Bradybaena similaris*

贝壳中等大小，壳质厚，坚实，呈扁球形。壳高12 mm，宽16 mm。有5~6个螺层，顶部几个螺层增长缓慢、略膨胀。

假穴环肋螺 *Plectotropis peseudopatula*

贝壳中等大小，壳质薄，但坚实，不透明，呈扁圆锥形。有5.5个螺层。体螺层增长迅速，周缘上有一稜角。壳顶钝，缝合线深。壳面呈茶褐色。

暗黑射带蜗牛 *Laeocathaica dolani*

贝壳稍大，左旋，壳质稍厚，坚实，有光泽，呈扁圆锥形。有5.5~6个螺层。体螺层膨大，周缘有一明显的白色的龙骨状突起，在前方稍向下倾斜。

野蛞蝓 *Agriolimax agrestis*

体柔软，光滑，无外壳，具内壳，伸长30~60 mm，宽4~6 mm。暗灰色、黄白色或灰红色，少数有不明显的暗带或斑点。世界性广布种。

双线嗜粘液蛞蝓 *Philomycus bilineatus*

体柔软，无外壳，伸长35~36 mm，宽6~7 mm。触角2对，前长后短。外套膜覆盖全身，体前端较宽，后端狭长，背中央和两侧有一条黑色斑点组成的纵带。

（4）昆虫

指节肢动物门 Arthropoda 六足亚门 Hexapoda 的动物，小部分属于内颚纲 Entognatha，大部分属于昆虫纲 Insecta。昆虫种类繁多，数量巨大，是动物界最大的类群，也是野外实习最为常见的动物。昆虫通常身体明显可以区分为头、胸和腹三部分；头部具有脑、视觉和触觉等感觉器官以及口器等取食器官；胸部腹面具有3对足，大部分种类背面还具有2对翅；腹部包括其消化、呼吸及生殖等系统；昆虫以气管进行呼吸，以马氏管进行排泄。土壤昆虫以鞘翅目、直翅目、蜚蠊目、膜翅目、等翅目、脉翅目和革翅目等类群为主。

① 鞘翅目 Coleoptera

成虫体小至大型，体壁坚硬。头壳坚硬，为前口式或下口式；口器为咀嚼式；复眼常发达，有的退化或消失，常无单眼；触角多样，为丝状、棒状、锯齿状、栉齿状、念珠状、鳃叶状或膝状等；前胸发达，能活动，前胸背板自成一骨片，背板与侧板间分开或愈合，前胸腹板为一骨片，其上有1对前足基节窝，基节窝后缘是否被骨片环绕常作为分类特征；中、后胸愈合，中胸小盾片呈三角形，常露出鞘翅基部之间，中、后胸背板的其余部分为鞘翅所覆盖；前翅坚硬、角质化，为鞘翅，静止时常在背中央相遇成一直线，后翅膜质；足常为步行足，因功能不同，形态上常发生相应的变化；腹部常10节，第1腹节退化，由于腹板多有愈合或退化现象，可见腹板通常为5~8节；雌虫腹部末端数节变细而延长，形成可伸缩的伪产卵器，平时缩于体内，产卵时伸出；雄性外生殖器也多不外露，而是缩在第9或第10腹板之间。全变态。一生经过卵、幼虫、蛹、成虫4个虫态。成虫、幼虫的食性均复杂，有腐食、粪食、尸食、植食、捕食和寄生等。

步甲科（Carabidae）（疱鞘步甲 *Carabus pustulifer*）、隐翅甲科 Staphylinidae（显隐翅甲 *Xantnorinus* sp.）、锹甲科 Lucanidae（大锹甲 *Odontolabis siva*、库光胫锹甲 *Odontolabis cuvera*）、蜣螂科 Geotrupidae（神农洁蜣螂 *Catharsius molossus*）、金龟科 Scarabaeidae（铜绿丽金龟 *Anomala corpulenta*、棕色鳃金龟 *Holotrichia titanus*、黄粉鹿花金龟 *Dicranocephalus wallichi*）、吉丁甲科 Buprestidae（柑橘吉丁甲 *Agrilus auriventris*、尖翅吉丁 *Sphenoptera* sp.）、瓢甲科 Coccinellidae（七星瓢虫 *Coccinella septempuctata*）、叩甲科 Elateridae（细胸叩头甲 *Agriotes fusicollis*）、萤科 Lampyridae（窗胸萤 *Pyrococelia analis*）、花萤科 Cantharidae（黑斑黄背花萤 *Themus imperialis*）、拟步甲科 Tenebrionidae（杂拟谷盗 *Tribolium confusum*）、叶甲科 Chrysomelidae（黄守瓜 *Aulacophora femoralis*）、芫菁科 Meloidae（毛角豆芫菁 *Epicauta hirticornis*）、天牛科 Cerambycidae（橘褐天牛 *Nadezhdiella cantor*）、象甲科 Curculionidae（甘薯小象甲 *Cylas formicarius elegantulus*）、铁甲科 Hispidae（趾铁甲 *Dactylispa* sp.、凸胸驼龟甲 *Taiwania tumidicollis*）等（图3-19，图3-20，图3-21；图版IX：A~E）。

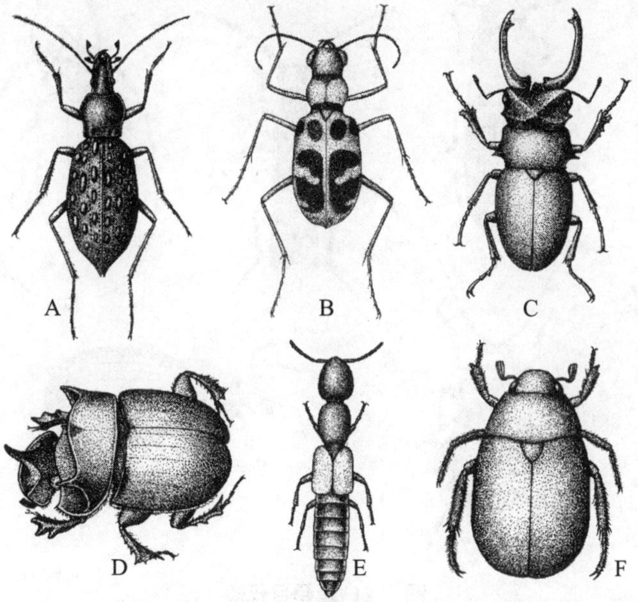

图 3-19 鞘翅目代表（一）

A. 疱鞘步甲 B. 中华虎甲 C. 大锹甲 D. 神农洁蜣螂 E. 显隐翅甲 F. 铜绿丽金龟(仿周尧)

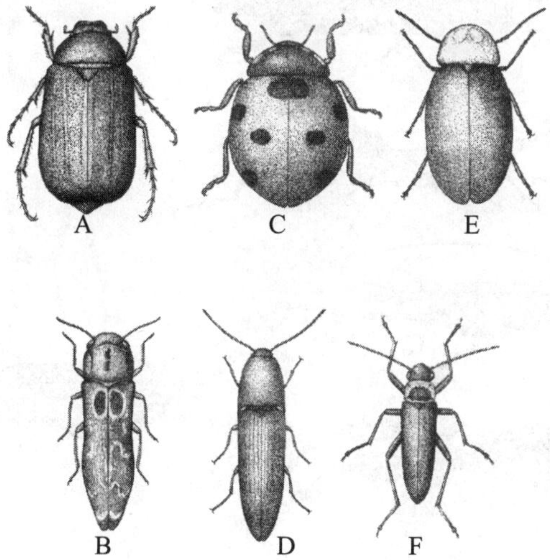

图 3-20 鞘翅目代表（二）

A. 棕色鳃金龟 B. 柑橘吉丁甲 C. 七星瓢虫 D. 细胸叩头甲 E. 窗胸萤 F. 黑斑黄背花萤(A~E 仿周尧;F 仿彩万志)

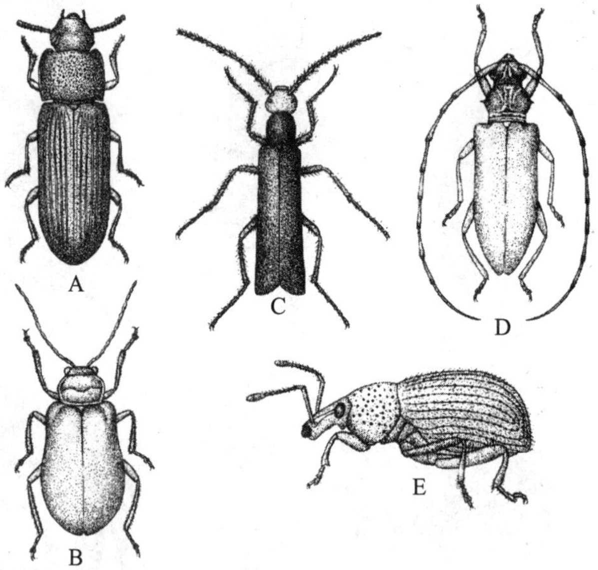

图 3-21 鞘翅目代表（三）

A. 杂拟谷盗 B. 黄守瓜 C. 毛角豆芫菁 D. 橘褐天牛 E. 甘薯小象甲（B 仿彩万志；其他仿周尧）

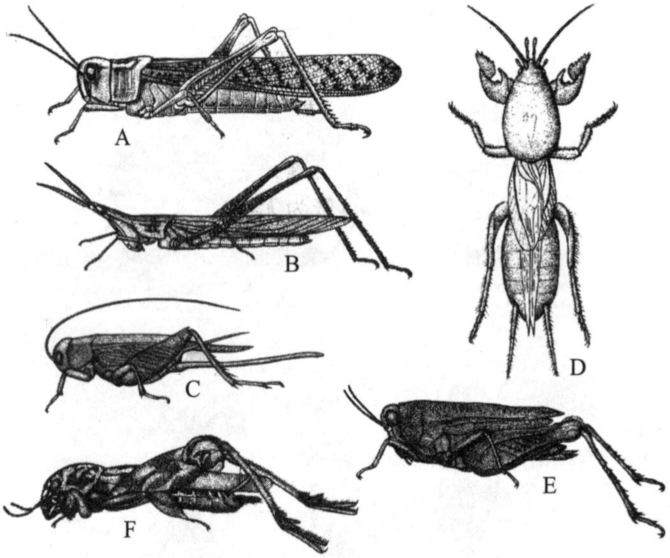

图 3-22 地表常见直翅目昆虫

A. 东亚飞蝗 B. 中华蚱蜢 C. 南方油葫芦 D. 华北蝼蛄 E. 日本菱蝗 F. 蚤蝼（D. 仿 Illin. Nat. Hist.；其他仿周尧）

②直翅目 Orthoptera

成虫体中至大型、较壮实，10~110 mm，仅少数种类小型；口器为典型咀嚼式；上颚发达；触角多为丝状，少数为剑状或棒状；复眼发达、大而突出，单眼2~3个或缺；前胸背板很发达，呈马鞍形；中、后胸愈合；翅常2对，前翅狭长，革质，后翅膜质，臀区宽大，停息时呈折扇状纵褶于前翅下；前、中足多为步行足，后足为跳跃足，少数种类前足胫节特化成开掘足（如蝼蛄）；腹部背板有10节，第11节与尾节愈合，形成肛上板；雌虫第8腹板特别发达，常与第9节愈合，形成下生殖板，产卵器通常很发达，仅蝼蛄等无特化产卵器；雄性外生殖器常被扩大的第9节腹板所盖；多数种类雄虫常具发音器。渐变态。卵生。大多数蝗虫生活在地表，螽斯生活在植物上，蝼蛄生活在土壤中。多数白天活动。多植食性。地表常见直翅目昆虫包括蟋蟀科 Gryllidae（南方油葫芦 *Gryllus testaceus*）、蝼蛄科 Gryllotalpidae（华北蝼蛄 *Gryllotalpa unispina*）、蚤蝼科 Tridactylidae（蚤蝼 *Tridactylus* sp.）、蝗科 Acrididae（东亚飞蝗 *Locusta migratoria manilensis*、中华蚱蜢 *Acrida cinerea*）、蚱科 Tetrigidae（日本菱蝗 *Tetrix japonicas*）等（图3-22）。

③蜚蠊目 Blattaria

蜚蠊小到大型，2~100 mm。体宽而扁平。体壁光滑，坚韧，常呈黄褐或黑色，有些种类体表密覆短毛。头小，三角形，常被宽大的盾状前胸背板盖住。绝大多数种类复眼发达；单眼退化；触角长，丝状，多节；口器为咀嚼式。多数种类具两对翅，盖住腹部，前翅覆翅狭长，后翅膜质，臀区大，翅脉具分支的纵脉和大量横脉。极少数种类前翅角质化，似甲虫；或短翅型，雌雄虫前后翅均不达腹部末端；或雌雄完全无翅；或雌雄异型，雄虫具翅，雌虫无翅。3对足均为步行足，爬行迅速；跗节5节。腹部10节，腹面观多数可见8或9节，尾须多节。多数雄虫第9腹板（下生殖板）有1对尾刺（腹刺）；雌虫产卵器小，不外露；少数种类腹部末端隐于特化的第7腹板之内，难辨雌雄。渐变态。适应性强，分布较广。地表蜚蠊常见于落叶层、石下和土缝等处，如姬蠊科 Blattellidae（德国姬蠊 *Blattella germanica*）、地鳖蠊科 Polyphagidae（中华真地鳖 *Eupolyphaga sinensis*）和硕蠊科 Blaberidae（苏里南蔗蠊 *Pycnoscelus surinamensis*）等（图3-23）。

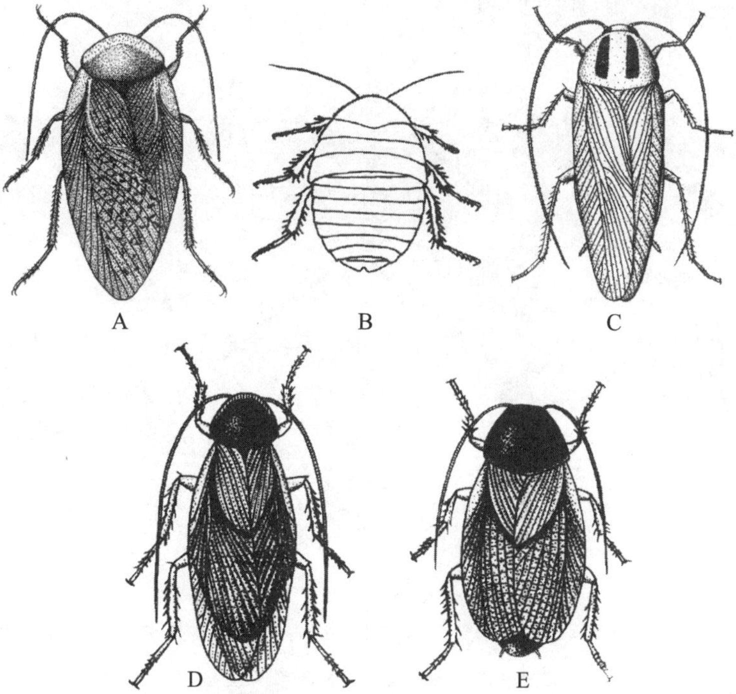

图 3-23　蜚蠊目常见昆虫

A. 中华真地鳖，雄虫　B. 中华真地鳖，雌虫　C. 德国姬蠊　D. 苏里南蔗蠊

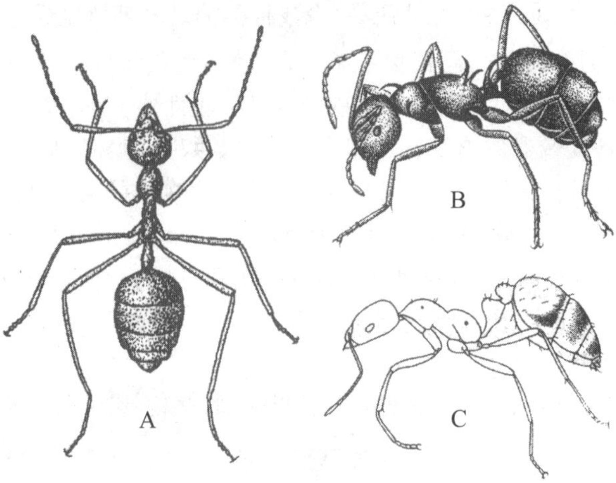

图 3-24 地表膜翅目常见昆虫（蚁科）

A. 黄猄蚁 B. 鼎突多刺蚁 C. 家蚁

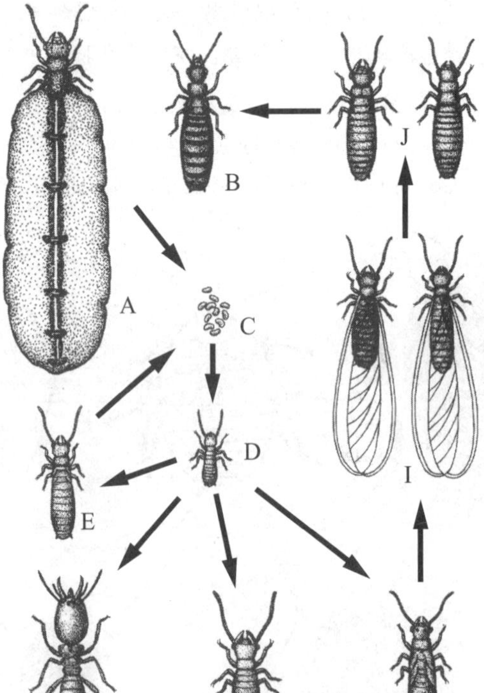

图 3-25 等翅目代表——家白蚁

A. 蟗后 B. 雄蟗 C. 卵 D. 若蟗 E. 补充生殖蟗 F. 兵蟗 G. 工蟗 H. 长翅生殖蟗若虫

I. 长翅雌雄生殖蟗 J. 脱翅雌、雄生殖蟗

④膜翅目 Hymenoptera

成虫小至中型，个别大型。口器为咀嚼式，少数种类为上颚咀嚼式，下颚和下唇组成喙，

为嚼吸式；复眼1对，较发达；单眼3个，少数退化或无；触角形状、节数和着生位置变化较大，常丝状、念珠状、棍棒状、栉齿状、膝状等；中胸盾片有或无盾纵沟，有的中部下陷成槽或隆起；部分种类由腹部第1节并入胸部形成并胸腹节；翅常2对、膜质，少数种类翅退化或变短，翅的连锁靠后翅前缘的翅钩列，部分种类前翅前缘有翅痣，多数种类的翅脉较复杂，少数种类翅脉极度退化；腹部常10节，个别见3~4节，部分种类第1腹节呈腹柄状；雌虫产卵器发达。全变态。常为有性生殖。成虫生活方式为独居性、寄生性或社会性。蚂蚁属胡蜂总科Vespoidea蚁科Formicidae（如黄猄蚁*Oecophylla smaragdina*、鼎突多刺蚁*Polyrhachis vicina*和家蚁*Monomorium pharaonis*）（图3-24）。许多蚂蚁常见于土壤洞穴中。

⑤等翅目Isoptera

通称为白蚁*termites*，俗称白蚂蚁，简称螱。是多型性社会昆虫。体小到中型，多型性。工螱白色，无翅，头圆，触角长，咀嚼式口器；兵螱类似工螱，但头较长，上颚发达；繁殖螱两种，一种白色，无翅或仅有短翅芽，另一种包括发育完全的有翅雄螱和雌螱，它们有圆头、长触角、咀嚼式口器、发达的复眼，以及两对大小、形状都相似的透明翅。翅基有脱落缝，翅脱落后仅留下翅鳞。有尾须。如鼻白蚁科Rhinotermitidae的家白蚁*Coptotermes formosanus*（图3-25）。

⑥脉翅目Neuroptera

脉翅目以丰富的翅脉而得名，中文名字一般都是以“蛉”结尾，属于完全变态昆虫。体小至大型，形态多样。常见类群有草蛉、褐蛉、粉蛉、蚁蛉、蝶角蛉以及螳蛉。成虫飞翔力弱，多数具趋光性。体壁通常柔弱，生毛或覆盖蜡粉。头部一般呈三角形，复眼大，半圆形，具有金属光泽；单眼一般缺失；触角一般为线状、杆状、棒状以及栉齿状等。口器为咀嚼式，上颚通常较发达，下唇突出。胸部3节分界明显。足通常细长，跗节5节，一般具爪1对。翅通常膜质，前缘具有颜色明显加深的翅痣；前后翅大小相近；成虫静止时通常四个翅折叠在一起，呈屋脊状覆于身体两侧；翅脉多发达，形成网状脉纹。成虫腹部细长，一般10节，第1~2节以及尾节较宽大，末节具有明显的臀胝，一般不具尾须。幼虫三对胸足发达，身体呈纺锤形，口器为捕吸式或双刺吸式，常陆生，在地表自制一个漏斗形坑形陷阱。如草蛉科Chrysopidae（大草蛉*Chrysopa pallens*又称蚜狮）、褐蛉科Hemerobiidae（全北褐蛉*Hemerobius humuli*）、粉蛉科Coniopterygidae（重粉蛉*Semidalis* sp.）和蚁蛉科Myrmeleontidae（中华东蚁蛉*Euroleon sinicus*，又称蚁狮）（图3-26）。

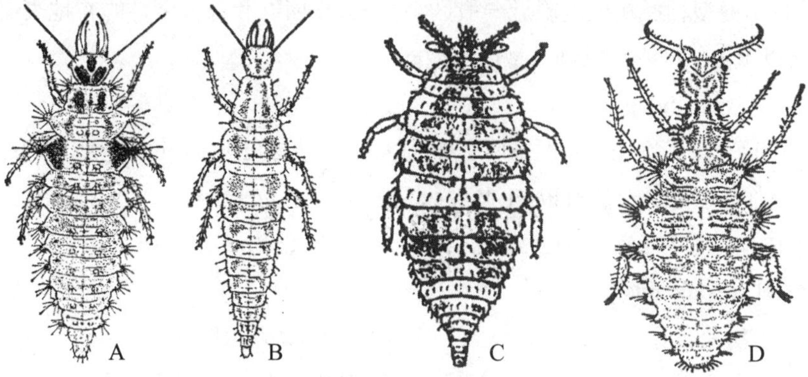

图3-26 脉翅目幼虫

A. 大草蛉（蚜狮）B. 全北褐蛉（褐蛉科）C. 重粉蛉 D. 中华东蚁蛉（蚁狮）（仿杨集昆）

⑦革翅目 Dermaptera

革翅目以其前翅革质而得名，俗称蠼螋（*earwigs*）。成虫体为中小型，体狭长而扁平，表皮坚韧，褐色或黑色。头前口式，扁阔，能活动；口器为咀嚼式，上颚发达，较宽，其前端具小齿；复眼为圆形，少数种类复眼退化；有些种类无复眼；无单眼；触角丝状，通常10~30节；前胸背板发达，方形或长方形；有翅或无翅，有翅种类前翅革质、短小、截断状，无脉纹，后翅大、膜质，扇形或半圆形，脉纹辐射状，休息时折叠在前翅下；腹部有8~10个外露体节；尾须不分节，钳状，雌雄二型现象显著，雄虫尾钳大且形状复杂；无产卵器。渐变态。多为夜出型，杂食性。如蠼螋科 Labiduridae（河岸蠼螋 *Labidura riparia*、德氏钳螋 *Forcipula decolyi*）、绵螋科 Sponiphoridae（花生玛螋 *Marava arachnidis*）和球螋科 Forficulidae（双裂厄螋 *Elaunon bipartitus*、异螋 *Allodahlia scabriuscula*）（图3-27；图版 IX：F）。

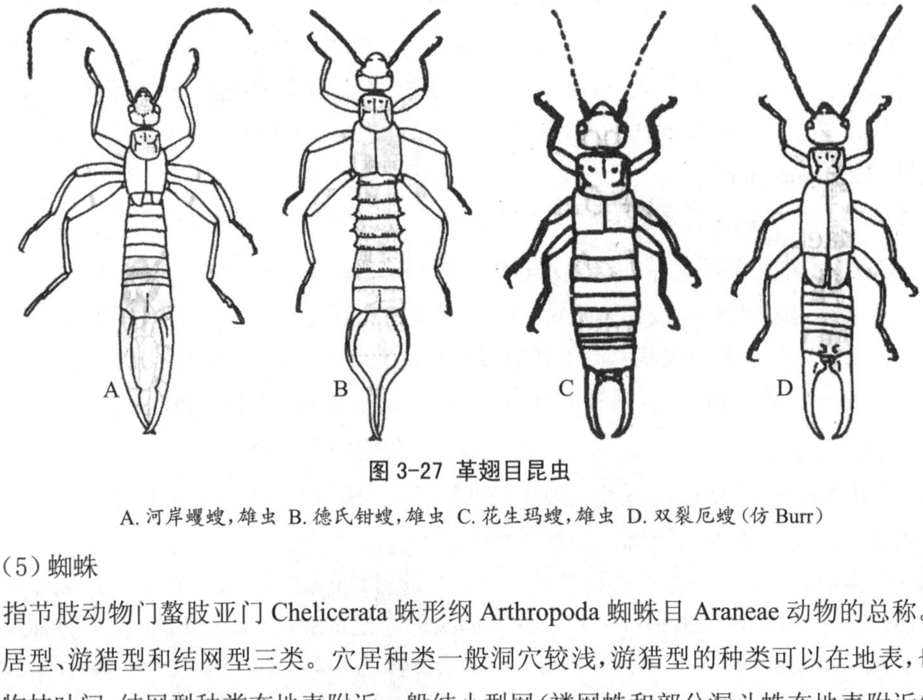

图 3-27 革翅目昆虫

A. 河岸蠼螋，雄虫 B. 德氏钳螋，雄虫 C. 花生玛螋，雄虫 D. 双裂厄螋（仿 Burr）

（5）蜘蛛

指节肢动物门螯肢亚门 Chelicerata 蛛形纲 Arthropoda 蜘蛛目 Araneae 动物的总称。包括了穴居型、游猎型和结网型三类。穴居种类一般洞穴较浅，游猎型的种类可以在地表，也可以在植物枝叶间，结网型种类在地表附近一般结小型网（楼网蛛和部分漏斗蛛在地表附近结较大网），而在地面以上的空间则可以结大型或小型网。

①节板蛛科 Liphistiidae

是最原始的蜘蛛，属蜘蛛目中纺亚目。中到大型，体长约10~16 mm。螯牙上下活动。8眼集中于一丘。腹部保留有分节的背板。书肺2对。纺器6~8个，位于腹部腹面中部。后侧纺器多节。生活于土表洞穴中，洞口有盖。性情相对温顺。如中华宋蛛 *Songthela sinensis*（图3-28 A）。

②异纺蛛科 Hexathelidae

属蜘蛛目后纺亚目原蛛下目。体长约7~35 mm。体褐色，8眼两列集中于一丘，螯牙上下活动。下唇和颚叶多疣齿。腹部背面无背板，具有2对或3对纺器，后侧纺器多节。通常在地表缝隙处结漏斗型大网，但与漏斗蛛科蜘蛛所结的网有明显区别。多年生，较凶猛，有一定的毒性。

如湖南大疣蛛 *Macrothele hunanica*（图3-28B）。

③地蛛科 Atypidae

体长约8~30mm。8眼分3组。螯肢特别发达，前后延伸，螯牙长而上下活动。触肢基节有发达的颚叶。下唇与胸板愈合，不能活动。通常在树干基部或岩石旁结管状网到地下洞穴，蜘蛛藏于管状网内，当有昆虫经过或爬至管状网外侧时，因震动，地蛛会从管内突然出击，螯牙刺破管状网抓住猎物。如异囊地蛛 *Atypus heterothecus*（图版 VIII：A）。

④漏斗蛛科 Agelenidae

体长约5~19mm。体色呈黄色至黑褐色。背甲呈梨形，中窝纵向，8眼，两眼列强烈前凹或近平直。腹部卵圆形，背面常具多个“人”字形斑纹。后侧纺器一般细长、2节。多数无筛器。一般结漏斗状或近似漏斗状网，每年只发生一代或两代。如森林漏斗蛛 *Agelena silvatica*、新平拟隙蛛 *Pireneitega xinping*（图3-28C，图版 VIII：B）。

⑤狼蛛科 *Lycosidae*

体长约4~24mm。8眼呈4-2-2排列，前列眼较小。步足粗壮多刺，跗节具3爪。腹部多为椭圆形。雄蛛触肢胫节无突起。多为游猎型，少数种类结小型漏斗状网。多数雌蛛有将卵袋携带于体后端的习性。幼蛛孵出后，常在妈妈腹背生活数天。如沟渠豹蛛 *Pardosa laura*、拟环纹豹蛛 *Pardosa pseudoannulata*（图3-28D，图版 VIII：C）。

⑥平腹蛛科 *Gnaphosidae*

体长约3~15mm。体色暗，多色泽单调。8眼2列。步足常短粗，跗节具2爪。纺器末端平截，前侧纺器大而呈腰鼓形，相互远离。常栖息于石下、落叶层、石块下及树干或墙缝隙间，多夜间游猎。如三门近狂蛛 *Drassyllus sanmensis*、宋氏丝蛛 *Sergiolus songi*（图3-28E，图版 VIII:D）。

⑦褛网蛛科 *Psechridae*

体大型，具分隔筛器。8眼2列。下唇长。步足细长，多刺，第I、II步足特别长。腹部呈卵圆形或圆筒状。雌蛛栉器明显。结大型喇叭状网，网孔不规则，网的外侧大，向内逐渐变细，延伸至落叶层或石缝内，蜘蛛总是倒挂在蛛网下层。行动敏捷，一旦发现有危险，便迅速沿网管落入叶层或缝隙中。有假死现象。晚行性。如广褛网蛛 *Psechrus senoculatus*（图3-28F）。

⑧长纺蛛科 *Hersiliidae*

体中型，身体相对较扁。8眼2列。二眼列均后凹。螯肢弱小。步足细长，左右伸展。有6纺器，后纺器极长，一般与腹部的长度相等或超过腹部的长度。常在光滑的树干或石壁上活动，体色与环境相当。如亚洲长纺蛛 *Hersilia asiatica*（图3-28G）。

⑨巨蟹蛛科 *Sparassidae*

一般体形较大，体长约6~30mm。8眼2列。步足横向伸展。后跗节和跗节下有毛丛。跗节末端2爪，爪下有毛簇。无舌状体和筛器。游猎生活。多生活于石下、岩洞、墙壁、树干和灌木丛等地。如白额巨蟹蛛 *Heteropoda venatoria* 和伪遁蛛 *Pseudopoda* sp.（图3-28H，图版 VIII：E）。

（6）盲蛛

指节肢动物门螯肢亚门蛛形纲盲蛛目 Opiliones 的种类。体长1~20mm。整体呈椭圆形。

背甲中部有一隆丘，其两侧各有一眼。背甲前侧缘有一对臭腺的开孔。可以屈折。腹部分节。头胸部和腹部之间无腹柄，步足多细长。掠食或腐食性。有的种类能营孤雌生殖。生活在温、热带，多在潮湿的场所，在山区的树干、草丛、石块下或墙角处可见。全世界分3亚目：无盖亚目、强肢亚目和弱肢亚目，我国已知仅强肢亚目和弱肢亚目。

① 弱肢亚目 Palpatores

身体背部柔软、革质或非常坚硬。生殖孔被一骨化了的生殖盖所覆盖。触肢近足状，爪小或无。多数种类步足长超过体长的3倍。步足跗节通常分为多节，可弯曲。1爪且不分支。阴茎结构通常简单，呈杆状，由内肌控制。多数生活在土壤和落叶层中。多数种类为夜行性。以其他小型动物为食，少数种类以腐殖质为食。广泛遍布各类陆地。种类较多(图3-29 A~C)。

图 3-28 地表常见蜘蛛

A. 中华宋蛛 B. 湖南大疣蛛 C. 森林漏斗蛛 D. 沟渠豹蛛 E. 三门近狂蛛 F. 广褛网蛛 G. 亚洲长纺蛛 H. 白额巨蟹蛛

②强肢亚目 Laniatores

身体坚硬，头胸部和腹部第1~4或5背板融合成一坚硬的盾甲；触肢长，其腿节和膝节通常具带刚毛的刺，而胫节和跗节腹面内侧面和外侧面各具一列3~5根具刚毛的刺，呈镰刀状；步足相对较短，步足跗节分节，第3、4对步足具两爪或一分枝的单爪；阴茎结构复杂，产卵管不分节。生活在阴暗潮湿处。主要分布在热带和亚热带地区(图3-29 D)。

(7) 蜱螨类

指节肢动物门螯肢亚门蛛形纲蜱螨目 Acari 动物。身体呈圆形、卵圆形或长形不等。身体大小一般为0.5mm左右。虫体可分为颚体和躯体两部分。颚体位于躯体前端，由口下板、螯肢、须肢和颚基组成。躯体有4对足。食性多样，有植食性的、捕食性的，还有寄生在其他无脊椎动物和脊椎动物外部和内部的。是蛛形纲最大的目，全世界有50万~100万种，分布于世界各地的各种生境，包括沙漠和北极冻土带，山顶和海底，江河温泉等，在土壤、植物、动物和贮藏物上更常见。蜱螨也是许多疾病的传播媒介和病原体的宿主（图3-29 E~F）。

（8）伪蝎

指节肢动物门螯肢亚门蛛形纲伪蝎目 Pseudoscorpiones 动物。因体型似蝎而得名，但无尾状的后腹部和带毒针的尾节。体小型（<8 mm）。生活在落叶层、土壤中、树皮下、石下、洞穴以及某些哺乳动物巢内。少数种类常在潮间带的水草和漂流物上，还有的种类生活在建筑物的木板间和书页间（图3-29 G）。

图3-29　地表常见其他蛛形动物

A. 盲蛛目弱肢亚目（整体侧面观）B. 盲蛛目弱肢亚目（躯体侧面观）C. 盲蛛目弱肢亚目（整体背面观）D. 盲蛛目强蛛亚目 E. 螨类（蜱螨目）F. 蜱类（蜱螨目）G. 伪蝎目

（9）多足类

指节肢动物门多足亚门 Myriapoda 动物。以多足（>8）而得名。身体扁平或呈圆筒形，陆生，以气管呼吸。身体分头和躯干两部分。头部具触角一对，司嗅觉和触觉；无眼或具若干单眼；头部腹面有口器，由一对大颚和两对小颚组成，食性复杂；躯干部由多个基本相同的体节及分节步足组成，每个体节具步足1~2对。体表具几丁质化的外骨骼。雌雄异体。栖息于树皮下、苔鲜下、土缝、石隙、枯木中或落叶层或等温暖潮湿的环境中。

①唇足纲 Chelipoda

通称蜈蚣、百足虫。身体细长扁平，表皮坚硬但未钙化，多数体长10~300 mm。头部无单眼到多个单眼，触角10多节到100多节，第一对附肢特化为捕食用的内含毒腺的颚足，形似口器，因此称唇足纲。躯干部有15~191个具足体节，每一体节具一对步足，末对足向后伸展，具有感觉功能；气孔位于体侧或背中部；生殖孔不成对，位于躯干末端的生殖节腹面；主要分布在热带及亚热带地区，为捕食性动物，以小型节肢动物和蚯蚓等为食。

蜈蚣目 Scolopendromorpha

身体扁平带状，体长多为10~300 mm。触角11~31节，无眼或每侧具4个单眼，躯干部通常25体节，步足21或23对，最后一对足较长，上带棘刺；雌性具孵卵育幼习性；即使遇到小型的鸟和蛇等脊椎动物，也会凭其强大的毒颚进行攻击，幼体与成体体节数相同（图3-30A）。

图3-30 地表常见多足类动物

A. 蜈蚣 B. 石蜈蚣 C. 地蜈蚣 D、E. 马陆 F. 蚰蜒

石蜈蚣目 Lithobiomorpha

身体扁平，体长约5~35 mm。头部具触角1对，无眼到多对单眼；具15对步足；喜食小昆虫，性畏日光，昼伏夜出；具孵卵育幼习性，增节变态（图3-30B）。

地蜈蚣目 Geophilomorpha

身体细长或宽带状，体长约5~195 mm。多数头部矩形，触角短，14节，无眼，步足很短，27~191对，行动缓慢；最后一对步足向身体后方延伸，基节膨胀，腺孔多数；幼体与成体体节数相同，具孵卵育幼习性（图3-30C）。

蚰蜒目 Scutigeromorpha

身体短，5~20 mm，宽3~5 mm；头部圆形，有一对大的类似于昆虫的拟复眼。触角多节，长鞭状，常超过400节，第二小颚步足形；躯干部近圆筒状，18体节，但只有10块背板，8块较大；步足15对，细长，跗节分成多数小节，行动迅速；气孔不成对；雌体1对生殖肢，雄体2对生殖肢，增节变态（图3-30F）。

② 倍足纲 Diplopoda

倍足纲通称马陆（Millipedes），又称千足虫。陆生，体多呈圆柱形，少数细长，背腹扁平，体长约2~300 mm；外骨骼富含钙质，体壁坚硬；头部前凸，前缘有一对7节的触角，具聚合眼，或无眼；口器包括背侧上唇、一对大颚和一对小颚联合形成的颚唇，无毒爪。躯干部体节多数，11~192节不等，第1节和最末节通常无足，第2~4节各具步足1对，从第5节开始，每节具2对步足，故称倍足类。步足短，位于腹面；多数马陆的第7节附肢特化成交配器官，生殖孔一对，位于第三躯干节腹面；气孔位于足基节前，肛门开口于尾节腹面；增节变态；一般黑褐色或稍有红、橘色，有杂色斑点；栖息于石下、土壤或洞穴内等阴暗潮湿的环境；不善运动，多负趋光性，受刺激或惊扰时，常卷曲成环状或球状；主要以绿色植物的枯枝烂叶、真菌菌丝以及细菌等腐殖质为食（图3-30E）。

图3-31　鼠妇

A. 潮虫 B. 鼠妇虫 C、D. 卷甲虫

（10）鼠妇

鼠妇（Pillbug，Woodlice，Slater）又称“潮虫”，属节肢动物门甲壳动物亚门 Crustacea 软甲纲 Malacostraca 等足目 Isopoda 潮虫亚目 Oniscidea。鼠妇的种类较多，体多呈长瓜子形，长

5~15 mm，背腹扁平显著，呈灰褐色或灰蓝色；受惊吓后会卷曲成团，草食性，咀嚼式口器，为甲壳动物中唯一完全适应于陆地生活的动物。腮呼吸，而腮只能在湿润的环境中运作，故鼠妇不能生活在干燥环境中。从海边一直到海拔5000 m 左右的高地都有分布。第一触角短小，后7对胸肢变成步足，血呈白色。昼伏夜出，具负趋光性、假死性。外壳有层薄薄的油，不易被蜘蛛网等粘住，在田间主要危害黄瓜、西红柿、油菜等作物。常见种类有潮虫科 Oniscidae、鼠妇虫科 Porcellionidae、卷甲虫科 Armadillidiidae、卷壳虫科 Armadillidae 等（图3-31）。

四、空间无脊椎动物

指主要生活于地表上方的植物枝叶间，可飞行或游猎、结网的无脊椎动物。主要包括喜欢栖息于高处或可飞行至高处的昆虫和在高处结网或游猎的蜘蛛等类群。

1. 采集方法

（1）网捕法：这是野外实习中最基本的捕捉昆虫和蜘蛛的方法。一般对飞翔、跳跃或在高处停留或结网的昆虫和蜘蛛适用，可避免由于采集者距离很近时被虫子发现而逃走。

（2）观察法：野外要发现虫子，应充分调动人体的感觉器官“眼观六路，耳听八方”，不能等老师发现后再告诉同学。因此，每位实习者都应主动观察，寻找目标，如听声音，树上发出的鸣声可判定为蝉这类昆虫，螽蟖生活于草丛的叶片上，而蟋蟀多在地面生活，从声音发出的地方可判断是哪种昆虫；还如，蚜虫在取食过程中，排出许多含糖液体，蚂蚁以此为食，形成很亲密的伙伴关系。因此，蚜虫多的地方必定有蚂蚁出现。同时，瓢虫的幼虫以蚜虫为食，在蚜虫多的地方不仅可发现瓢虫的幼虫、成虫，还会发现瓢虫的蛹，若能发现卵就可以制作成一套“益虫生活史标本”。再如，植物叶片形成的虫瘿，叶片被咬的新鲜程度，叶片表面留下的孔道，树干上留下的孔洞，以及四周的粪便等都是观察的内容。

（3）搜索法：每选定一个实习场所，不能走马观花，要采用搜索的方式。除了少量在外面活动的昆虫以外，绝大多数都隐蔽在不同的地方。腐烂、潮湿的树叶下或腐草堆中，可发现多种鞘翅目昆虫，特别是昆虫纲、无翅亚纲的小型种类往往多在此处被发现。砖头、石块是搜索中不可忽略的地方，无翅亚纲的种类以及蠼螋也往往被发现在此生境中。树皮下或朽木中生活的种类不少，用小刀将树皮松动的地方挑开或将朽木挖开，可发现许多鞘翅目的昆虫；在潮湿的朽木中，可发现白蚁，有时为蚂蚁；动物的尸体或粪便下，甲虫类、粪金龟是这种场所的常客。蚁巢和白蚁巢中，以及蜂巢、鸟巢、兽巢穴中均应仔细搜索，可获得许多不常见的标本，如食毛目和虱目的种类，鸟、兽体上也可获得寄生昆虫。

（4）振落法：有些昆虫，当受到惊扰或震动时，会从栖息处掉至地面，过一会儿环境安静时才爬起来逃走，称为假死，如瓢虫、金龟子、锹形甲、叶甲等，竹节虫、脉翅目和半翅目的种类也有假死性种类。这些昆虫的采集多用振落法。采集时在树下垫上一块白布或其他反差较大的物体都行，也可用采集伞或将自备雨伞翻过来，柄向上放于树下，然后猛击树干或敲打树枝树叶，使其落入收集工具中。使用这种方法，由于忽然袭击，没有假死性的种类也会因其不备而被振落；也可使有的种类因受到惊吓产生移动，或飞或爬走，而暴露了目标，有利于用网捕捉。采集标本随时要敲敲打打，原因就在于此。

（5）引诱法：昆虫的一生中，取食和繁殖是最重要的生物学问题，可利用其趋光性、趋食性、趋化性、趋异性等本能活动，进行引诱采集。如趋异性，又称异性诱集法。利用某些昆虫能向环境中分泌性激素引诱异性前来交配的原理，首先捕获一只蚕蛾或大蚕蛾，需未交配过的，可从蛹羽化后获得这样的雌蛾，囚于笼中，挂在室外，能诱来许多雄蛾。当抓住一只雌蜻蜓时，用细线缚住，任其飞行，可引诱雄性前来交配，当雄性将雌性紧紧抓住时，捕捉是很容易的事情。

（6）诱虫灯（黑光灯）：市场购买。应安装在田野植物众多的地方或选择校园的制高点，每天黄昏装好毒瓶，把灯打开，次日早上关灯，每晚都能诱来许多昆虫。

2. 标本制作方法

昆虫在制作标本前均需杀死，可用毒瓶。

毒瓶的制作：可用广口瓶或专门的特制毒瓶。制作时先在瓶内放5g氰化钾（KCN）块或粉末，上盖一层（约2cm）干木屑，用木棒压紧，再在木屑上浇铸一层（约1cm）熟石膏糊或干粉，用干粉时需压实后用吸管吸水滴于其上使表面全部浸湿。最后用滤纸剪一圆纸铺于石膏表面，并用解剖针在纸上扎孔（5~8个），以利于毒气通过。为避免瓶中的昆虫在死之前互相撞扑，可在瓶内放少量1cm宽的长纸条。在瓶外，应以红色“毒瓶”或“剧毒”等鲜明字样制作标签贴于其上。

毒瓶的使用：在野外使用时，毒瓶应放于操作者的下风口打开；观察瓶内标本时，应隔瓶侧观，不可打开瓶子将鼻子靠近瓶口观察。平时应由专人负责，妥善保管，严防顽童窃走或遗失。毒瓶损坏后应注意善后工作，不得一走了之，碎渣毒物应一律挖坑深埋。

乙酸乙酯：无色透明液体，有水果香。易挥发，对眼、鼻、咽喉有刺激作用。由于氰化钾有剧毒，故建议使用乙酸乙酯替代之。乙酸乙酯可以用来制作简易毒瓶。

其余空间无脊椎动物标本的制作方法见土壤无脊椎动物中蜘蛛和昆虫的制作方法。

3. 代表类群

（1）昆虫

① 鳞翅目 Lepidoptera

通常包括蝶和蛾两大类。成虫体小至大型，体、翅及附肢均密被鳞片；口器虹吸式，少数咀嚼式或退化；复眼发达，单眼2个或无；触角呈丝状、棒状、栉齿状等；各胸节趋于愈合；足细长；翅膜质，少数种类的雌虫无翅或退化；腹部10节，雄虫腹部第9~10节演变成外生殖器。全变态。成虫蝶类白天活动，蛾类多在夜间活动、常有趋光性。幼虫绝大多数植食性，是农、林、果、蔬的重要害虫，或重要的地下害虫；部分幼虫为害仓储粮食、物品或皮毛。成虫取食花蜜，对植物起传粉作用。

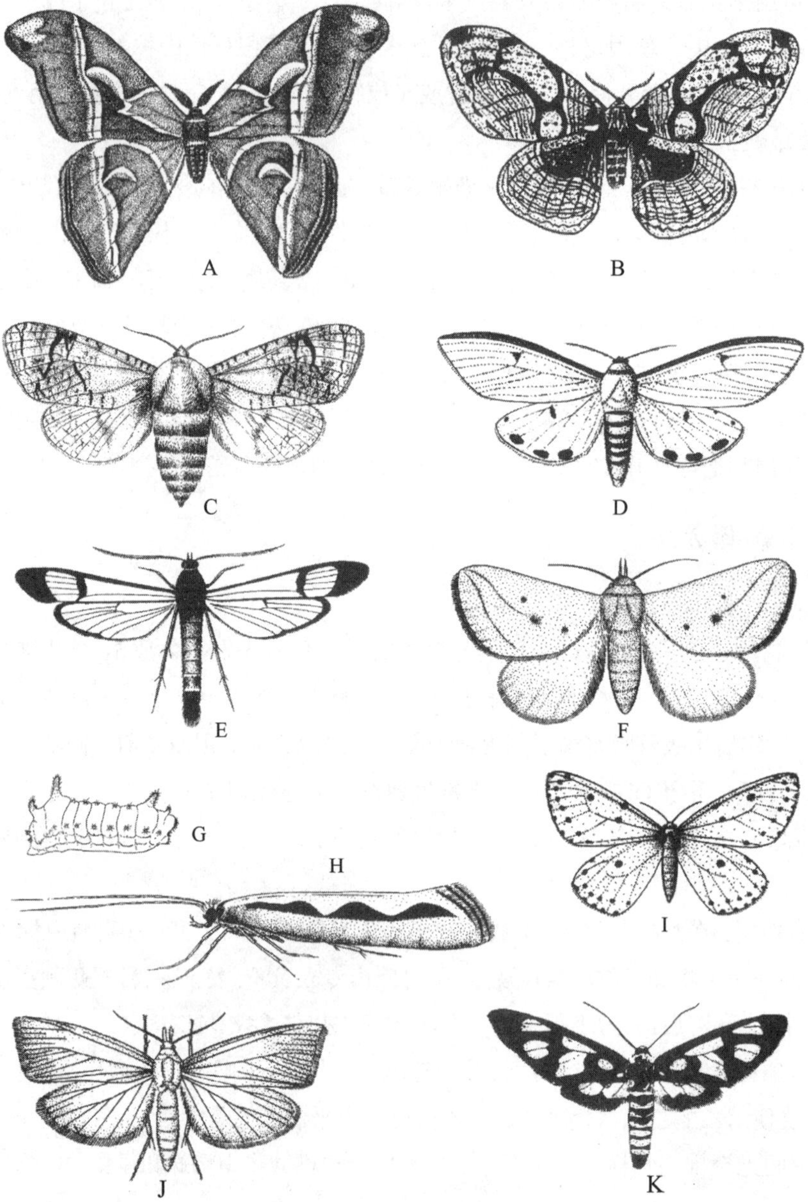

图 3-32 常见蛾类

A. 蓖麻蚕 B. 枯球箩纹蛾 C. 芳香木蠹蛾 D. 红缘灯蛾 E. 苹果透翅蛾 F. 黄刺蛾 G. 黄刺蛾的幼虫 H. 菜蛾 I. 女贞尺蛾 J. 二化螟 K. 中华鹿蛾

常见蛾类，如天蚕蛾科 Sphingidae（蓖麻蚕 *Samia cynthia ricina*）、箩纹蛾科 Brahmaeidae（枯球箩纹蛾 *Brahmophthalma wallichii*、银杏天蚕蛾 *Saturnia japonica*）、木蠹蛾科 Cossidae（芳香木蠹蛾 *Cossus cossus*）、灯蛾科 Arctiidae（红缘灯蛾 *Amsacta lactinea*）、透翅蛾科 Sesiidae（苹果透翅蛾 *Conopia hector*）、刺蛾科 Limacodidae（黄刺蛾 *Cnidocampa flavescens*）、菜蛾科 Plutellidae（菜蛾 *Pultella xylostella*）、尺蛾科 Geometridae（女贞尺蛾 *Naxa seriaria*）、螟蛾科 Pyralididae（二化

螟 *Chilo infuscatellus*)和鹿蛾科 Ctenuchidae(中华鹿蛾 *Amata sinensis*)等(图3-32；图版 IX:G)。

常见蝶类，如环蝶科 Amathusiidae(箭环蝶 *Stichophthalma hawqua*)、蛱蝶科 Nymphalidae(斐豹蛱蝶 *Argyreus hyperbius*、枯叶蛱蝶 *Kallima inachis*、秀蛱蝶 *Pseudergolis wedah*)、凤蝶科 Papilionidae(金凤蝶 *Papili machaon*)、绢蝶科 Parnassiidae(红珠绢蝶 *Parnassius bremeri*)、眼蝶科 Satyridae(稻眉眼蝶 *Myclaesis gotama*)、弄蝶科 Hesperiidae(直纹稻弄蝶 *Parnara guttata*)和粉蝶科 Pieridae(菜粉蝶 *Pieris rapae*)等(图3-33；图版 IX:H、I)。

图 3-33 常见蝶类

A. 箭环蝶 B. 斐豹蛱蝶 C. 金凤蝶 D. 红珠绢蝶 E. 稻眉眼蝶 F. 直纹稻弄蝶 G. 菜粉蝶(仿周尧)

② 膜翅目 Hymenoptera

主要特征见前述膜翅目。蜂类是主要出现在地表以上空间的膜翅目昆虫。如叶蜂科 Tenthredinidae(小麦叶蜂 *Dolerus tritici*)、姬蜂科 Ichneumonidae(横带驼姬蜂 *Goryphus basilaris*)、胡蜂科 Vespidae(普通长足胡蜂 *Polistes olivaceus*)、赤眼蜂科 Trichogrammatidae(稻螟赤眼蜂 *Trichogramma japonicum*)、蜜蜂科 Apidae(中华蜜蜂 *Apis cerana*、熊蜂 *Bombus* sp.)、蜾蠃科

Eumenidae（尾带蜾蠃 *Eumenes* sp.）、泥蜂科 Sphecidae（黑足泥蜂 *Sphex subtruncatus*）、小蜂科 Chalalcididae（黑角洼头小蜂 *Kriechbaumerella nigricoris*）、金小蜂科 Pteromalidae（稻苞虫金小蜂 *Trichomalopsis apanteloctena*）、土蜂科 Scoliidae（中华土蜂 *Scolia sinensis*）和蛛蜂科 Pompilidae（强力蛛蜂 *Batozonellus lacerticida*）等（图3-34，图3-35；图版 IX：J）。

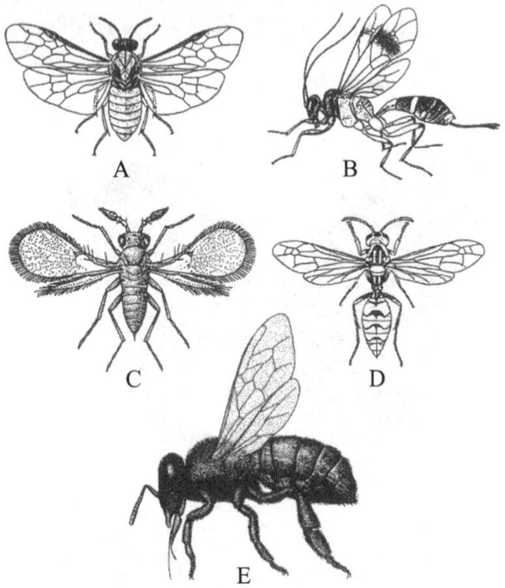

图 3-34 蜂类代表（一）

A. 小麦叶蜂 B. 横带驼姬蜂 C. 稻螟赤眼蜂 D. 普通长足胡蜂 E. 中华蜜蜂（B. 仿赵修复 C. 仿庞雄飞；其他仿周尧）

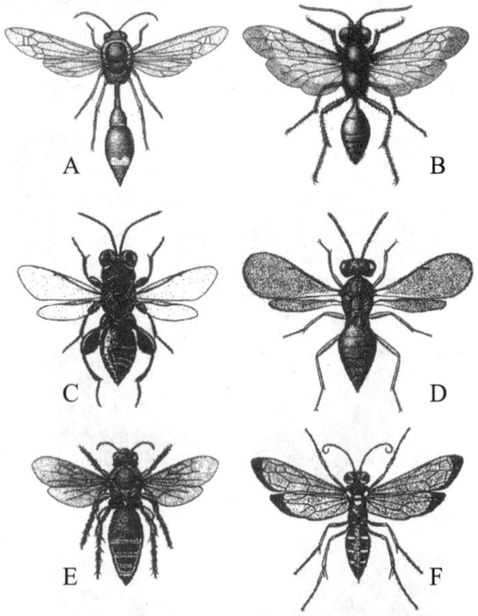

图 3-35 蜂类代表（二）

A. 尾带蜾蠃 B. 黑足泥蜂 C. 黑角洼头小蜂 D. 稻苞虫金小蜂 E. 中华土蜂 F. 强力蛛蜂（A，F. 仿周尧 B，E. 仿彩万志 C. 仿侯伯鑫；D. 仿王履浙）

③ 竹节虫目 Phasmatodea

成虫体通常为中到大型，最长的竹节虫体长可达357mm。体躯延长呈棒状或阔叶状；头小，前口式；口器为咀嚼式；复眼小；单眼2或3个或无；前胸小，中胸和后胸伸长，后胸与腹部第1节常愈合；有翅或无翅；腹部长，环节相似，尾须不分节。渐变态。以卵或成虫越冬。雌虫常孤雌生殖，雄虫常较少，未受精卵多发育为雌虫。稚虫的足可以再生。成虫多不能或不善飞翔。生活于草丛或林木上，以叶片为食，几乎所有的种类均具极佳的拟态。大部分种类身体细长，模拟植物枝条，如棉杆蝻*Sipyloidea sipylus*；少数种类身体宽扁，鲜绿色，模拟植物叶片，如叶蝻*Phyllium siccifolium*。竹节虫一般白天不活动，夜间寻食叶片。多生活在高山、密林和生境复杂的环境中。植食性，多以灌木和乔木的叶片为食，危害森林（图3-36）。

④ 直翅目 Orthoptera

主要特征见前述直翅目。螽蟖科的昆虫通常生活在地面以上的草丛或灌木丛中。如中华露螽 *Phaneroptera sinensis*、络纬螽（纺织娘）*Mecopoda elongata*、乌苏里螽 *Gampsocleisussuriensis* 和蟋螽 *Gryllacris elbenioides*、翡螽 *Phyllomimus* sp.（图3-37；图版 IX：K）。

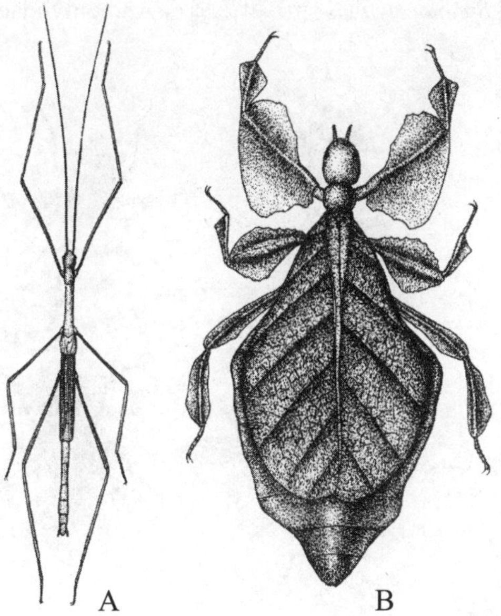

图 3-36　竹节虫

A. 棉杆䗛 B. 叶䗛(仿周尧)

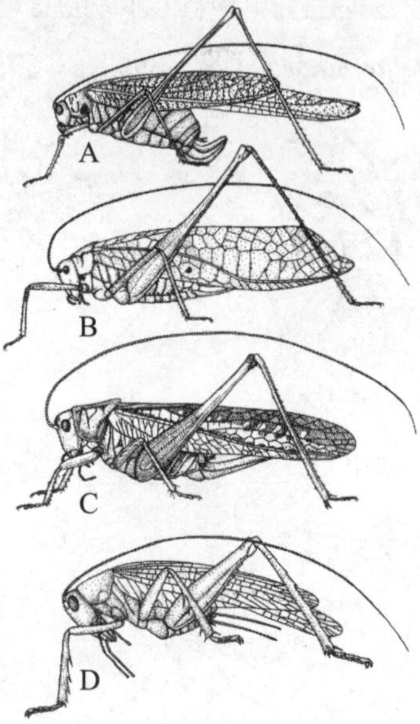

图 3-37　空间常见直翅目昆虫（螽斯亚目）

A. 中华露螽 B. 络纬螽 C. 乌苏里螽 D. 蟋螽(仿袁锋等)

⑤ 双翅目 Diptera

包括蚊、蝇、蠓、蚋、虻等。它们适应性强，个体和种类的数量多。成虫体小至中型，下口式；高等蝇类头部具一倒“U”字形缝；复眼大，常占头的大部分；单眼2个(如蠓)、3个(如蝇科)或缺(如蚋科)；触角丝状、短角状或具芒状；口器刺吸式、舐吸式、刮舐式或退化；中胸发达；前、后胸极度退化；前翅膜质，翅脉相对简单，后翅特化为平衡棒。全变态。幼虫体分节，头有或无，口器不显著，眼常无，无真正分节的足，蠕虫状，称为蛆，根据头部发达或退化分：全头型、半头型和无头型3种类型；幼虫大部分为陆栖，少部分为水栖，常生活于淡水中，也有栖息于海水或盐水中。成虫极善飞翔，是昆虫中飞行最敏捷的类群之一，也有一些种类的翅与足均特化而适于游泳，常白天活动，少数种类黄昏或夜间活动。如大蚊科 Tipulidae(稻根蛆 *Tipula praepotens*、短柄大蚊 *Nephrotoma* sp.)、瘿蚊科 Cecidomyiidae (麦红吸浆虫 *Sitodiplosis mosellana*)、蚊科 Culicidae (中华按蚊 *Anopheles sinensis*)、实蝇科 Tephritidae (柑橘大实蝇 *Tetradacus citri*)、食蚜蝇科 Syrphidae (黑带食蚜蝇 *Episyrphus balteata*)、蜂虻科 Bombyliidae(大蜂虻 *Bymbylius major*)、食虫虻科 Aslidae (盗虻 *Antipalus* sp.)、虻科 Tabanidae (牛虻 *Tabanus amaenus*)、水虻科 Stratiomyidae (金黄指突水虻 *Ptecticus aurifer*)、秆蝇科 Chloropidae (麦秆蝇 *Meromyza saltotrix*)、潜蝇科 Agromyzidae (豌豆潜叶蝇 *Phytomyza atricornis*)、果蝇科 Drosophilidae (黄猩猩果蝇 *Drosophila melanogaster*)、丽蝇科 Calliphoridae (大头金蝇 *Chrysomya megacephala*)、蝇科 Muscidae (家蝇 *Musca domestica*)、麻蝇科 Sarcophagidae (肥须亚麻蝇 *Parasarcophaga crassipalpis*)、寄蝇科 Tachinidae (粘虫缺须寄蝇

Cuphocera varia)、甲蝇科 Celyphidae（狭须甲蝇 *Spaniocelyphus* sp.）和花蝇科 Anthomyiidae（灰地种蝇 *Delia platura*）（图3-38；图3-39；图版 X：A~C）。

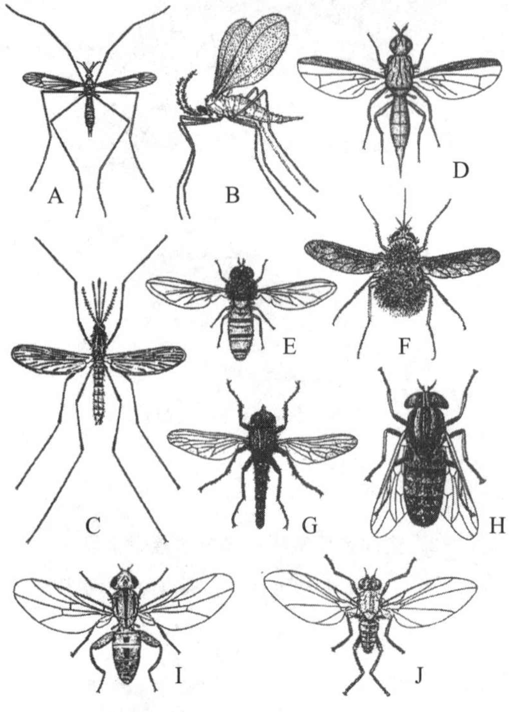

图 3-38 双翅目代表（一）

A. 稻根蛆 B. 麦红吸浆虫 C. 中华按蚊 D. 柑橘大实蝇 E. 黑带食蚜蝇 F. 大蜂虻 G. 盗虻 H. 牛虻 I. 麦秆蝇 J. 豌豆潜叶蝇（A. 仿高桥；C. 仿李凤荪；其他仿周尧）

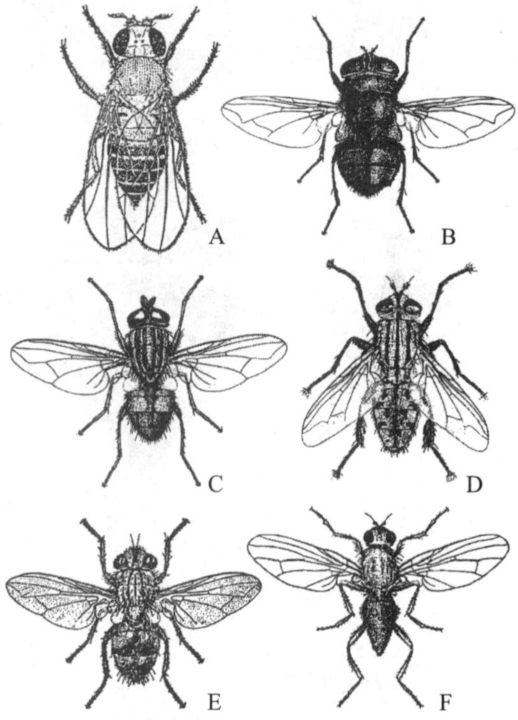

图 3-39 双翅目代表（二）

A. 黄猩猩果蝇 B. 大头金蝇 C. 家蝇 D. 肥须亚麻蝇；E. 粘虫缺须寄蝇 F. 灰地种蝇（A，F. 仿周尧；B，C，D. 仿范滋德；E. 仿赵建铭）

⑥ 螳螂目 Mantodea

成虫体中至大型，细长，多为绿色，少为褐色或具花斑。头大，呈三角形，且活动自如；复眼突出，单眼3个，排成三角形；触角长，丝状；口器咀嚼式，上颚强劲；前足捕捉式；中、后足适于步行；前翅皮质，为覆翅，后翅膜质，臀区发达，扇状，休息时叠于背上；腹部肥大，雌、雄背板可见9节，腹面雌只见6节，雄可见9节，产卵器不突出，尾须1对、短。渐变态。卵产于卵鞘内。一般1年1代，以卵在卵鞘中越冬，有些种类行孤雌生殖。有保护色，有的并有拟态，与其所处环境相似。如中华大刀螳 *Tendodera sinensis*（图3-40）。

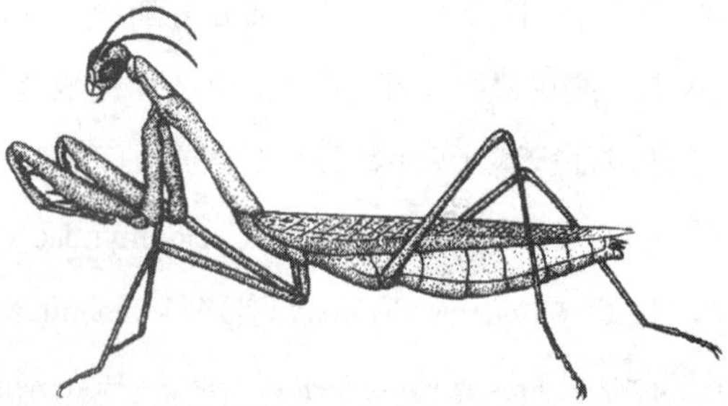

图3-40 螳螂目的代表——中华大刀螳（仿周尧）

⑦ 半翅目 Hemiptera

包括各种蝽、蝉、蚜虫和飞虱等昆虫。成虫体小至大型；头部后口式；口器刺吸式，喙管从头部后方伸出，多为3节，蝽类的喙管从头前端伸出，通常4节，休息时沿身体腹面向后伸；触角多为丝状，部分刚毛状；复眼发达，突出于头部两侧；单眼2或3个，位于复眼稍后方，少数种类无单眼；前胸背板发达，通常呈六角形，有的呈长颈状，两侧突出呈角状；中胸小盾片发达，通常呈三角形；前翅质地均匀，膜质或革质，休息时常呈屋脊状放置，有些蚜虫和雌性蚧壳虫无翅，雄性蚧壳虫后翅退化为平衡棍。蝽类前翅基半部骨化成革质，端半部膜质，为半鞘翅；足的类型因栖境和食性而异，包括步行足、捕捉足、游泳足和开掘足等，跗节1~3节；部分种类具蜡腺或臭腺；少数种类能发声或发光。渐变态；许多种类具趋光性。多植食性。如盾蝽科Scutelleridae（丽盾蝽 *Chrysocoris grandis*）、兜蝽科 Dinidoridae（九香虫 *Aspongopus chinensis*）、蝽科Pentatomidae（斑须蝽 *Dolycoris baccarum*）、荔蝽科 Tessaratomidae（荔蝽 *Tessaratoma papillosa*、硕蝽 *Eurostus ochraceus*）、长蝽科 Lygaeidae（红脊长蝽 *Tropidothorax elegans*）、龟蝽科 Plataspidae（刺盾圆盾蝽 *Coptosoma lasciva*）、红蝽科 Pyrrhocoridae（叉带棉红蝽 *Dysdercus cingulatus*）、姬蝽科Nabidae（类原姬蝽 *Nabis punctatus mimoferus*）、猎蝽科 Reduviidae（广锥猎蝽 *Triatoma rubrofasciata*、四川犀猎蝽 *Sycanus sichuanensis*）、异蝽科 Urostylidae（匙突娇异蝽 *Urostylis striicornis*）、盲蝽科 Miridae（三点盲蝽 *Adelphocoris fasciaticollis*）、花蝽科 *Anthocoridae*（微小花蝽 *Orius minutes*）、蝉科 Cicadidae（鸣鸣蝉 *Oncotympana maculicollis*）、叶蝉科 Cicadellidae（二星叶蝉 *Erythroneura apicalis*、窗翅叶蝉 *Mileewa margheritae*）、沫蝉科 Cercopidae（白带沫蝉 *Aphrophora intermedia*）、飞虱科 Delphacidae（灰飞虱 *Laodelphax striatella*）、蜡蝉科 Fulgoridae（斑衣蜡蝉 *Lycorma delicatula*、白痣广翅蜡蝉 *Ricanula sublimata*）和角蝉科 *Membracidae*（苹果红脊角蝉 *Machaerotypus mali*）等（图3-41，图3-42，图3-43；图版 X：D~G）。

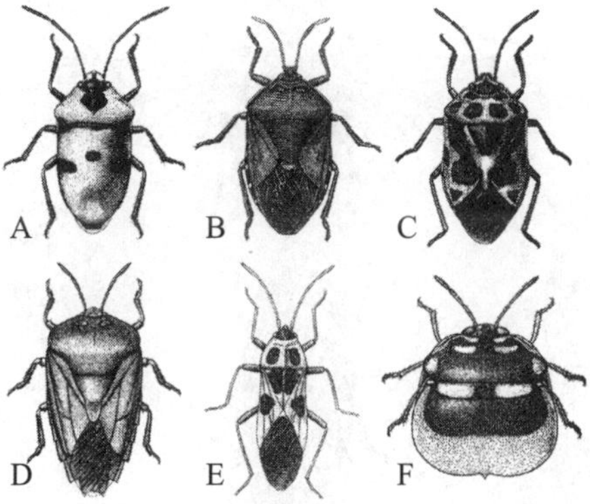

图 3-41　半翅目的代表（一）

A. 丽盾蝽 B. 九香虫 C. 斑须蝽 D. 荔蝽 E. 红脊长蝽 F. 刺盾圆盾蝽（仿彩万志）

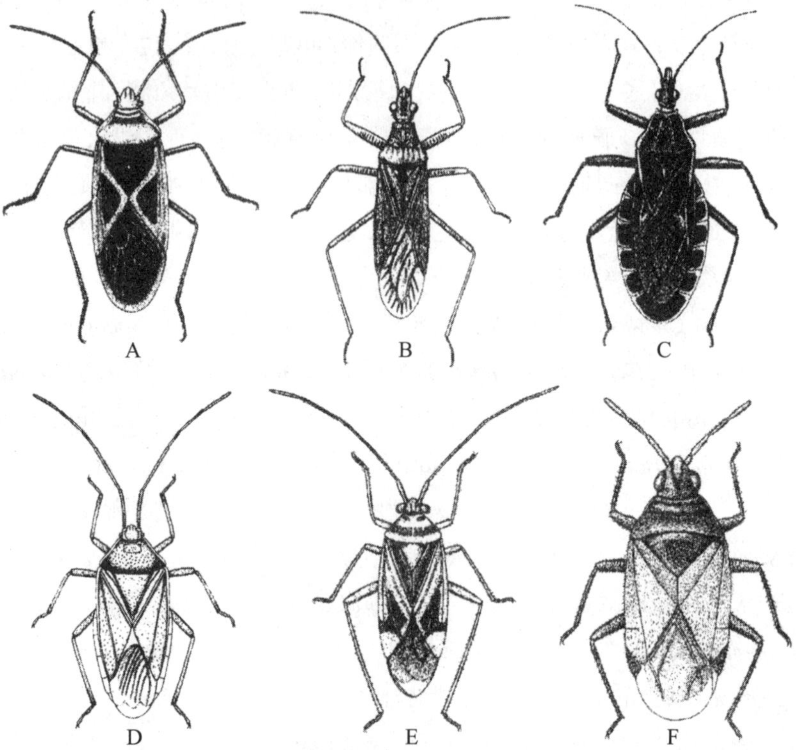

图 3-42 半翅目的代表（二）

A. 叉带棉红蝽 B. 类原姬蝽 C. 广锥猎蝽 D. 匙突娇异蝽 E. 三点盲蝽 F. 微小花蝽（仿彩万志）

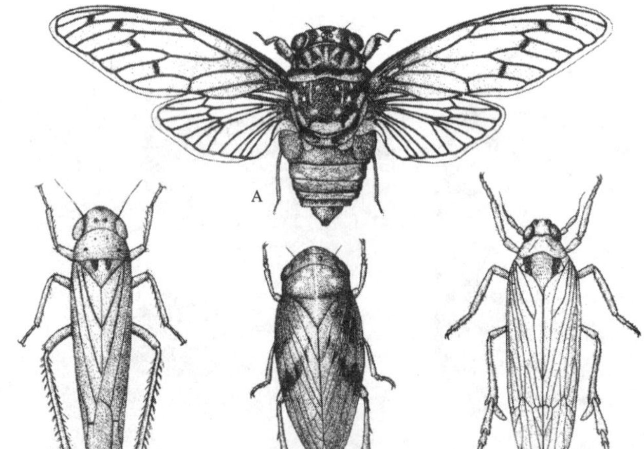

图 3-43 半翅目的代表（三）

A. 鸣鸣蝉 B. 二星叶蝉 C. 白带沫蝉 D. 灰飞虱 E. 斑衣蜡蝉 F. 苹果红脊角蝉（仿彩万志）

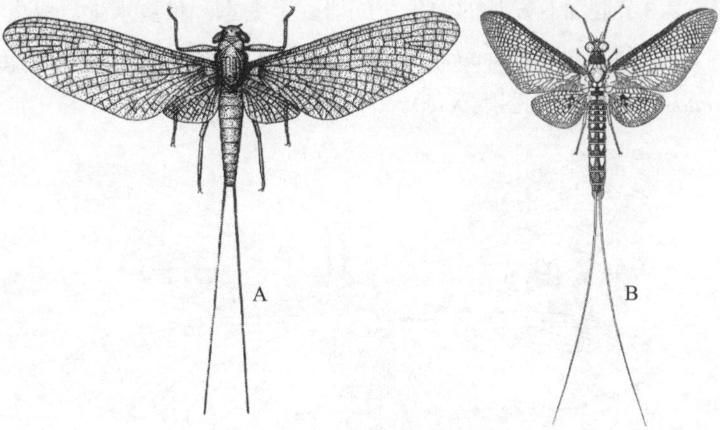

图 3-44　蜉蝣目的代表

A. 短丝蜉　B. Hexagenia sp.（A. 仿周尧；B. 仿 Needham）

图 3-45　蜻蜓目的代表——春蜓（仿周尧）

⑧ 蜉蝣目 Ephemeroptera

成虫体小至中型，细长，体壁柔软、薄而有光泽，常为白色和淡黄色；复眼发达，单眼3个；触角短，刚毛状；口器为咀嚼式，但上下颚退化；翅膜质，前翅很大、三角形；后翅退化，小于前翅，翅脉原始，多纵脉和横脉，呈网状，休息时竖立在身体背面；雄虫前足延长，用于在飞行中抓住雌虫；腹部末端两侧着生1对长丝状尾须，一些种类还有一根长的中尾丝。

原变态，在春夏之交常大量发生。具有亚成虫期。成虫不取食，寿命只有数小时到几天。常在溪流、滩湖附近活动，飞行姿态优雅美丽。如短丝蜉科 Siphlonuridae（短丝蜉 *Siphlonurus* sp.）和四节蜉科 Baetidae（二翅蜉 *Cloeon* sp.）（图3-44；图版 X：K）。

⑨ 蜻蜓目 Odonata

包括人们常说的蜻蜓和豆娘。成虫多为中至大型，细长，20~150 mm，体壁坚硬，体色艳丽；头大且转动灵活；复眼极其发达，占头部的大部分，单眼3个；触角短，刚毛状，3~7节；口器为咀嚼式；前胸小，较细如颈；中、后胸愈合成强大的翅胸；翅狭长，膜质、透明，前、后翅近等长，翅脉网状、多横脉，有翅痣和翅结，休息时平伸或直立，不能折叠于背上；足细长；腹部细长，具尾须；雄虫腹部第2、3节腹面有发达的次生交配器。半变态。稚虫水生。成虫飞行迅速敏捷，是重要的益虫。如春蜓科 Gomphidae（春蜓 *Gomphus* sp.）和色蟌科 Calopterygidae（神女单脉色蟌 *Matrona oreades*）（图3-45；图版 X：J）。

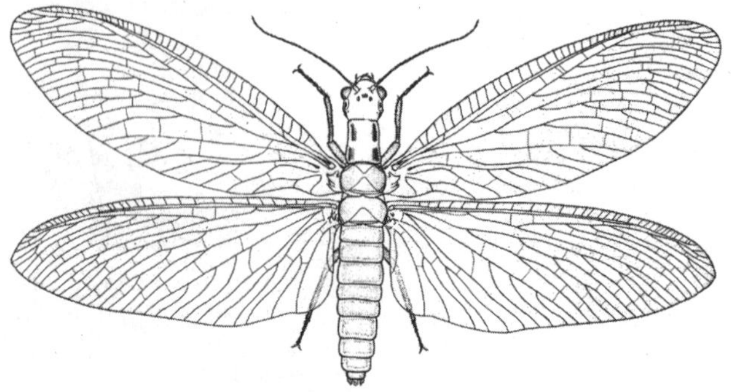

图 3-46 广翅目的代表——花边星齿蛉（仿杨定等）

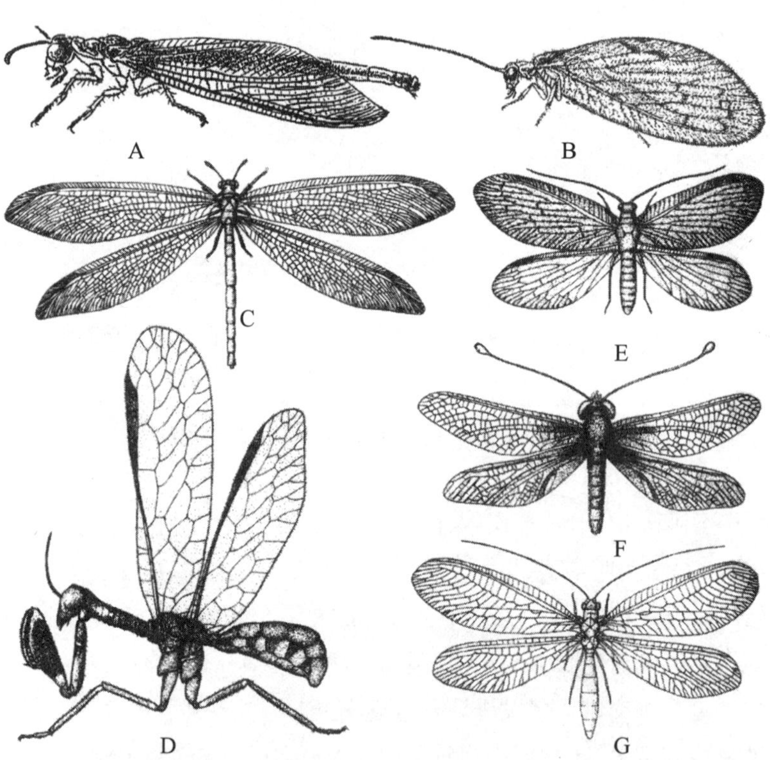

图 3-47 脉翅目的代表

A. 穴蚁蛉 B. 双钩齐褐蛉 C. 蚁蛉 D. 豫黑矢螳蛉 E. 全北褐蛉 F. 黄花蝶角蛉 G. 叶色草蛉

（A、B、D、E. 仿杨集昆；C、F、G. 仿周尧）

⑩ 广翅目 Megaloptera

成虫小至大型，外形与脉翅目相似。头大，多呈方形，前口式；口器为咀嚼式，部分种类雄虫上颚极长；复眼大，半球形。翅宽大，膜质、透明或半透明，前后翅形相似，但后翅具发达的臀区；脉序复杂，呈网状，无缘饰。完全变态。生活史1~5年。成虫白天停息在水边岩石或植物上，多数种类夜间活动，具趋光性。如齿蛉科 Corydalidae（花边星齿蛉 *Protohermes costalis*、圆端斑鱼蛉 *Neochauliodes rotundatus*）（图3-46；图版 X：I）。

⑪ 脉翅目 Neuroptera

成虫飞翔力弱，多数具趋光性。如蚁蛉科 Myrmeleontidae（蚁蛉 *Myrmeleon formicarius* 和穴蚁蛉 *Grocus* sp.）、褐蛉科 Hemerobiidae（双钩齐褐蛉 *Kimminsia bihamita* 和全北褐蛉 *Haemerobius humuii*）、螳蛉科 Mantispidae（豫黑矢螳蛉 *Sagittalata yuata*）、蝶蛉科 Psychopsidae（黄花蝶角蛉 *Ascalaphus sibericus*）、草蛉科 Chrysopidae（叶色草蛉 *Chrysopa phylloshroma*、武陵意草蛉 *Italochrysa wulingshana*）等（图3-47；图版 X：H）。

（2）蜘蛛

① 园蛛科 Araneidae

通常腹部肥大近圆形且结圆形网，体长约2~60 mm。8眼排成2横列，着生在头区前端，中眼域方形或梯形，前、后侧眼常接近并着生在头区前端两侧的眼丘上，与中眼远离。螯肢粗壮。步足多刺，跗节具3爪。雄蛛触肢跗节（跗舟）基部通常具有一个钩状突起（副跗舟）。雌蛛外雌器腹面通常具一垂体。多数种类在春夏季成熟，雄蛛通常个体明显小于雌蛛，且雌雄蛛存在异型现象（即同一种的雌蛛和雄蛛在体型、体色和斑纹等方面存在差异）。如悦目金蛛 *Argiope amoena*、库氏棘腹蛛 *Gasteracantha kuhli*、山地亮腹蛛 *Singa alpigena* 和长腹艾蛛 *Cyclosa ginnaga*、横纹金蛛 *Argiope bruennichi* 等（图3-48 A-D；图版 VIII：F）。

②络新妇科 Nephilidae

雌蛛体中到大型（10~100 mm），多数呈棒状，雄蛛极小（<4 mm）。背甲呈黑褐色，两侧缘或中间具浅色斑，背甲边缘具颗粒状小疣突。螯肢粗壮，步足呈黄褐色至浅褐色，具少量短而细的刺。腹部黄褐色，具很多暗色小斑点。雌蛛通常结大型车轮状圆网。雄蛛体长约为雌蛛的1/8~1/4，背甲黄褐色，无斑纹。腹部卵圆形，两侧缘无裂片。如棒络新妇 *Nephila clavata*（图3-48 E）。

③球蛛科 Theridiidae

体长约2~30 mm。多数种类具8眼，排成2列。多数种类第4步足跗节腹面有1列锯齿毛。雄蛛触肢的膝节和胫节均无突起，副跗舟位于跗舟远端或腔窝内。结不规则状小网。如温室拟肥腹蛛 *Parasteatoda tepidariorum*、日本拟肥腹蛛 *Parasteatoda japonica*、闪光丽蛛 *Chrysso scintillans*、拟红银斑蛛 *Argyrodes miltosus* 和蚓腹阿里蛛 *Ariamnes cylindrogaster* 等（图3-48 F~I；图版 VIII：G）。

④皿蛛科 Linyphiidae

体长约2~7 mm。8眼排成2列，前中眼为黑色。额较中眼域宽。中窝纵向或无。下唇前缘增厚，隆起，可活动。步足细长，跗节末端具3爪。有的种类雄蛛头部隆起，变化很大。雄蛛螯基外侧具发声脊。副跗舟为单一的分离骨片。在落叶层或植物枝、叶间结皿状网、乱网和碗状网。种类极多，为蜘蛛目第二大科。如卡氏盖蛛 *Neriene cavaleriei* 和明显盖蛛 *Neriene emphana*（图3-48 J、K）。

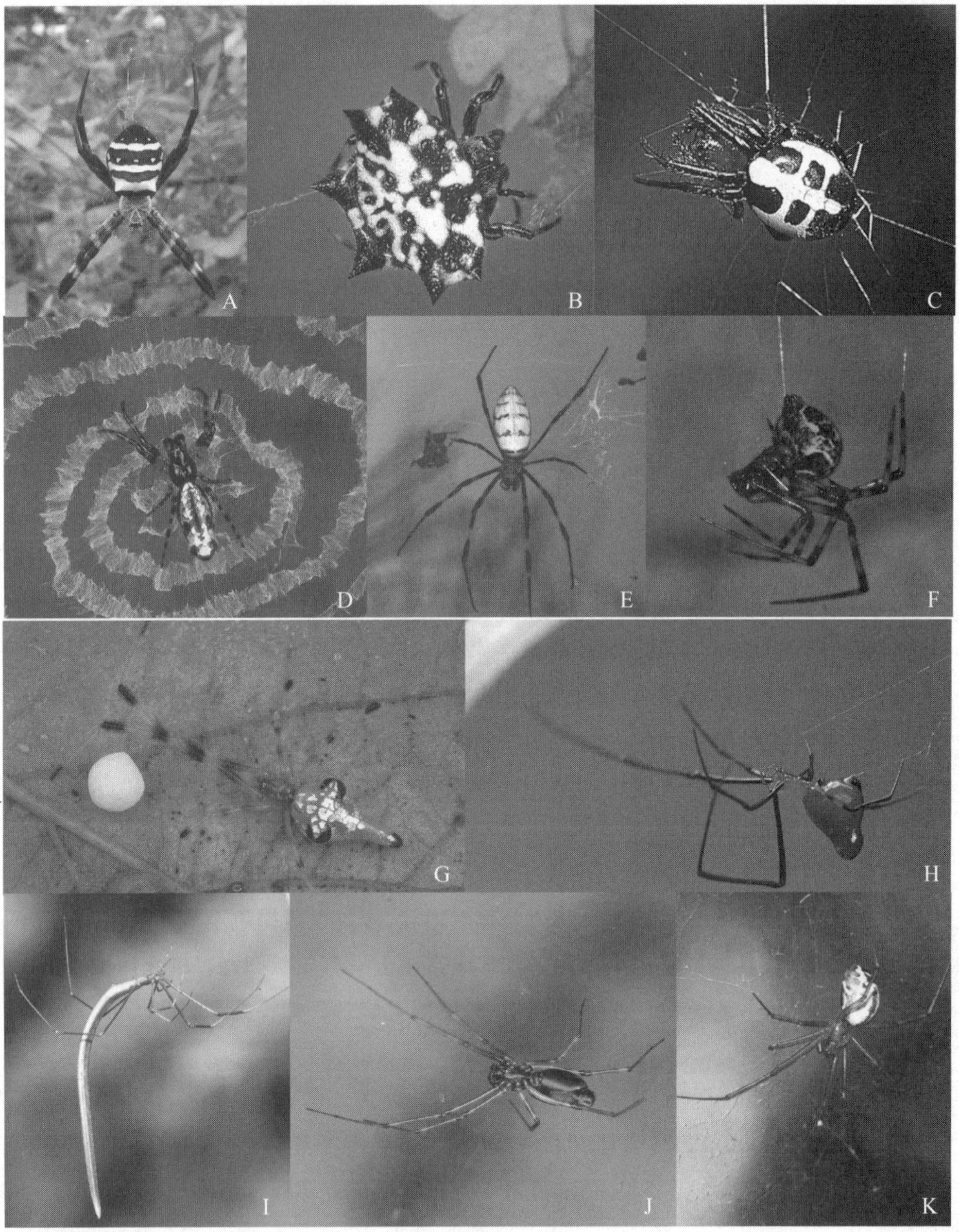

图 3-48 空间常见蜘蛛（一）

A. 悦目金蛛 B. 库氏棘腹蛛 C. 山地亮腹蛛 D. 长腹艾蛛 E. 棒络新妇 F. 温室拟肥腹蛛 G. 闪光丽蛛；

H. 拟红银斑蛛 I. 蚓腹阿里蛛 J. 卡氏盖蛛 K. 明显盖蛛

⑤肖蛸科 Tetragnathid*ae*

体长约2~40mm。8眼2列，通常均后凹。螯肢长明显大于宽，具明显的齿。步足细长，通常第Ⅳ步足腿节的前侧面有2列听毛。外雌器通常简单。生活在草丛、灌木丛、林间、林缘以及稻田、旱田、溪流、河岸等生境的植物上，通常结水平或稍倾斜的圆网。如西里银鳞蛛

Leucauge celebesiana、佐贺后鳞蛛 *Metleucauge kompirensis*、华丽肖蛸 *Tetragnatha nitens* 和锥腹肖蛸 *Tetragnatha maxillosa* 等(图3-49 A~D; 图版 VIII: H)。

⑥跳蛛科 Salticidae

体为小到中型。无筛器。背甲前端方形,长短各异。眼区常有成簇的刚毛。8眼3列,眼域占背甲的整个宽度;前列4眼朝向前方,前中眼很大,前侧眼稍小。步足较短,跗节有2爪,爪下有毛簇。腹部形状在不同属间变化较大。为蜘蛛目最为进化、多样性最为丰富的一个类群,视觉发达。如白斑猎蛛 *Evarcha albaria*、粗脚盘蛛 *Pancorius crassipes*、盘触拟蝇虎 *Plexippoides discifer*、蚁蛛 *Myrmarachne* sp. 和普氏散蛛 *Spartaeus platnicki* 等(图3-49 E~H; 图版 VIII: I)。

⑦猫蛛科 Oxyopidae

体长约4~15 mm。头区明显隆起。8眼4列(2-2-2-2),前中眼最小,其余6眼分3行,排成六角形。额高。步足上多直立的长刺。跗节具3爪。腹部颜色通常较鲜艳,具明显的斑纹,密布鳞状毛及黑色或白色的长毛。行动敏捷,善于跳跃。多不结网,游猎于草上及灌木丛中。如拟斜纹猫蛛 *Oxyopes sertatoides* 和锡金哈猫蛛 *Hamataliwa sikkimensis*(图3-49 I; 图版 VIII: J)。

⑧管巢蛛科 Clubionidae

体长约2~12 mm。8眼排成2列。眼域占头胸部宽的一半以上。螯肢有侧结节。步足前后伸展。后跗节和跗节腹面常有毛丛。步足跗节具2爪。无筛器或舌状体。产卵时常以丝将叶子卷成管状或折叶成苞(有的像粽子),故此得名。多活动于植物上,不结网,游猎捕食,如管巢蛛 *Clubiona* sp.(图3-49 K)。

⑨盗蛛科 Pisauridae

中到大型蜘蛛,最大的体长可达40 mm。8眼,呈4-2-2或2-4-2排列,后眼列强烈后凹。螯肢具明显的侧结节。步足长,胫节的腹面具成对的长刺。纺器3对,具舌状体。多为游猎型,少数种类结网捕食,常生活在水塘边、农田中、林间草丛及灌木丛中。在繁殖季节雌蛛以螯肢衔带卵袋,抱于胸板下。如驼盗蛛 *Pisaura lama*、黑斑狡蛛 *Dolomedes nigrimaculatus* 和赤条狡蛛 *Dolomedes saganus*(图3-49 J、L; 图版 VIII: K)。

⑩蟹蛛科 Thomisidae

体小到中型,体长约2~14 mm。身体壮实,头胸部和腹部多较短宽,步足向两侧伸展,能横行或后退。侧眼位于突出的眼丘上,明显大于中眼。前两对步足较后两对步足粗而长。跗节具2爪。无筛器,具舌状体。喜在地面、树干、草丛和花瓣间狩猎。如波纹花蟹蛛 *Xysticus croceus*(图版 VIII: L)。

图 3-49 空间常见蜘蛛（二）

A. 西里银鳞蛛 B. 佐贺后鳞蛛 C. 华丽肖蛸 D. 锥腹肖蛸 E. 白斑猎蛛 F. 粗脚盘蛛 G. 蚁蛛 H. 普氏散蛛 I. 拟斜纹猫蛛 J. 驼盗蛛 K. 管巢蛛 L. 赤条狡蛛

五、鱼类

鱼类是体被鳞片，用鳃呼吸，用鳍作为运动器官，用上下颌摄食的变温水生脊椎动物。鱼类种类繁多，地球上现存鱼类共有31000多种，分为硬骨鱼和软骨鱼两大类。

1. 采集方法

捕鱼用具：手网、小型撒网，必要时可用搬罾；盛鱼用具（水桶、面盆）；浸制标本用具：药液、福尔马林等；检查用具（显微镜、解剖器）；登记用具：标签、登记簿。分组到水田、水凼、池塘、缓流水溪，浅水河处用渔网捕捉鱼类，把捕鱼场地的水温、水深、透明度、水质（pH值，水色）记录下来，部分标本马上杀死，备做食性分析之用。

2. 标本制作方法

鱼类标本的浸制登记：将采到的不同种类的鱼处死后马上分别挂上号码，写入登记册，然后放入5%甲醛。1~3天检查一次，换一次浸制液（5%甲醛），即可永久保存。号码标签：用白布条（5cm × 2cm），用不褪色墨汁写上号码和采集地点，在每一尾鱼胸鳍基部用棉线将号码标签挂上，号码排列可用A.001等。

3. 代表种类

（1）胭脂鱼 *Myxocyprinus asiaticus*

胭脂鱼科，体形随生长而变化，幼时体高，成年体长。唇厚，上下唇均具乳头状突起。下咽齿一行，数多，呈梳状。背鳍条多，延至全臀鳍的后上方，成熟雄鱼的臀鳍及尾鳍具珠星。体色也随生长而变化，幼鱼体侧有3条黑褐色横斑，稍大则体色灰褐并渲染有红紫色的彩晕；成鱼体色粉红或略带青紫色，从吻端至尾鳍基有1条猩红色的宽条（图3-50）。

（2）长薄鳅 *Leptobotia elongate*

鳅科，体长，侧扁。头长而尖。颐下无钮状突起。须3对。眼很小。眼下刺不分叉。体侧具5~8条垂直带纹或不规则斑纹（图3-51）。

（3）泥鳅 *Misgurnus anguillicaudatus*

鳅科，体细长，前段略呈圆筒形。后部侧扁，腹部圆，头小。口小、下位，马蹄形。眼小，无眼下刺。须5对。鳞极其细小，圆形，埋于皮下。体背部及两侧灰黑色，全体有许多小的黑斑点，头部和各鳍上亦有许多黑色斑点，背鳍和尾鳍膜上的斑点排列成行，尾柄基部有一明显的黑斑。其他各鳍灰白色（图3-52）。

（4）马口鱼 *Opsariichthys bidens*

又名桃花鱼，鲤科，其上颌有凹口，下颌有一凸，两相嵌合是其特点。口角具1对短须。眼较小。体延长，侧扁，银灰带红色，具蓝色横纹。鳞细密，侧线在胸鳍上方显著下弯，沿体侧下部向后延伸，于臀鳍之后逐渐回升到尾柄中部。背鳍短小，起点位于体中央稍后，且后于腹鳍起点；胸鳍长；腹鳍短小；臀鳍发达，可伸达尾鳍基；尾鳍深叉。在生殖期间婚色（装）特别明显，此时雄鱼体则有紫红、金绿色斑纹，各鳍的末端呈鲜红色，吻部及鳍上有大的追星（图3-53）。

（5）青鱼 *Mylopharyngodon piceus*

鲤科，体呈长筒形，吻较草鱼尖，口端位，呈弧形。上颌稍长于下颌。无须。下咽齿1行，4枚，臼齿状。腹部平圆，无腹棱。背鳍和臀鳍无硬刺，背鳍与腹鳍相对。体背及体侧上半部青黑色，腹部灰白色，各鳍均呈灰黑色（图3-54）。

（6）草鱼 *Ctenopharyngodon idellus*

鲤科，体形与青鱼相仿，吻略钝，下咽齿2 行，呈梳形。体呈浅茶黄色，背部青灰，腹部灰白，胸、腹鳍略带灰黄，其他各鳍浅灰色（图3-55）。

（7）赤眼鳟 *Spualiobarbus curriculus*

鲤科，外形似草鱼。具2 对极短小的须。体呈长筒形，腹圆，后部较侧扁，体色银白，背部略呈深灰，眼的上缘有一显著红斑，体侧及背部鳞片的基部具黑斑（图3-56）。

（8）鳘 *Hemicculter leuciclus*

鲤科，地方名为鳘条，白条状小鱼，体形侧扁，鱼腹部呈棱状，白色背部较厚为灰色或青色，眼大，口上位（图3-57）。

（9）翘嘴鲌 *Culter alburnus*

鲤科，地方名为翘壳，体长，侧扁，呈柳叶形，头背面平直，头后背部隆起。口上位，下颌坚厚，上翘，竖于口前，使口裂垂直。眼大。鳞小，侧线鳞80~93。背鳍具强大而光滑的硬刺（图3-58）。

（10）团头鲂 *Megalobrama amblvcephaia*

鲤科，地方名为武昌鱼，体高，侧扁。腹棱自腹鳍至肛门。上下颌角质，较薄。背鳍刺较短，其长度不及头长。尾柄高大于长，鳔3室，中室最大。生殖季节雌雄均具珠星，雄鱼第1根胸鳍条肥厚，略呈波浪形弯曲（图3-59）。

（11）鳙 *Aristichys nobilis*

鲤科，头很大，几乎占身体长度的1/3。吻宽，口大。眼位于头侧下半部，鳃耙呈页状，但不联合。鳞细小。胸鳍末端超过腹鳍基部。自腹鳍至肛门有狭窄的腹棱（图3-60）。

（12）鲢 *Hypophthalmichthys molitrix*

鲤科，吻钝圆，口宽，眼位于头侧下半部，眼间距宽。鳃耙特化，彼此联合成多孔的膜质片，有螺旋形的鳃上器。鳞细小。胸鳍末端不达腹鳍基部。腹部狭窄，自喉部至肛门有发达的腹棱（图3-61）。

（13）麦穗鱼 *Pseudorasbora parva*

鲤科，一种不到5cm 的小鱼，头尖，略平扁。口上位。无须。背鳍无硬刺。生殖时期雄鱼体色为深黑，吻部、颊部出现珠星。背上有大型鳞片，各鳞片上有个黑色边缘，看起来有鲜明的斑花，在生殖期其吻部有皮肤突起的角质物称为追星（图3-62）。

（14）高体鳑鲏 *Rhodeus ocellatus*

鲤科，地方名为薄刀片，一种小型的鱼，最大不过180mm；体形扁，体呈卵圆形或菱形；头短，口小；须1对或无；臀鳍始于背鳍基下方，背、臀鳍颇长，有或无硬刺；腹鳍腹位；尾鳍叉状；体色鲜艳，幼鱼的背鳍基部有明显黑斑（图3-63）。

（15）鲤 *Cyprinus carpio*

鲤科，体长，略侧扁。背鳍基部较长。背鳍、臀鳍均具有粗壮的、带锯齿的硬刺。口端位，马蹄形，触须2对，后对为前对的2倍长。身体背部纯黑，侧线下方近金黄色（图3-64）。

（16）鲫 *Carassius auratus*

鲤科，鲫体侧扁而高，体长为体高的2.2~2.8倍，腹部圆，头较小，吻钝，口端位，无须。背鳍和臀鳍均具一根粗壮且后缘有锯齿的硬刺。鳞较大，整个身体呈银灰色，背部呈深灰色，腹部呈灰白色（图3-65）。

（17）鲇 *Silurus asotus*

鲇科，体长，头部平扁，头后侧扁。口阔，上位，下颌突出。上下颌及犁骨上有许多绒毛状细齿。成鱼须2对，幼鱼期须3对。眼小，体光滑无鳞。背鳍萎缩呈丛状，胸鳍有一根硬刺，其前缘有锯齿；臀鳍长，后端与尾鳍相连；尾鳍小，呈斜切形。体呈灰褐色，具黑色斑块，有时全身黑色，腹部白色，其他各鳍灰黑色；幼鱼体黄绿色（图3-66）。

（18）黄颡鱼 *Pseudobagrus fulvldraco*

鲿科，俗名黄腊丁，体后部稍侧扁。头大且平扁，吻圆钝，口大，下位，上下颌均具绒毛状细齿，眼小。须4对，大多数种上颌须特别长。无鳞。背鳍和胸鳍均具发达的硬刺，硬刺尖带有毒性，刺活动时能发声。胸鳍短小。体青黄色，具不规则的褐色斑纹；各鳍灰黑带黄色（图3-67）。

（19）长吻鮠 *Leiocassis longirostris*

鲿科，地方名为江团、肥沱，长吻，鮠体长，吻呈锥形，向前显著地突出。口下位，呈新月形，唇肥厚，眼小。须4对，细小。无鳞，背鳍及胸鳍的硬刺后缘有锯齿，脂鳍肥厚，尾鳍深分叉。体色粉红，背部稍带灰色，腹部白色，鳍为灰黑色（图3-68）。

（20）斑点叉尾鮰 *Ictalurus punctatus*

鮰科，又称沟鲶，体型较长，体前部宽于后部，头较小，吻稍尖，口亚端位，体表光滑无鳞，黏液丰富，侧线完全，皮肤上有明显的侧线孔。头部上下颌具有深灰色触须4对，其中鼻须1对，颌须1对，颐须2对，长短各异，以颌须为最长，末端超过胸鳍基部，鼻须最短。鳃孔较大，鳃膜不连于峡部（图3-69）。

（21）青鳉 *Oryzias latipes*

鳉科，地方名万年鳌、大眼贼。体侧扁，背部平直。头略平扁，被鳞。无侧线。眼大，口上位，横裂，口内有齿。背、腹鳍均小；背鳍位于体后部，几乎与臀鳍相对；尾鳍近截形。体背侧呈淡灰色，体侧及腹面呈银白色，臀鳍及尾鳍散布黑色小斑点，其他各鳍为淡色（图3-70）。

（22）食蚊鱼 *Gambusia affinis*

鳉科，体长形，略侧扁，长15.5~37.5 mm。雄鱼稍细长；雌鱼腹缘圆凸。头宽短，前部平扁。吻短。眼大，眼间隔宽平。口小，上位，口裂横直。齿细小。头和身体均被圆鳞。无侧线（图3-71）。

（23）黄鳝 *Monopterus albus*

合鳃科，体为蛇形，眼小，体面无鳞而被有丰富的黏液。成鱼无鳍，幼鱼胸鳍用作呼吸器官。鳃腹位，左右的鳃裂合成个人字形，鳃丝不发达，皮肤有呼吸作用，居栖在多年不干的水田底、池塘底（图3-72）。

（24）鳜 *Siniperca chuatsi*

鮨科，体较高、侧扁，背部隆起。头大，口裂略倾斜，下颌突出，上颌后伸至眼后缘。上下颌前部有犬齿状小齿。前鳃盖骨后缘呈锯齿状（图3-73）。

（25）小黄黝鱼 *Micropercops swinhonis*

沙塘鳢科，体短小不超过7 cm。眼上位，眼径大于眼间距。口斜裂，口上位，下颌稍长于上颌。两颌均具细齿。体被栉鳞。背鳍2个，彼此分离；胸鳍大；腹鳍胸位，左右分离；尾鳍为圆形（图3-74）。

（26）子陵吻虾虎鱼 *Rhinogobius giurinus*

虾虎鱼科，体细长，前部浑圆，后部侧扁，头平扁。吻长，口阔而大，唇厚，上下颌具数排绒毛状细齿。前鳃盖上的肌肉发达。头部被鳞，胸、腹部裸露无鳞。两个背鳍不相连接，前背鳍为硬刺组成，后背鳍全是软鳍条；腹鳍在胸部合并成吸盘状。成鱼体色暗灰，有4条黑色分叉的宽斑带横跨背部，在侧面扩散成不规则的黑色小点（图3-75）。

（27）叉尾斗鱼 *Macropodus opercuiaris*

攀鲈科，地方名火烧板，体形极为侧扁，略似纺锤形。全长约8 cm。眼大。口小，口内有尖利的牙齿。鳞片大，无侧线，体侧纵列鳞。背鳍起点与臀鳍的起点约相对；臀鳍长；胸鳍圆形；腹鳍小；尾鳍分叉。体上有黑色条纹，生殖期有紫、红、绿的鲜艳色。背鳍、臂鳍和尾鳍特别伸长呈飘带状，形似蝴蝶，故有蝶鱼之称（图3-76）。

（28）乌鳢 *Channa argus*

鳢科，凶猛性鱼类，体略呈圆筒状。头尖，稍平扁。口裂斜伸至眼后。上下颌具尖齿。头部覆盖鳞片。背、臀鳍基部很长。胸鳍、尾鳍圆形，腹鳍小（图3-77）。

图3-50 胭脂鱼

图3-51 长薄鳅

图3-52 泥鳅

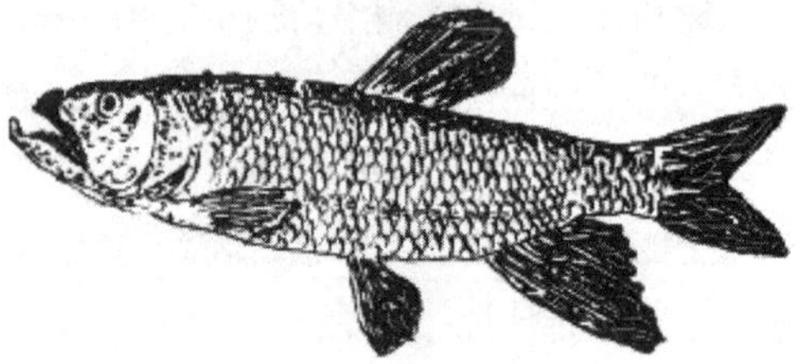

图3-53 马口鱼

图3-54 青鱼

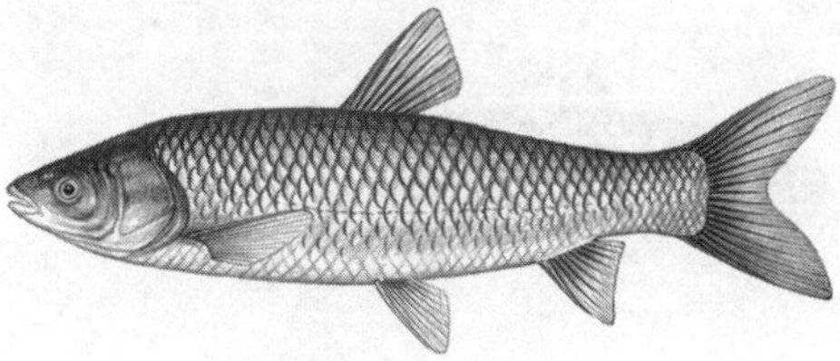

图3-55 草鱼

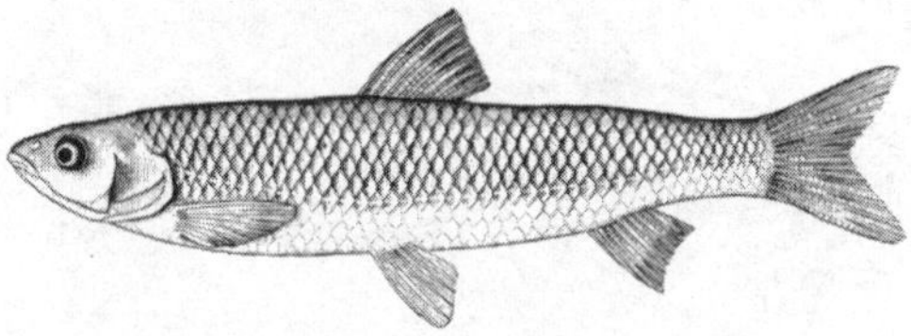

图3-56 赤眼鳟

图3-57 鳘

图3-58 翘嘴鲌

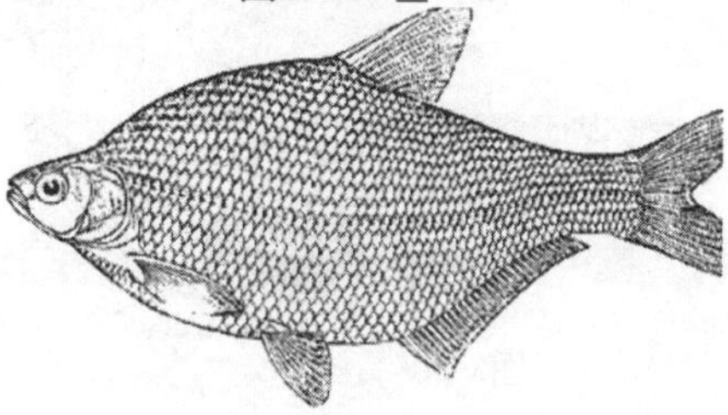

图3-59 团头鲂

图3-60 鳙

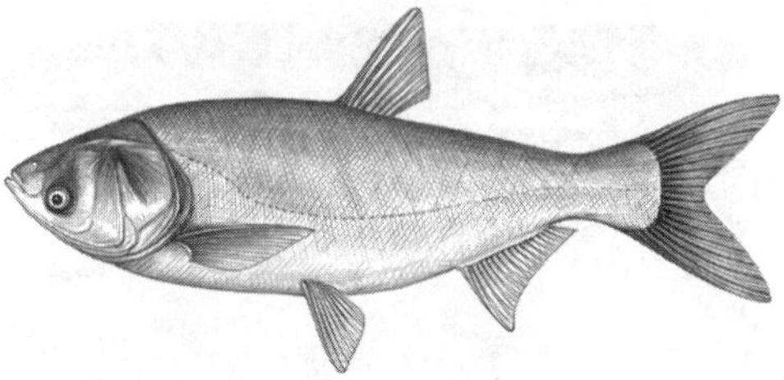

图3-61 鲢

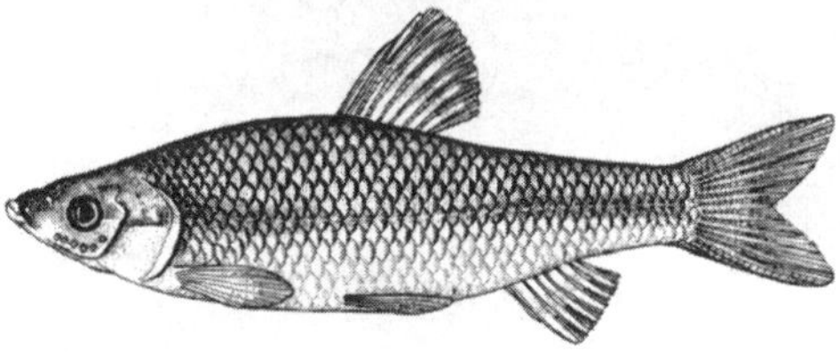

图3-62 麦穗鱼

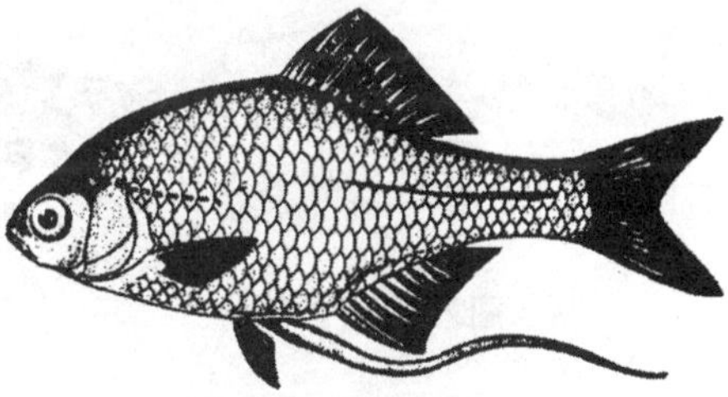

图3-63 高体鳑鲏

图3-64 鲤

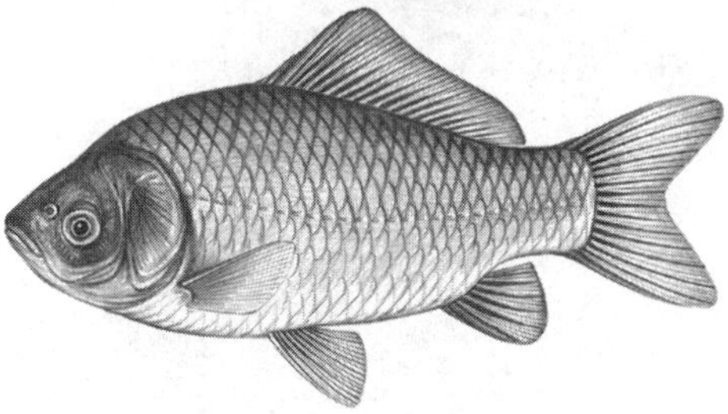

图3-65 鲫

图3-66 鲇

图3-67 黄颡鱼

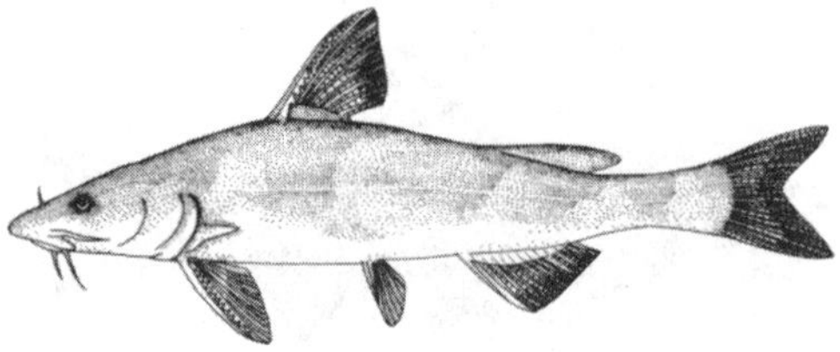

图3-68 长吻鮠

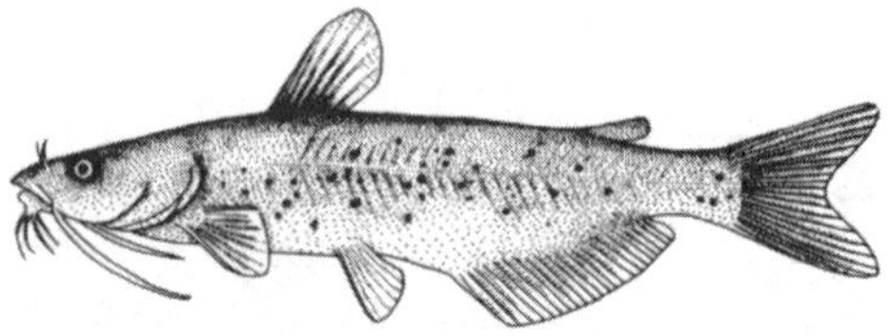

图3-69 斑点叉尾鮰

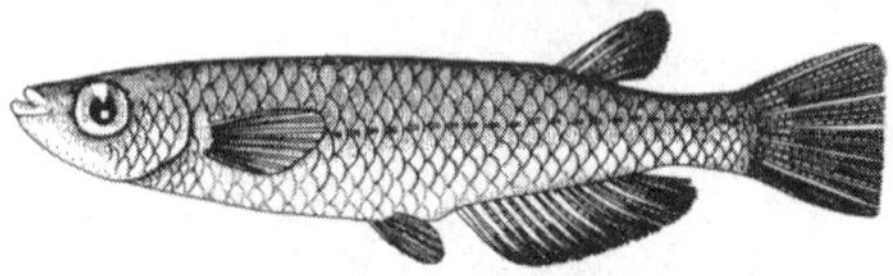

图3-70 青鳉

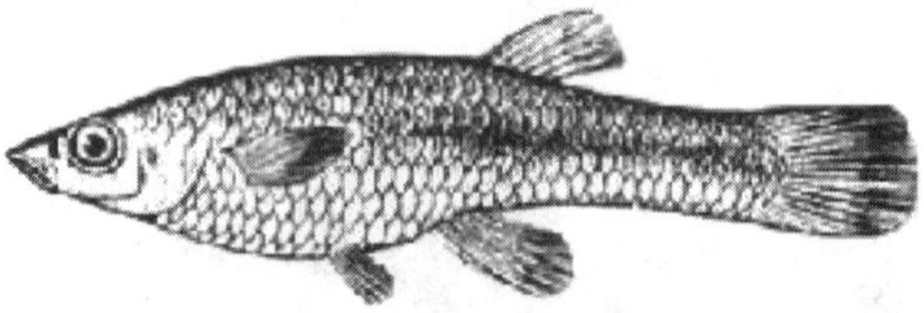

图3-71 食蚊鱼

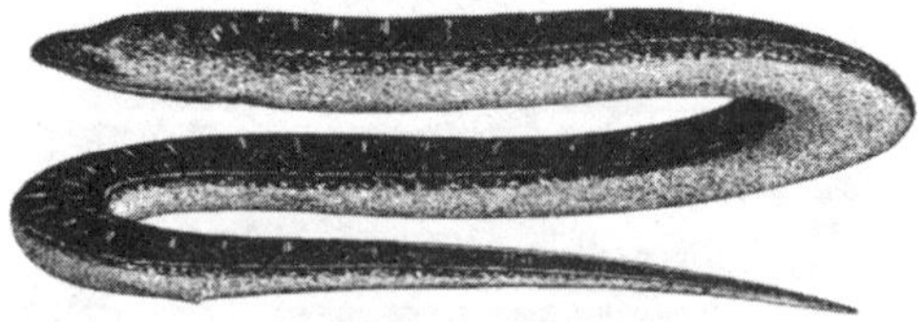

图3-72 黄鳝

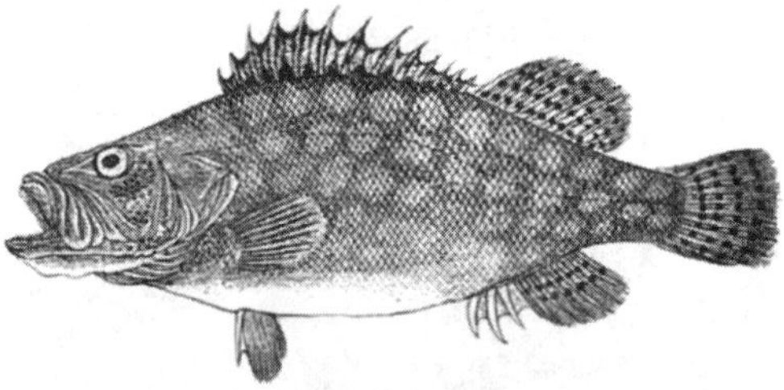

图3-73 鳜

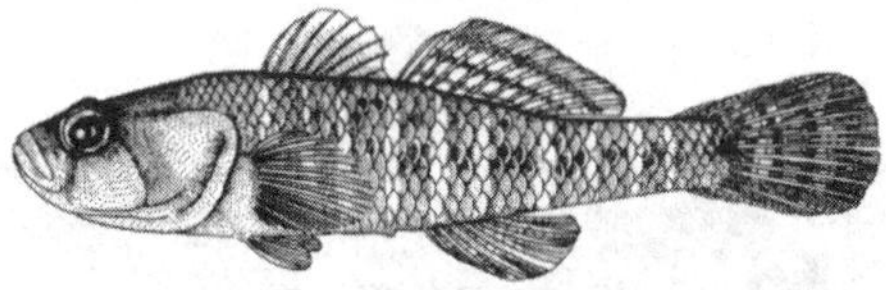

图3-74 小黄蚴鱼

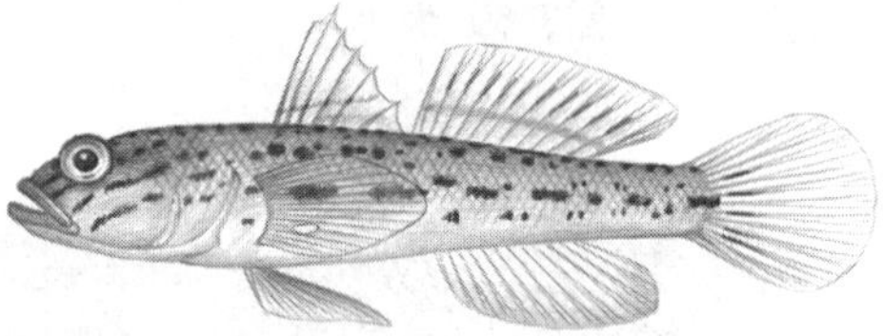

图3-75 子陵吻虾虎鱼

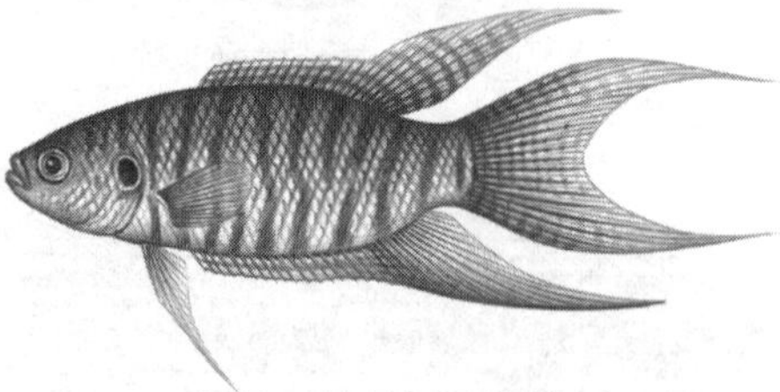

图3-76 叉尾斗鱼

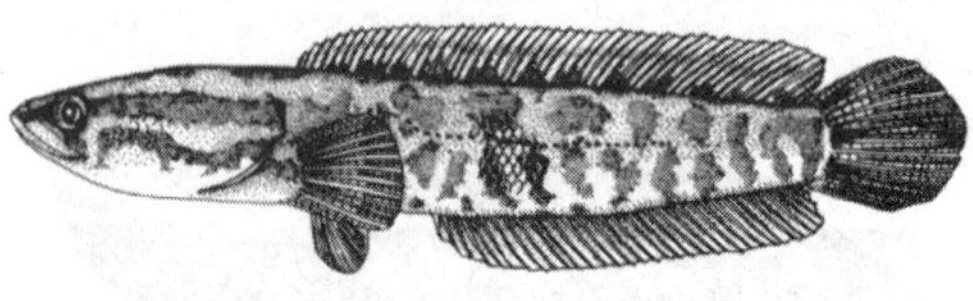

图3-77 乌鳢

六、两栖类

幼体水生，以鳃呼吸，以尾运动；成体大多陆生，以肺呼吸，并辅以皮肤呼吸，以五趾型四肢运动，发育过程中经过变态。体型与生活习性、活动方式有密切关系：有眼和四肢退化、身体蠕虫状、适应穴居的蚓螈型；有四肢趋于退化、尾部发达、适于游泳生活的鲵螈型；还有体躯短宽、四肢强健适应跳跃和爬行的蛙蟾型。

1. 采集方法

两栖动物成体多有昼伏夜出的习性，一般在杂草丛生、潮湿、昆虫繁盛的河流、池塘或溪流较多的地方等处活动。夜晚是采集成体的适宜时间，白天可采集蝌蚪和卵。采集蛙类的时间多在清晨和傍晚或夏天的晚上。两栖类隐蔽能力较强，寻找时应保持安静，以免将其惊跑。蛙蟾类遇光多不爱动，发现它们时应保持光束不动，轻轻接近后迅速捕捉，可用网捕或直接用手捕捉。

2. 标本制作方法

将采到的不同种类的蛙，分别放在不同大小的广口瓶中，滴乙醚数滴将其麻醉，取出后洗涤干净，分别挂上号码，写入登记册，标本体腔内注射10% 甲醛溶液，注意姿态然后放入10% 甲醛溶液中浸泡固定，24h 后换一次浸制液（10% 甲醛溶液），即可永久保存。

蝌蚪标本，同一处理登记法，所用浸制液为10% 甲醛溶液，可以数个标本包成一包，或盛在瓶中。

编号标签：用记号笔在白布条（5cm × 1.6cm）上写上编号和采集地点，在每一只蛙的左腿股部用棉线将编号标签挂上，编号排列可用 A .001或 ×× 大学001开始，用单位名或分类纲名的第一字皆可。

登 记 册

标本编号________	年　月　日			
采集地点____________	海拔_____	气温_____	水温_____	湿度_____
生活习性（观察到的栖居环境，叫声，活动等）________________________				
特　征（体型，体色）______________________________				
学　名____________	地方名____________	采集人__________		

3. 代表种类

（1）中华蟾蜍 *Bufo gargarizans*

俗名癞蛤蟆。背部皮肤粗糙，布满瘰疣。头宽大于头长，耳后腺大而长，鼓膜明显。雄性背面呈墨绿色或褐绿色，雌性背面呈土褐色；腹面有乳黄色与棕色或黑色形成花斑。雄性内侧3指基部有黑色婚垫。一般多在陆地草丛、林下、沟边、山坡的石下或土穴、石洞等潮湿的地方栖息，常黄昏时出来捕食。（图3-78A）

（2）华西蟾蜍 *Bufo andrewsi*

背部皮肤粗糙，头上有小疣粒，体及后肢背面瘰疣少而稀疏。头宽大于头长，耳后腺大，长卵圆形，鼓膜不显著，椭圆形。雄性背面呈橄榄绿色或泥绿色，黑斑点不显著，体侧浅棕色，有黑色及土红色斑点，雌性色较浅，背面黑色斑点较显著，腹面乳黄色，散有黑色斑块，指与趾端为黑色或土红色。雄性内侧3指基部有黑色婚垫。多栖息于草丛间或石下。（图3-78B）

（3）黑眶蟾蜍 *Bufo melanostictus*

体色一般为黄色近黑色。体型一般不超过10cm。头宽大于头长，耳后腺、鼓膜明显，鼓膜上缘有黑色骨质棱。体背部分布大疣粒，腹部小疣粒具角质刺。成体背部为黑褐色或黄褐色，腹部乳黄色。雄性第一、二节指基内侧具黑色婚垫。常在草丛、石堆、耕地、水塘边及住宅附近，夜晚出来觅食。（图3-78C）

（4）华西树蟾 *Hyla annectans*

以前又称华西雨蛙，体长约4cm左右。背部皮肤光滑，颞褶粗厚；腹面具扁平疣。指、趾端有吸盘。体背绿色，头侧从吻端或鼻孔沿吻棱经上眼睑外侧，鼓膜上方向体侧前部略带金黄色的线纹，并镶以细黑纹，体侧中段以后出现黑斑点，股前后及胫内侧均有显著黑斑。雄蛙第一指有棕色婚垫，有雄性线。善攀援，多在菜园、草丛、树干上活动。（图3-78D）

（5）粗皮姬蛙 *Microhyla butleri*

体长约2.3cm。背面皮肤粗糙，满布疣粒，背中线上的疣长，多排列成纵行；腹面光滑。指间无蹼，指、趾端有吸盘，趾间具微蹼。背面灰色或灰棕色，疣粒红色。背部中央有镶黄边的黑酱色大斑，四肢背部有黑横纹。雄蛙有外声囊，有雄性线。栖息于靠山坡水田、水沟、水坑的土隙或草丛中。（图3-78E）

（6）饰纹姬蛙 *Microhyla ornata*

体长约2.3cm。头小。背部皮肤小疣粒，腹面光滑。对称深棕色斜花纹由两眼眼向后延伸到体后端。指、趾端圆，无吸盘和纵沟，趾间仅具蹼迹。背面一般粉灰或灰棕色，背面有前后2个深棕色“∧”形斑；胸腹部呈肉白色，咽喉部和四肢腹面呈肉红色。雄性咽喉部呈黑色，有外声囊和雄性线。栖息于水田和园圃的泥窝、土穴、草丛中。（图3-78F）

（7）峨眉林蛙 *Rana omeimontis*

体长约7cm，吻钝尖。体背面光滑，雌蛙常有少数圆疣；背侧褶细窄而平直，在颞部不弯曲，从眼后直达胯部。各趾间蹼缺刻浅。背面呈绿黄色、草黄色或绿灰色；颞部为三角形黑斑；四肢背面一般有横纹；腹面呈白色。雄性1指上灰白色婚垫发达；基部明显分为2团，有粗刺，无声囊，背腹侧均有雄性线。成蛙陆栖，多在林间草丛中活动。（图版Ⅺ：A）

（8）牛蛙 *Rana catesbeiana*

体长约16cm，体大而粗壮，鼓膜甚大，颞褶明显，背部皮肤略显粗糙，无背侧褶；趾间全蹼，雄性鼓膜较雌性大，第一指内侧有婚垫，咽喉部呈黄色，有1对内声囊。生活时绿色或绿棕色，有暗棕色斑纹，头及口缘呈鲜绿色，四肢具横纹或点状斑；腹面呈白色，有喉部呈灰白色具深色细纹。生活在气候温暖地区的沼泽、沟渠、稻田等静水域内。为引进种。（图3-78G）

图 3-78　两栖动物代表类群

A. 中华蟾蜍 B. 华西蟾蜍 C. 黑眶蟾蜍 D. 华西树蟾 E. 粗皮姬蛙 F. 饰纹姬蛙

G. 牛蛙 H. 金线侧褶蛙 I. 棘胸蛙 J. 绿臭蛙

（9）沼水蛙 *Hylarana guentheri*

体长约7 cm，鼓膜明显。背面棕色，沿背侧褶有黑色纵线，体侧有黑斑，腿部细粒成行，有黑色横纹，股后方有灰黑色花斑，腹面白色。关节下瘤及掌突发达，指端无横沟；趾端有横沟，除第4趾外为全蹼。雄性有1对外声囊，上臂基部前方有肾形腺体，婚垫不明显。生活于稻田、静水附近。（图版XI：D）

（10）泽陆蛙 *Fejervarya multistriata*

体长约4 cm，雄蛙略小。吻钝尖，鼓膜圆。无背侧褶；体背有数行长短不一的纵肤褶。腹面皮肤光滑。背呈深灰或灰橄榄色，有酱黑色斑纹。四肢有横斑纹；后肢粗短，趾间近半蹼。上下唇缘有酱黑色纵纹。体与四肢腹面乳白或乳黄色。雄性第1指上婚垫发达。具单咽下外声囊。鸣声似敲木梆声。常见于稻田、沼泽、水沟等静水水域及附近草丛中。（图版XI：B）

（11）黑斑侧褶蛙 *Pelophylax nigromaculata*

又称青蛙。体长约7 cm，头长大于头宽，吻钝圆。鼓膜大而明显。背面有2条背侧褶，其间有4~6行短肤褶，背脊线浅色，背面呈黄绿、深绿或带灰褐色，有黑斑，后肢黑斑显著。腹面白色无斑。前肢短，关节下瘤明显；趾间几为全蹼。雄性有1对咽外声囊，第1指基部有灰色婚垫，有雄性线。栖息于池塘、河岸边草丛中。（图版XI：E）

(12) 金线侧褶蛙 *Pelophylax plancyi*

体长约5 cm,雄性略小。头略扁,吻钝圆。鼓膜大,金黄色。体背侧有疣粒,有2条宽厚的黄色背侧褶,背面绿色或橄榄绿色,股后有黄色纵纹和酱色纵纹各1条;腹面光滑,鲜黄色,肛部有疣粒。指、趾端尖圆,关节下瘤明显;后肢粗短,趾间近全蹼。雄性有1对咽内声囊,第1指有婚垫,有雄性线。栖息于池塘或池沼附近。(图3-78H)

(13) 棘胸蛙 *Paa spinosa*

体长10~14 cm,粗壮、肥硕。皮肤粗糙,体侧无侧疣。吻钝圆,四肢粗壮,指、趾端膨大呈圆球状,趾间具全蹼。背黑棕色或淡棕色,有浅色斑纹;腹面肉色,有灰褐色云状斑。雄蛙胸部具密集小刺。栖息于阴凉安静、清水长流的山溪水坑或洞穴中。(图3-78I)

(14) 绿臭蛙 *Odorrana margaretae*

体长10 cm左右。背面皮肤光滑,体侧无背侧褶。指趾具吸盘,纵径大于横径,腹侧沟显著,趾间全蹼。体背绿色,近后端棕色散有深色斑点,四肢浅棕色散有深色横纹。股后深色大花斑或碎斑极明显。繁殖期雄性胸部有"△"形小白刺团;无声囊;第一指上婚垫发达,背侧有雄性线(图3-78J)。生活在山区多石、水清、流急的溪流内。

(15) 花臭蛙 *Odorrana schmackeri*

体长约8 cm左右,体和四肢背面较光滑或有疣粒,体腹面光滑,体背面为绿色,间以棕褐色或褐黑色大斑点,多近圆形,有的个体镶以浅色边,两眼间有一个小白点。四肢有棕褐色横纹,股、胫部各有5~6条。雄性有一对咽侧下外声囊。指趾具吸盘,纵径大于横径,均有腹侧沟(图版XI:C)。多生活于大小石头较多、植被较为繁茂、环境潮湿的山溪内。

(16) 斑腿泛树蛙 *Polypedates megacephalus*

体长约7.6 cm。鼓膜大而明显。指间无蹼,趾间蹼弱,指、趾吸盘背面可见"Y"形迹。背面皮肤光滑,多浅棕色,有深色"X"形斑或纵条纹,腹面乳白色,咽喉部有深色斑;股后有网状斑。雄性第1、2指基部有婚垫,有内声囊、雄性线(图版XI:F)。常栖息在稻田、草丛、石缝、泥窝内或腐叶下。

七、爬行动物

爬行动物是一类体背角质鳞或硬甲,陆地繁殖的变温羊膜动物。体型变化大,可分为基本形状的蜥蜴型、特化形状的蛇型和龟鳖型,适应陆栖、水栖、树栖和穴居等不同生活方式。运动是典型的爬行动作。

1. 采集方法

爬行类一般多在地面晒暖后活动,但在夏季炎热的中午很少见到。龟鳖喜在池沼或江河的浅水沟里生活,有时在岸上晒太阳,在草岸上产卵。可用水网捕捉,也可用铁叉把它叉出水面。此外,龟鳖皆喜吃螺类,可以螺类作诱饵,用渔网或龟钩捕捉。

小型的蜥蜴类皆无毒，可以赤手捕捉或用采集网捕捉，捕捉时当心不要伤到它们的尾巴。

蛇类采集时要防止被蛇咬。毒蛇多数常夜出。在鸟巢、鼠洞、池溪边的杂草中或树上都常有蛇活动。可用钩系上鱼、蛙等作饵，夜间放在蛇的出没地，能捕到白天少见的蛇类。发现蛇类先将其挑到平坦处，用蛇叉或木棍压住其颈部，使其失去攻击能力，再用蛇钳夹住其颈部或用手捏住其颈部放入采集袋内。

采集的标本放入采集袋内，放一条系一次，袋内可放几条蛇，回实验室后，再解袋浸制。

2. 标本制作方法

爬行类标本需经处理后放入浸制液，浸制液与蛙类的相同。处理如下：

（1）杀死：已死的标本，需用清水或湿布擦洗干净。活标本，如小型蜥蜴类，可直接放进浸制液中；大型龟鳖类可用30℃以上温水杀死；蛇类则需麻醉致死或在紧密的瓶中放于太阳光下晒死。

（2）标本测量：将体重、体长、编号、性别、采集地点、采集日期及身体颜色等记录到登记卡上。给标本系上标签。

（3）注射：将10%的甲醛溶液注射到标本体腔内。蛇类、龟类可从肛门注射，已死蜥蜴类也须注射。

（4）整尸：蜥蜴类尾长易断，用甲醛溶液浸制的标本更易断，所以放入浸制液前须进行整理。可用纱布把整好的标本（四肢向外，尾伸直，足上挂上标签）包好，外面用线缠妥，放入浸制液中；龟类标本不用包，但要把四肢及颈部（伸出）整理好后再放入浸制液中。

蛇类标本，最好先进行测量登记，再将标本盘卷成团状或折成“N”形放入浸制液中。

3. 代表种类

（1）乌龟 *Chinemys reevesii*

又称草龟、金龟。头顶前部平滑，头后被粒鳞，颈后至颈侧具3条黑边黄绿色纵纹，背腹甲直接相连。棕色或黑色，背甲椭圆，后缘非锯齿状；腹甲平坦，后缘锯齿状。腹甲色浅，盾片有大黑斑。四肢及尾呈橄榄色，基部有小黄斑，雄龟黑色，斑纹不明显。栖息于河流、湖泊等处。（图3-79A）

（2）中华鳖 *Trioyx sinensis*

俗称甲鱼。吻延长呈管状，头颈可缩入壳内。背甲呈卵圆形，覆革质皮肤，布满疣粒；腹甲光滑平坦。背面呈橄榄色，腹面乳白色，有对称色斑，喉部色淡。四肢扁平各具3爪，指、趾间具蹼，外侧2指（趾）隐没在蹼间。喜生活于湖泊、池沼、江河中。（图3-79B）

（3）蹼趾壁虎 *Gekko subpalmatus*

头体长51~78cm，小于尾长。体背为均一的粒鳞。趾间具蹼，蹼缘达趾的1/3部或更少。尾基部每侧有一肛疣。雄性肛前窝5~11个。背部棕色，具暗斑，尾上具7条左右横斑，腹部灰白色，雄性具暗点。栖息于墙壁缝隙处，也可在山野草堆及石缝等处。（图3-79C）

（4）丽纹攀蜥 *Japalura splendida*

全长一般10~25 cm，头呈三角形或椭圆形，尾长超过头体长的2倍。颈鬣侧扁不发达。雄性有喉褶，颈鬣较雌性发达。背面呈棕黑色，布满黄绿色斑纹。眼下方和体背侧各有一条黄绿色纵纹，背脊有5~7个大斑块；尾部有横纹。体腹面色浅无斑。常栖息于山坡、荒地及灌丛杂草间。

（5）北草蜥 *Takydromus septentrionalis*

头体长约7 cm，全长约31 cm，尾长约为头体长的3倍，尾细长有棱。背腹具方形棱鳞，自背中段起有大鳞6纵行，腹中段起有8行纵鳞；背面呈棕绿色，体侧下方呈绿色，腹面呈灰白色。吻部较窄，鼓膜裸露。鼠蹊窝1对。雄性背鳞外缘有1鲜绿色纵纹，体侧杂有深色斑。栖息于丘陵或低山杂草灌丛中。

（6）中国石龙子 *Eumeces chinensis*

体粗而短，全长约25 cm。头部呈棕色，额顶鳞发达；眶上鳞4枚，第二枚最大。鼓膜深陷。背部呈灰褐色，有三条浅灰色纵线；体侧呈红棕色，有分散黑斑点；腹面呈白色，尾长约为头体长的1.5倍，雄性额部显著隆起肿状，颈侧和体侧红棕色更显著。栖息于山区草丛石堆中或农田周围、路边杂草中。

（7）蓝尾石龙子 *Eumeces elegans*

全长约25 cm。吻钝圆，上鼻鳞1对，左右相接；前额鳞1对，分隔；体覆光滑圆鳞。背部深黑色，有5条黄色纵纹，沿体背正中及两侧往后直达尾部，消失于蓝色的尾端。雄性在腹侧及肛区有隐约散布的紫红色小点，雌体呈青白色。栖息于山林及道旁的石块下，喜在干燥而温度较高的阳坡活动。（图3-79 D）

（8）铜蜓蜥 *Sphenomorphus indicus*

又名蝘蜓、铜石龙子。一般18~22 cm，尾长为头体长的1.5倍。通体光滑，体背面呈古铜色或浅棕色，背脊有或断或续的黑脊纹，其两侧的褐黑色斑点缀成纵行；头体和尾部两侧各有一条黑色纵带，其上缘有一条浅色窄线纹，下缘有灰棕色宽纵纹，杂有小黑点。其腹面色浅无斑。常栖于山坡、荒地和乱石间。（图3~79 E，图版Ⅺ：G）

（9）绣链腹链蛇 *Amphiesma craspedogaster*

头呈长圆形，与颈区别明显，瞳孔呈圆形；头枕部两侧有1对椭圆形黄色枕斑。躯尾背面黑褐色，背两侧各有一行浅黄色纵纹，沿此纹可看出一列铁锈色斑点；腹面呈淡黄色，有腹链纹，组成腹链的黑点窄长，前后几乎相接，左右腹链之间无斑。常见于各种水域，如水田、井边、水沟河流附近，或路边、草丛、石砾、落叶丛中。白昼活动。

（10）翠青蛇 *Eurypholis major*

背面通体草绿色，无斑纹；腹面淡黄绿色。体长80~130 cm。头呈椭圆形，与颈区分明显；眼大，瞳孔呈圆形。头顶被覆大型对称鳞片，尾部逐渐变细。多栖息在山地树林中，常攀附作物、竹木上，或藏于石下。性温顺的无毒蛇，不咬人。捕食蚯蚓、昆虫幼虫等。偶可见通体蓝色的个体。（图版Ⅺ：J）

（11）赤链蛇 *Dinodon rufozonatum*

性凶猛的无毒蛇。全长1m左右，最长1.4m。头扁宽呈椭圆形，眼小，瞳孔呈纵椭圆形。头背面有对称大鳞，颈部无小鳞，头颈略能区分。体尾背面呈黑褐色，头部呈黑色，头部鳞片边缘呈红色；枕部有一"∧"形红斑；躯干和尾部背面有红色窄横纹，体侧有红黑相间的斑点；腹鳞浅黄无斑，两侧杂以暗褐色斑点。生活于田野或村庄附近，傍晚或夜间活动捕食。（图3-79F，图版Ⅺ：L）。

（12）双斑锦蛇 *Elaphe bimaculata*

最长1m左右，无毒蛇。头与颈区分明显。躯尾背面有哑铃形横斑。体尾背面有深浅色相间的纵纹几条，正背有多数红褐色哑铃形斑横跨纵纹；头背呈灰褐色，有红褐色钟形斑；头侧有一黑纹自吻端经眼斜达口角，眼虹膜棕褐，与过眼的斑纹颜色一致，上唇黄色。灌丛、草坡、路边、村寨周围都有发现。（图3-79G）

（13）王锦蛇 *Elaphe carinata*

全长一般1.5~2m，大型无毒蛇。头呈椭圆形，头背呈棕黄色，鳞缝色黑，呈"王"字斑纹；体背部鳞片色暗褐，部分鳞沟色黑形成黑褐色横斑，整体呈深浅交替的横纹；体后段及尾背由于所有鳞沟色黑而形成黑色网纹。幼蛇通身浅藕褐色，有横斑；枕后有一短纵纹；腹面呈肉色。常发现色斑变异的个体。灌丛、岩壁、耕地或村舍附近都有发现。（图版Ⅺ：K）

（14）玉斑丽蛇 *Euprepiophis mandarinus*

也称玉带蛇，玉斑锦蛇。无毒蛇。全长约1m，最长1.4m。头背黄色有三条黑斑：第一条横跨吻背；第二条横跨两眼，在眼下分2支分别达口缘；第三条为倒"V"字形；体背呈黄褐色、灰色或浅紫灰色，正背面有黑色菱形斑，斑块边缘及中心为黄色；体侧有紫红色小斑。腹部呈黄白色，散以黑方斑。生活于山区森林中，以鼠类等小动物为食。本种色斑变异较多。（图3-79H）

（15）黑眉曙蛇 *Orthriophis taeniurus*

全长2m左右，为无毒蛇。头略大，与颈明显区分，头背黄绿色或略带灰褐色，眼后有一道粗黑"眉"纹，下颌呈浅黄色。体尾背面灰绿色或棕灰色，前段有黑色梯纹，中段至尾端有4条黑色纵纹；腹部呈灰白色或灰黄色，但前端、尾部及体侧为黄色，两侧黑色。栖息于河边、住宅附近，捕食蛙、鼠等小动物。（图3-79I）

（16）虎斑颈槽蛇 *Rhobdophis tigrinus*

最长1.2m左右，无毒蛇。头较长扁，椭圆形。眼正下方及斜后方各有一条粗黑纹。颈部中央有一明显纵槽，颈槽皮下的颈腺分泌物有毒。躯尾背面绿色，躯干前段两侧有粗大的黑色与橘红色斑块相间排列；后段橘红色渐趋消失。躯尾腹面呈黄绿色，头腹面呈白色。出没于有水草之处或农田、池塘等多蛙蟾的地方。受惊扰后常将前段竖起，颈部变扁平，显露出橘红斑，有攻击行为。（图版Ⅺ：H）

（17）乌华游蛇 *Sinonatrix percarinata*

最长1.3m左右，无毒蛇。鼻孔位于近背侧；眼较小。体尾有环纹，体侧清晰可见。躯尾背面呈暗橄榄绿，体侧呈橘红，有明显的黑褐环纹，背面环纹模糊不清，体侧则清晰可数，一般均呈

"Y"形；腹面灰白色，由体侧的黑褐环纹延伸到腹中线交错排列。年长个体背面和体侧瓦灰色，腹面白色，环纹全不显。头背呈橄榄灰色，头腹面呈灰白色。常出没于水凼、溪流等水域附近。

（18）乌梢蛇 *Zaocys dhumnades*

全长2m左右，无毒蛇。头颈区别显著，眼大，瞳孔呈圆形；通身绿褐色，有黑色纵线4条。背鳞中央2~4行起棱。幼蛇通身鲜绿色，有4条黑色纵线贯穿体尾。随年龄增大体色渐变为黄褐色或灰褐色，黑色纵线前部仍清晰可见，后部则模糊不清至消失。常活动于溪沟、灌丛草地、稻田及房舍附近。（图3-79J）

（19）尖吻蝮 *Deinagkistrodon acutus*

又称五步蛇，为剧毒蛇。全长1.5m左右，尾长不到全长的1/6。头大，三角形，吻尖上翘，其背、腹面分别由一对鼻间鳞和吻鳞延伸构成；躯体粗短：尾短小，尾尖最后一枚鳞片侧扁而尖长，俗称"佛指甲"，是本种的鉴别特征。头背黑褐色；自吻棱经眼斜至口角以下为黄白色，偶有少许黑褐色点；头腹及喉部为白色，散有稀疏黑褐色点斑（图版XI：I）。海拔100~1350m的山区或丘陵林木茂盛的阴湿地方，各类环境中都曾发现。晚上遇火光有扑火习性，遇严重干扰时有喷射毒液情况。吃蟾、蛙、鸟、鼠等。

（20）短尾蝮 *Gloydius brevicaudus*

全长一般40~60cm，是有颊窝的管牙类毒蛇。头略呈三角形。体略粗，尾较短。左右背面呈深褐色至红褐色，有2行深棕色圆斑，左右交错或并列，圆斑中央色浅，外侧常开放呈马蹄形。腹面呈灰白色，密布灰褐色或黑褐色细点。头背呈深棕色，枕部有一浅褐色桃形斑，眼后到颈侧有一黑褐色纵纹，上缘有白色细纹。尾后段黄白色，尾尖黑色。常活动于石堆、灌丛草地及房舍附近。有攻击行为。

（21）菜花原矛头蝮 *Protobothrops jerdonii*

全长1m左右，有颊窝的管牙类毒蛇。头呈长三角形，头颈区分明显，头背灰黑，眼后有一粗黑线纹；头背黑色，有略呈"品"形的三个相互套叠的黄色细圈纹；头腹面黄色杂有黑斑；体尾背面以黑色为主，间以黄色斑点似油菜花。腹面黑黄相间或黑褐色。常见于荒坡、耕地、灌丛或枯枝上。（图3-79K）

（22）原矛头蝮 *Protobothrops mucrosquamatusi*

又名烙铁头，全长1m左右。是有颊窝的管牙类毒蛇。头呈三角形，躯体及尾均较长。尾体背面黄褐或棕褐色，背脊有一行粗大的波浪状暗紫色斑，斑周缘色较深中心色略浅，体侧各有一行暗紫色斑块；腹面浅褐色，有呈"Λ"形的暗褐色斑，眼后到颈侧有一暗褐色纵线纹，唇缘色稍浅；头腹浅褐色。见于竹林、灌丛、耕地及住宅附近。

（23）福建竹叶青指名亚种 *Trimeresurus stejnegeri stejnegeri Schmidt*

俗称竹叶青，是有颞窝的管牙类毒蛇。头呈三角形，与颈区分明显，头背都是小鳞，只有鼻间鳞与眶上鳞较大。眼红色，头、体背面纯绿色。尾具缠绕性，尾背及尾尖焦红色，体两侧各有一条白色、淡黄（雌性）或红白各半（雄性）的纵线纹；腹面浅黄白色。多栖息于溪沟边、草丛、灌木上、竹林中或崖石上。（图3-79L）

（24）福建华珊瑚蛇 *Sinomicrurus kelloggi*

全长60 cm 左右，小型前沟牙类毒蛇。头较小，躯干呈圆柱形。头背黑色，有两条黄白色横纹，前条细，横跨两眼；后条较粗，呈“∧”形。背面红褐色，有一枚鳞宽的黑横纹，腹面呈白色。生活在山区森林地区，夜晚活动。

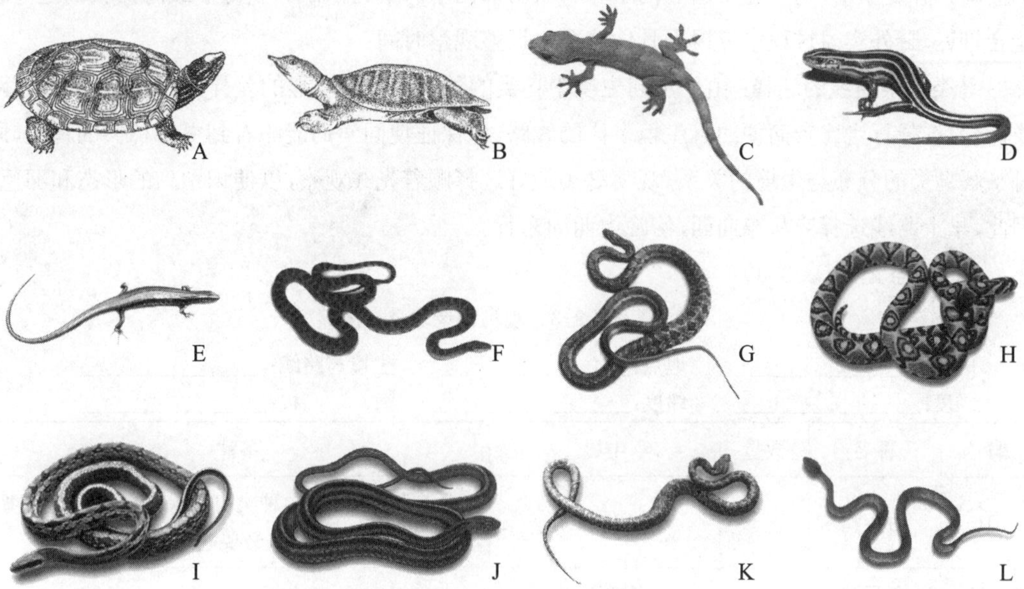

图 3-79　爬行动物代表类群

A. 乌龟 B. 中华鳖 C. 蹼趾壁虎 D. 蓝尾石龙子 E. 铜蜓蜥 F. 赤链蛇 G. 双斑锦蛇 H. 玉斑丽蛇 I. 黑眉曙蛇 J. 乌梢蛇 K. 菜花原矛头蝮 L. 福建竹叶青指名亚种

八、鸟类

鸟类是体表被覆羽毛、有翼、恒温和卵生的高等脊椎动物，起源于爬行类，但在身体结构和功能方面有更多进步性特征：①高而恒定的体温。鸟类的体温在37.0℃~40℃之间，新陈代谢旺盛，对环境依赖性小，因此生活和分布广泛。②适于飞翔（除平胸总目的鸟类外）。鸟类体呈纺锤形，体被羽毛，前肢衍化为翼，具有尾羽，骨骼轻而具腔隙，故能在空中飞行、迁徙来适应多变的环境（图3-80）。③神经系统和感官发达，能调节各种复杂行为，使之与环境协调。鸟类有12对脑神经，纹状体十分发达，感官中以视觉最发达，嗅觉退化。④具有筑巢、孵卵和育雏的繁殖方式和行为，能保证后代较高的成活率。

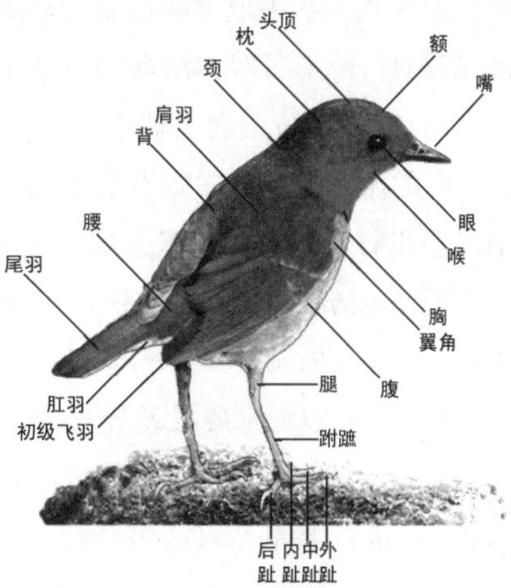

图3-80　鸟类部位图

1. 观察方法

（1）观察时间及路线

鸟类观察时间的选择：鸟类喜欢在晴朗无风的天气出来觅食，阴天和刮风下雨的天气一般不活动。春夏季节，鸟类在日出后两小时和日落前两小时最为活跃。秋冬季或海拔较高地区可能会推迟，野外实习过程中应根据具体情况来调整观察时间。

鸟类观察路线的选择：由于不同生境中鸟类的种类存在着明显的差异，野外实习的观察路线，一般选择行走比较简便的且生境多样的线路，以保证使同学们能够看到更多种类的鸟类，同时了解鸟类的分布与生境的关系。观察鸟类最好选择顺着光线观察，以便识别鸟的形态和羽色，因此，早上路线选择应从东向西，傍晚由西向东行。

（2）观察记录（表3-3）

表 3-3　观鸟记录表

时间：________________　地点：________________　生境与路线：________________

经度：________________　纬度：________________　海　　拔：________________

编号	种名	数量	生境	备注
01	白头鹎	正一	农田、林间	（对于不确定的种类可记录其全长、体色、嘴型、尾形等基本特征，必要时可以绘简图）
02	金眶鸻	一	嘉陵江边	
...	...	...	...	...

2. 代表类群

鸟类共有六大生态类群：游禽、涉禽、陆禽、鸣禽、攀禽及猛禽，几乎涵盖了鸟类传统分类系统中的绝大多数种类，以下仅列举了野外实习中的常见种类。

（1）游禽

游禽是喜欢在水中取食和栖息的鸟类，其种类繁多，在我国有着广泛的分布，包括雁形目、潜鸟目、䴙䴘目、鸥形目等。游禽的脚适于游泳，长有肉质的蹼，但蹼的发达程度不同。游禽由于在水中活动，为了防止羽毛被水浸湿，多有发达的尾脂腺分泌油脂，用喙涂抹在羽毛上用来防水。也有的游禽由于尾脂腺不发达，如普通鸬鹚 *Phalacrocorax carbo*（图版Ⅻ：A）需要晾晒羽毛来保证飞行。游禽的喙多呈扁形或具钩状，在水中捕食时有防滑的作用。野外常见的主要有赤麻鸭 *Tadorna ferruginea*（图3-81A）、普通秋沙鸭 *Mergus merganser*（图3-81C）、小䴙䴘 *Tachybaptus ruficollis*（图3-81B）、鸳鸯 *Aix galericulata*（图版Ⅻ：E）、绿头鸭 *Anas platyrhynchos*（图版Ⅻ：F）等，其中鸳鸯雌雄差异大，雄鸳鸯羽色绚丽，头戴冠羽，翅膀上长有两枚旗羽，而雌鸳鸯却是淡妆素抹。在动物园一般可以看到斑嘴鹈鹕 *Pelecanus philippensis*（图3-81D）、黑天鹅 *Cygnus atratus*（图版Ⅻ：D）等。

图 3-81　常见游禽

A. 赤麻鸭 B. 小䴙䴘 C. 普通秋沙鸭 D. 斑嘴鹈鹕

（2）涉禽

涉禽适应于沼泽和水边生活，不会游泳，其嘴、颈、腿都较细长，俗称“三长”，适于涉水行进，低头从水底或地面觅食，有的种类休息时常单脚独立。主要包括鹤形目、鹳形目和鸻形目。如鹭类、鹳类、鹤类、鹬类、鸻类等。鹭和鹳为大、中型涉禽，野外常见的有白鹭 *Egretta garzetta*（图版Ⅻ：C）、苍鹭 *Ardea cinerea*（图 3-82E，图版Ⅻ：B）等。鹭和鹳的外形相似，但飞行时鹭类颈部常常弯曲呈“S”形，而鹳类则颈部直伸。鹤类大小不等，脚趾间没有蹼或仅有一点蹼，后趾的位置比前面三趾要高，飞行时颈伸直。鹬和鸻类为中等或小型涉禽，种类繁多，身体大多为沙土色，奔跑迅速，翅膀尖，善于飞翔，常见的种类有环颈鸻 *Charadrius alexandrinus*（图 3-82A）、金眶鸻 *Charadrius dubius*（图 3-82B）、白腰草鹬 *Tringa ochropus*（图 3-82C）、矶鹬 *Actitis hypoleucos*（图版Ⅻ：H）、普通秧鸡 *Rallus aquaticus*（图 3-82D）等。

图 3-82 常见涉禽

A. 环颈鸻 B. 金眶鸻 C. 白腰草鹬 D. 普通秧鸡 E：苍鹭

（3）陆禽

陆禽主要在陆地上栖息，体格健壮，翅膀尖为圆形，不适于远距离飞行；嘴短钝而坚硬，腿和脚强壮而有力，爪为钩状，适于在陆地上奔走及刨土寻食。主要包括鸡形目和鸠鸽目。斑鸠和鸽虽然善于飞翔，但取食主要在地面，因此也被归于陆禽。常见的有灰胸竹鸡 *Bambusicola thoracica*（图版Ⅻ：G）、鹌鹑 *Coturnix coturnix*（图 3-83B）、雉鸡 *Phasianus colchicus*（图 3-83C）、红腹锦鸡 *Chrysolophus pictus*（图 3-83D）、珠颈斑鸠 *Streptopelia chinensis*（图版Ⅻ：I）、火斑鸠 *Streptopelia tranquebarica*（图 3-83A）等。

图 3-83 常见陆禽

A. 火斑鸠 B. 鹌鹑 C. 雉鸡 D. 红腹锦鸡

图 3-84 常见鸣禽

A. 小云雀 B. 金腰燕 C. 棕背伯劳 D. 黑枕黄鹂 E. 黑背燕尾 F. 大山雀 G. 黄腰柳莺

H. 三道眉草鹀 I. 红嘴相思鸟 J. 长尾山椒鸟

（4）鸣禽

鸣禽主要包括雀形目鸟类，其种类繁多，善于鸣叫，由鸣管控制发音。鸣管结构复杂而发达，大多数种类具有复杂的鸣肌附于鸣管的两侧。鸣禽是鸟类中最进化的类群，分布广，能够适应多种多样的生态环境，因此外部形态变化复杂，相互间的差异十分明显。大多数属小型鸟类；嘴小脚短。鸣禽多数种类营树栖生活，少数种类为地栖。常见种类有：小云雀 *Alauda gulgula*（图3-84A）、金腰燕 *Hirundo daurica*（图3-84B）、白鹡鸰 *Motacilla alba*（图版Ⅻ：K）、粉红胸鹨 *Anthus roseatus*（图版Ⅻ：L）、长尾山椒鸟 *Pericrocotus ethologus*（图3-84J）、白头鹎 *Pycnonotus sinensis*（图版ⅩⅢ：B）、领雀嘴鹎 *Spizixos semitorques*（图版ⅩⅢ：A）、虎纹伯劳 *Lanius tigrinus*（图版ⅩⅢ：C）、棕背伯劳 *Lanius schach*（图3-84C）、黑枕黄鹂 *Oriolus chinensis*（图3-84D）、黑卷尾 *Dicrurus macrocercus*（图版ⅩⅢ：D）、八哥 *Acridotheres cristatellus*（图版ⅩⅢ：E）、丝光椋鸟 *Sturnus sericeus*（图版ⅩⅢ：F）、红嘴蓝鹊 *Urocissa erythrorhyncha*（图版ⅩⅢ：G）、喜鹊 *Pica pica*（图版ⅩⅢ：H）、大嘴乌鸦 *Corvus macrorhynchos*（图版ⅩⅣ：J）、褐河乌 *Cinclus pallasii*（图版ⅩⅢ：I）、鹊鸲 *Copsychus saularis*（图版ⅩⅢ：J）、北红尾鸲 *Phoenicurus auroreus*（图版ⅩⅢ：K）、

红尾水鸲 *Rhyacornis fuliginosus*（图版ⅩⅢ:L）、乌鸫 *Turdus merula*（图版ⅩⅣ:A）、黑背燕尾 *Enicurus immaculatus*（图3-84E）、寿带（*Terpsiphone paradisi*）（图版ⅩⅣ:B）、白颊噪鹛 *Garrulax sannio*（图版ⅩⅣ:C）、橙翅噪鹛 *Garrulax elliotii*（图版ⅩⅣ:D）、红嘴相思鸟 *Leiothrix lutea*（图3-84I）、棕头鸦雀 *Paradoxornis webbianus*（图版ⅩⅣ:E）、黄腰柳莺 *Phylloscopus proregulus*（图3-84G）、红头长尾山雀 *Aegithalos concinnus*（图版ⅩⅣ:F）、大山雀 *Parus major*（图3-84F）、白腰文鸟 *Lonchura striata*（图版ⅩⅣ:G）、金翅雀 *Carduelis sinica*（图版ⅩⅣ:H）、黑尾蜡嘴雀 *Eophona migratoria*（图版ⅩⅣ:I）、三道眉草鹀 *Emberiza cioides*（图3-84H）等。

图3-85　常见攀禽

A. 冠鱼狗 B. 戴胜 C. 白腰雨燕 D. 棕腹啄木鸟

图3-86　常见猛禽

A. 金雕 B. 红隼 C. 雀鹰 D. 长耳鸮 E. 短耳鸮 F. 斑头鸺鹠

（5）攀禽

攀禽是善于攀缘树木的鸟类，一般为对趾足，即脚短健，两趾向前，两趾向后，或外趾能向后旋转，呈半对趾足。主要包括鹦形目、鹃形目、鴷形目、佛法僧目、戴胜目、夜鹰目等。攀禽的食性差异很大，夜鹰目、雨燕目鸟类主要捕食飞行中的昆虫，鴷形目、鹃形目鸟类主要取食栖身于树木中的昆虫幼虫，鹦形目鸟类、佛法僧目犀鸟科鸟类主要取食植物的果实和种子，佛法僧目翠鸟科的鸟类则以鱼类为食物。常见种类有大杜鹃 *Cuculus canorus*（图版XIV：K）、普通翠鸟 *Alcedo atthis*（图版XII：J）、冠鱼狗 *Megaceryle lugubris*（图3-85A）、戴胜 *Upupa epops*（图3-85B）、白腰雨燕 *Apus pacificus*（图3-85C）、棕腹啄木鸟 *Dendrocopos hyperythrus*（图3-85D）等。

（6）猛禽

猛禽的体形一般较大，肉食性或腐食性，性格凶猛；嘴和爪锐利，翅膀强而有力，善于捕捉动物。主要包括隼形目（鹰隼类）和鸮形目（猫头鹰等）两大类。前者如普通鵟 *Buteo buteo*（图版XIV：L）、金雕 *Aquila chrysaetos*（图3-86A）、雀鹰 *Accipiter nisus*（图3-86C）、红隼 *Falco tinnunculus*（图3-86B）等；后者如长耳鸮 *Asio otus*（图3-86D）、短耳鸮 *Asio flammeus*（图3-86E）、斑头鸺鹠 *Glaucidium cuculoides*（图3-86F）等。鹰隼类是白天活动，多停留在树上或岩崖等处，伺机捕食；鸮形目类则主要在夜间进行捕食活动。

九、哺乳类

哺乳类（兽类）具有许多独特特征，显著区别于其他各纲动物的特征，一是雌性有乳腺，并以乳汁哺育幼子；二是体表被毛。因具备了这些独特特征，大大提高了后代的成活率，增强了对自然环境的适应能力。

1. 调查方法

野外实习时，兽类很难见到，能见到的主要是啮齿类和动物园里的兽类。哺乳类野外实习主要包括啮齿类的采集与标本制作，动物园参观等。在可能的条件下，可以利用红外线照相机调查雉鸡类和各种兽类。

（1）捕鼠方法

针对啮齿目，尤其是小型的鼠类，可以采取鼠夹、鼠笼、粘鼠板等多种捕捉工具进行捕捉。其中鼠夹和鼠笼均是根据老鼠活动经过，触发陷阱设计，而粘鼠板主要通过板上的强力胶来粘住鼠类。

（2）红外触发相机陷阱调查法

相关设备及使用方法见本书第一章。

2. 代表类群

根据实习的实际情况，以下主要介绍野外常见的几种小型兽类及动物园常见类群。

（1）野外常见兽类

在野外实习过程中，大多数兽类很难在野外观察到。一般可以见到褐家鼠 *Rattus norvegicus*

(图3-87A)、小家鼠 *Mus musculus*（图3-87C)、黄胸鼠 *Rattus flavipectus*（图3-87D)、赤腹松鼠 *Callosciurus erythraeus*（图3-87B)、草兔 *Lepus capensis*（图3-87E）等。

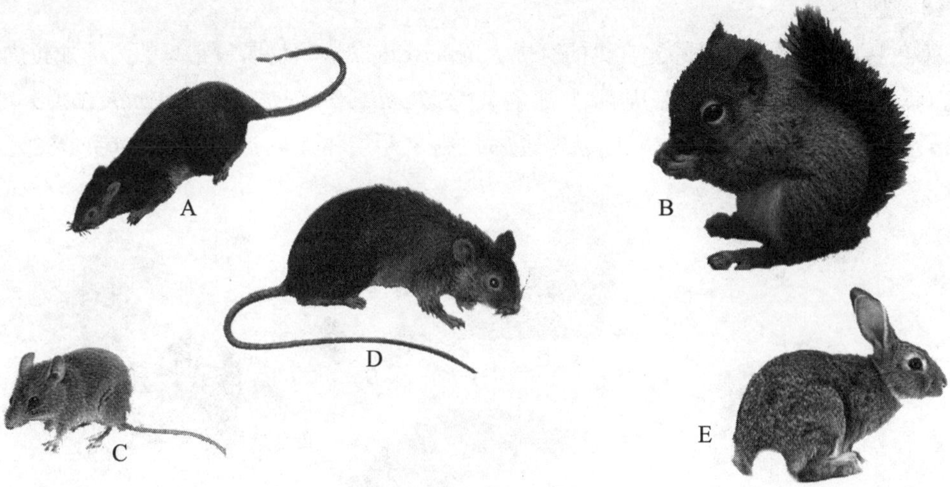

图 3-87　野外常见兽类

A. 褐家鼠 B. 赤腹松鼠 C. 小家鼠 D. 黄胸鼠 E. 草兔

图 3-88 常见草食动物

A. 斑马 B. 梅花鹿 C. 双峰驼 D. 长颈鹿 E. 亚洲象 F. 斑羚 G. 鬣羚 H. 扭角羚

（2）草食动物

草食动物主要包括奇蹄目和偶蹄目种类。奇蹄目主要为马科和斑马科。而偶蹄目包括猪科、鹿科、牛科等。动物园主要有斑马 *Equus*(图3-88A)、扭角羚 *Budorcas taxicolor*(图3-88H)、鬣羚 *Capricornis sumatraensis*（图3-88G)、斑羚 *Naemorhedus gora*（图3-88F)、梅花鹿 *Cervus nippon*（图3-88B)、长颈鹿 *Giraffa camelopardalis*（图3-88D)、双峰驼 *Pilus cameli*（图3-88C)、亚洲象 *Elephas maximus*（图3-88E）等。其中扭角羚有一对似牛的角，角从头部长出后突然翻

转向外侧伸出，然后折向后方，角尖向内，呈扭曲状；而斑羚与鬣羚皆似羊，斑羚似鬣羚幼体，但毛较鬣羚短，尾也较短。

（3）猛兽

猛兽主要是指食肉目种类，常见的有虎 *Panthera tigris*（动物园最常见的为孟加拉虎和东北虎，我国有东北虎和华南虎两个亚种）、豹 *Panthera pardus*、狮子 *Panthera leo*、黑熊 *Selenarctos thibetanus*、大熊猫 *Ailuropoda melanoleuca*、小熊猫 *Ailurus fulgens* 等（图3-89）。

图 3-89 常见猛兽

A. 豹 B. 黑熊 C. 狮子 D. 大熊猫 E. 小熊猫 F. 虎

（4）灵长类

动物园中常见的灵长类有猕猴 *Macaca mulatta*、猩猩 *Pongo Pygmmaeus*、山魈 *Mandrillus sphinx*、狒狒 *Papio cynocephalus*、金丝猴 *Rhinopithecus* 等（图3-90）。中国金丝猴分为川金丝猴、黔金丝猴和滇金丝猴，主要区别在体色上，川金丝猴颜色最为鲜艳，分布于四川、甘肃和陕西。黔金丝猴背面灰色为主，腹面为浅黄色，分布于贵州。滇金丝猴黑色为主，分布于云南、四川和西藏东部。均已被列为国家一级保护动物。

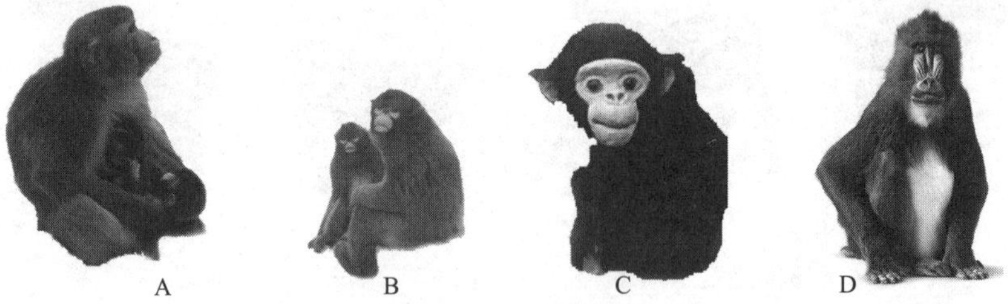

图 3-90 常见灵长类

A. 川金丝猴 B. 猕猴 C. 猩猩 D. 山魈

第四篇

生态系统多样性实习

第四篇　生态系统多样性实习

一、种群生命表的编制与存活曲线

生命表是描述种群死亡过程及存活情况的一种有用工具。可以体现各年龄组的实际死亡数、死亡率、存活数目和群内个体未来预期余年(即平均期望年龄)。生命表的意义在于提供一个分析和对比种群个体起作用生态因子的函数数量基础。也可以利用生命表中的数据,描述存活曲线图,说明种群各年龄组在生命过程中的数量,说明不同年龄的生存个体随年龄的死亡和生存率的变化情况。由于动物和植物在年龄的区分上有所不同,因此,在编制生命表时也会有所差别。本实习以植物种群生命表为例,来说明生命表的编制原理和方法。

1. 生命表的编制方法

调查或利用已有的材料,如利用调查某地区植物种群的年龄数据编制生命表,原始数据见表4-1。

表 4-1　植物种群静态生命表

年龄(x)	开始生存数(n_x)	死亡数(d_x)	从 x 到(x+1)期的平均存活数(L_x)	期望平均年龄(e_x)	死亡率($1000q_x$)
0	1000				
1	880				
2	800				
3	415				
4	162				
5	66				
6	33				
7	0				

划分年龄阶段:划分的方法依植物类别的不同而有所不同,通常采用5年为一个年龄阶段。确定森林群落中乔木种群个体年龄的方法通常有三种,以年轮确定乔木种群个体的年龄、以乔木种群个体发育阶段确定种群年龄世代、以胸径和树高确定森林乔木种群个体的年龄阶段,其中通过胸径和树高来估计各个树木的年龄这种方法既没有像用年轮测定年龄的费时和费力,又克服了以种群个体发育阶段确定年龄阶段的缺陷,在建立乔木种群静态生命表时,这是理想的确定种群个体年龄的方法。

根据综合比较，乔木种群通常划分为以下5个年龄阶段最为合适，见表4-2。

表4-2　乔木种群年龄阶段的划分

胸径及树高	植物种群年龄阶段
树高 <33cm	Ⅰ级幼苗
树高 >33cm，胸径 <2.5cm	Ⅱ级幼树
胸径 2.5 ～ 7.5cm	Ⅲ级小树
胸径 7.5 ～ 22.5cm	Ⅳ级壮树
胸径 >22.5cm	Ⅴ级老树

调查数据：按年龄阶段分别记入表中。如“n_x”表示实际观察值或实际调查数，只有一列数值，就可以算出生命表中其他各栏的值。许多生命表习惯采用10的倍数个体为基础计算。

生命表中各栏数据的关系和计算方法如下：

$$n_{x-1}=n_x-d_x$$

$$q_x=d_x/n_x$$

$$L_x=(n_x+n_{x+1})/2$$

$$T_x=L_x+L_{x+1}+\cdots+L_{最大}$$

$$e_x=T_x/n_x$$

式中：x——年龄段；

n_x——在 x 期开始时的存活数目；

d_x——从 x 到 x+1 期的死亡数目；

q_x——从 x 到 x+1 期的死亡率；

e_x——x 期开始时的平均生命期望或平均余年；

L_x——从 x 到 x+1 期的平均存活率；

T_x——超过 x 年龄的总个体数。

2. 生命存活曲线

生命表是研究种群数量动态的一种方法，一份完整的生命表反映了种群数量动态特征，如种群某个发育阶段的死亡原因、死亡数量和表示种群时间特征的存活率等。

生命存活曲线以生命表中年龄（x）为横坐标，相对年龄存活数（n_x）的常用对数值为纵坐标。因此，在某一特定时刻，种群同龄个体随时间移动而减少，可以用一条曲线表示，这条曲线称为存活曲线（见图4-1）。存活曲线大致可分为三大类型：

Ⅰ型：凸型的存活曲线，表示种群在接近于生理寿命之前，只有个别死亡，即几乎所有个体都能达到生理寿命。

Ⅱ型：呈对角线的存活曲线，表示各年龄期的死亡率是相等的。

III 型：凹型的存活曲线，表示幼体的死亡率很高，以后的死亡率低而稳定。

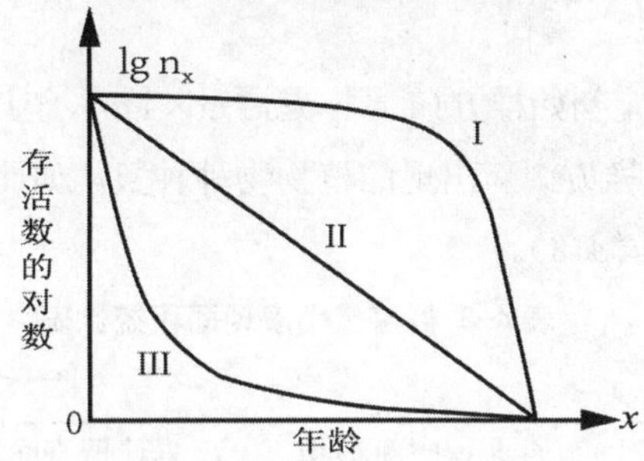

图 4-1 存活曲线类型

3. 实习操作

利用森林群落学野外样方调查数据，编制建群种种群的静态生命表，并绘制生命存活曲线。

二、样方法及群落的数量特征分析

样方法（quadrat method）是植物群落调查中使用最普遍的取样技术。样方是以一定面积的样地作为整个研究区域的代表。样方的大小、形状和数目主要取决于所研究群落的性质，也可以根据最小样地原则确定取样的大小。样方数目根据群落的类型、性质和结构而定。取样时，样方越多，代表性越大，但所费人力、物力也越大。取样误差与取样数量的平方成反比，若想减少1/3的误差，就要增加9倍的取样数。

通过野外实习，掌握如何运用样方法调查、分析植物群落的数量特征。

1. 群落最小样地面积的调查与确定——种—面积曲线

在植物群落内选取样地，选取的样地需要尽量避免人为干扰和影响。当样地确定后，按图4-2所示对样地内的植物物种进行计数。进行计数的初始样方的面积应当合适，如初始样方面积可设置为1m×1m。

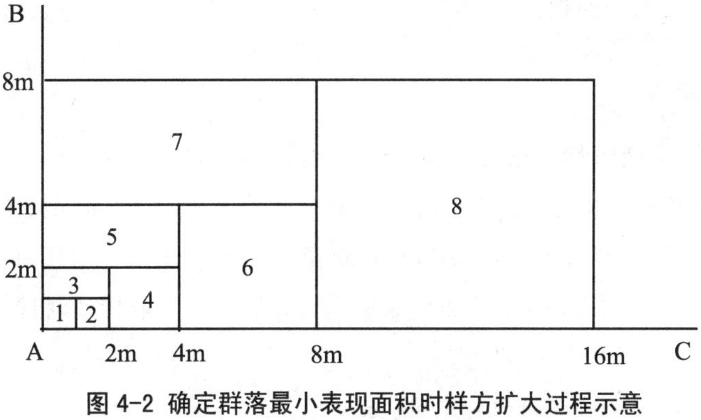

图 4-2 确定群落最小表现面积时样方扩大过程示意

① 在研究样地内任意选择一点A，固定，然后设置B、C两点，固定。取样绳连接B、A、C，使之呈直角。

② 在邻近原点A处确定初始样方（1号样方，1 m×1 m），统计该样方内的植物种数。

③ 扩大样方，统计2号样方中新出现的植物物种种数。如此逐渐扩大样方面积，统计扩大样方中出现的新物种种数（表4-3）。

表4-3 群落最小表现面积统计表

群落类型：

调查的样方面积（m^2）	调查面积中新增物种的名称	累计调查面积（m^2）	累计调查面积中物种总数
…			

绘制种—面积曲线：调查并记录样方中出现的种，随着样方数增多和样地总面积的增大，出现物种的总数亦增多。但到一定面积后，种数却甚少再增加，以样地面积为横轴，以种数为纵轴，可以绘出物种数量—样地面积曲线（图4-3）。

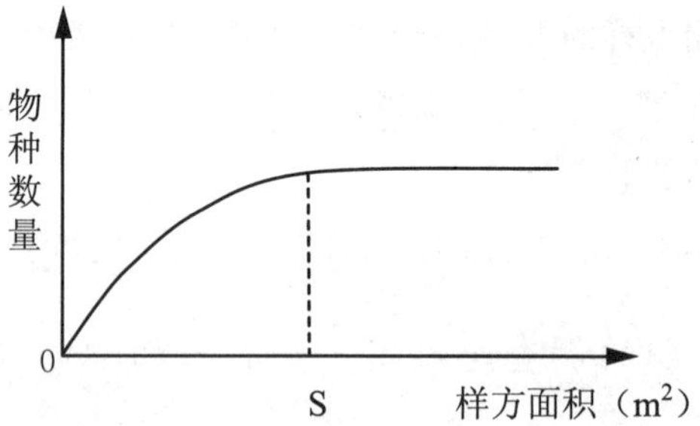

图4-3 物种数量—样地面积曲线示意图

确定群落最小表现面积：根据物种种类数目随取样样地面积变化而绘制的种—面积曲线在最初快速上升，而后增加速率逐渐降低。当曲线开始呈水平延伸时，该点所指示的样地面积即为群落最小表现面积。

2. 样方设置

在不同类型植物群落中心位置分别设置典型样方，样方形状可以是正方形也可以是长方形，样方面积要求大于该类型群落的最小样地面积，并尽量保持为整数，如森林群落设置为20 m×20 m，灌丛群落为5 m×5 m，草丛群落为2 m×2 m等。群落样方内采用十字分割法将样方等分为4个小样方，并在小样方内采取垂直分层法分层取样，即将群落划分为乔木层、灌木层、草本层，逐个调查记录。

群落层次划分及调查内容主要包括：

① 乔木层：高度 $h>5$ m 的乔木层（幼林通常为高度 $h>3$ m），对该层进行每木测定，调查记录植物种名、高度（m）、胸径（围）（cm）等。

② 灌木层：高度 $h \leqslant 5$ m（幼林高度 $h \leqslant 3$ m）的木本植物，包括乔木幼苗、幼树，调查记录植物种名、盖度（冠幅）、高度（m）和株数等。

③ 草本层：群落中高度 $h \leqslant 5$ m（幼林高度 $h \leqslant 3$ m）的草本植物，调查记录植物种名、高度（m）、盖度（%）和株数等。

3. 调查记录

逐一调查记录群落各个小样方植物物种数量特征，并记录群落环境概况，填入表4-4。

表 4-4　群落样方调查记录表

样方编号：　　　　调查人：　　　　记录日期：　　　　记录人：

植被类型			环境特征					
地点名称			坡形		海拔高程（m）	坡位	坡向	坡度
样地面积								
经纬度						郁闭度		
层次	种类组成及其生长状况							
乔木层	种名	高度（m）	冠幅（m^2）	胸径（cm）	种名	高度（m）	冠幅（m^2）	胸径（cm）
	…				…			
灌木层	种名	高度（m）	盖度（%）	株数	种名	高度（m）	盖度（%）	株数
	…				…			
草本层	种名	高度（m）	盖度（%）	株数	种名	高度（m）	盖度（%）	株数
	…				…			

4. 整理数据资料

密度反映单位面积的个体数，显著度反映单位面积的植株底面积或植冠覆盖面积。在样方调查过程中乔木的显著度为胸高断面积（h=1.3 m），灌木、草本的显著度则为植冠盖度。频度是指群落中某植物出现的样方数占全部调查样方数的百分率，它反映了物种分布的均匀程度。重要值是描述物种在群落组成中的重要性的综合指标。群落样方植物物种数量特征各指标计算如下：

① 密度 = 样地内某物种个体数目 / 样地面积

② $$相对密度 = \frac{某种植物的密度}{样地内所有植物物种的密度之和} \times 100\%$$

③ 频度 = 含有某物种的小样方数 / 样地内小样方总数

④ $$相对频度 = \frac{某植物物种的频度}{所有植物物种频度之和} \times 100\%$$

⑤ $$相对显著度 = \frac{某物种所有个体胸高断面积之和}{所有物种胸高断面积之和} \times 100\%$$

⑥ $$相对盖度 = \frac{某物种的盖度}{所有物种盖度之和} \times 100\%$$

⑦ 重要值 = (相对密度 + 相对频度 + 相对显著度) / 3

确定各个种的密度、显著度和频度值，然后计算出密度、显著度和频度的相对值，三者相对值又合并为重要值，计算后填入表4-5。

表 4-5 群落样方植物物种数量特征统计表

群落名称：

物种名称	密度	相对密度	频度	相对频度	相对显著度	重要值	重要值序
…							
总和							

5. 群落综合描述

根据调查，整理计算的结果，从外貌、结构组成等描述整个群落。

6. 器具和药品

植物群落样方调查主要器具包括：样绳、皮尺、胸径尺、钢卷尺、罗盘仪、海拔表、手持式

GPS、望远镜、照相机、植物标本夹、枝剪、标签、坐标纸、样方表格、铅笔、记录本等。

罗盘仪是用于测定群落样地的坡向、坡度(俯仰角度)、距离、高度及测绘简单地图的一种简易测量器材。手持式GPS可便捷地测定群落样方的地理位置、海拔高度、坡向等数据,同时提供航线、航迹计算长度、面积等各种野外测量数据,实现航点、航线、航迹存储、加载标准格式地形图数据等。

三、收割法测定植被初级生产量

生态系统中的能量流动开始于绿色植物通过光合作用对太阳能的固定,这也是生态系统中的第一次能量固定,因此植物所固定的太阳能或所制造的有机物质称为初级生产量或第一性生产量(primary production)。植物所固定的能量有一部分被植物自己的呼吸消耗掉,剩下的可用于植物生长和生殖,这部分产量称为净初级生产量,而包括呼吸消耗在内的全部产量,称为总初级生产量。净初级生产量是可供生态系统中其他生物(主要的各种动物和人)利用的能量,测定植被的初级生产量可以直接反映植被的有机物质生产能力,也是探讨陆地生态系统能量流动的首要环节。

生产量(production)通常用每年每平方米所生产的有机物质干重 [$g/(m^2 \cdot a)$] 或每年每平方米所固定的能量值 [$J/(m^2 \cdot a)$] 表示。收割法测定植被初级生产量,即通过定期收割植被,干燥到重量不变,然后以每年每平方米的干物质重量 [$g/(m^2 \cdot a)$] 来表示,该方法简单易行,可操作性强,是陆地生态系统测定初级生产量的常用方法,要求学生能够熟练掌握。

1. 样地设置

为了实习的可操作性,以草本植物群落样地为研究对象,运用典型样方法进行取样,即选择样地应遵循下列原则:

① 群落的分布面积相对较大,在分布上具有较强的代表性。

② 样地中主要优势种的分布较为均匀。

③ 群落结构完整,层次分明。

④ 样地内土壤和地形一致,群落的中心位置避免过渡地段。

根据群落的情况来决定样地大小及数目,如高度小于2m的草本植物群落样地面积可设置为$1m^2$(1m×1m),高度大于2m的可设置为$4m^2$(2m×2m)。样地用皮尺测量圈定,并在样地的四角竖立标杆。

同时,记录下调查日期、地点、样地面积、经纬度、海拔、坡度、坡向、坡位等。

2. 取样

对设置好的样地内全部草本植物进行调查,确定植物种类、高度、盖度等数量指标,并记录。

用镰刀、铲子等工具收割样地草本植物地上部分。

将样品按物种分开，及时装入自封袋中，以防水分损失，做好标记。带回实验室称鲜重。

3. 样品干燥

将样品放入牛皮纸信封中，做好标记，置于烘箱中80℃烘至恒重（24~48 h）。

烘干后的样品在玻璃干燥器中冷却5 min后，用精度值0.01 g以上的电子天平称干重，记录数据，填入表4-6，并计算各物种的干鲜比。

4. 草本群落现存量的计算

样地内草本群落地上部分现存量（即草本群落的生物量）= 样地内所有物种地上部分干重 / 样地面积；由样地草本群落地上部分现存量，估算所选取的草本群落地上部分的现存量。

5. 实习操作

① 设置草本植物群落样地，并将样地调查数据填入表4-6。

② 计算所选取草本植物群落样地地上部分的现存生产量。

③ 分析各个物种生物量在整个群落中的比重。

表 4-6 草本群落现存生物量测定记录表

样地编号：　　调查人：　　记录日期：　　记录人：

群落名称			经纬度		
样地面积		坡度 / 坡向		海拔高程（m）	
植物名称	高度（m）	盖度（%）	地上部分鲜重	地上部分干重	干鲜比
…	…	…	…	…	…
总和					

6. 器具与药品

植被生产量测定主要器具包括：记录纸、记号笔、标签纸、称量纸、硅胶干燥剂、自封袋、牛皮信封、标杆、卷尺、枝剪、电子分析天平、电热恒温鼓风干燥箱、玻璃干燥器等。

电子分析天平主要用于植物、土壤等样本重量的便捷、精确测定。电热恒温鼓风干燥箱采用数显温度调节仪进行温度控制，控温灵敏、操作简便、性能可靠，数字直接显示出工作温度，直观易读。温度可在室温至300℃之间任意恒温；能自动切断电源，保护设备和试品。

四、森林生态系统观测

森林生态系统是陆地生态系统中最重要的类型之一。世界森林类型依据气候带主要划分为：北方针叶林、温带森林、亚热带常绿阔叶林、热带雨林等。其中，亚热带常绿阔叶林是亚热带湿润地区典型的地带性森林植被类型，主要分布在东亚，特别是在中国分布最广，北起秦岭山地，南到北回归线附近及北热带地区的山地，西达云贵高原和西藏南部山地，东达中国台湾中部山地，分布区属于明显的亚热带季风气候，夏季炎热而潮湿。森林生态系统并不是一个静止、封闭的系统，其结构与演替过程随时间而变化，长期的演替发展过程是在生物量的构建、能量的贮藏与释放、种类的改变过程中，伴随着短期从小到大的干扰或者大规模的灾难性事件中群落的重建、成熟、衰亡的过程。干扰状况与树木生物学特征结合在一起，就形成了森林群落的动态变化过程。

因此，通过观测森林生态系统的结构和演替特征动态变化，对于深刻理解生态系统多样性，理论联系实际，培养对生态学学习的兴趣，具有重要的意义。

1. 气候因子观测

光强的测定：运用照度计测定。

温度、湿度的测定：运用干湿球温度表、最高温度表、最低温度表、曲管地温表等测定森林空气温度、湿度以及土壤温度。

其他指标：观察记录自动气象站采集的气压、温度、湿度、风向、风速、雨量、蒸发量、日照、辐射、地温等全部或部分气象要素。

2. 土壤理化性质测定

土壤物理性质：土壤含水量、毛管含水量、饱和含水量、土壤比重（比重瓶法）、土壤容重（环刀法）、土壤总空隙度及毛管孔隙度等。

土壤化学性质：全氮（土壤肥力的重要指标）、碱解氮（与水热条件以及植物生长期等相关）、全磷（植物生长所需重要养分）、速效磷、全钾、速效钾、土壤有机质含量、土壤 pH（影响土壤肥力的因素之一，直接影响土壤养分的存在状况、转化和有效性）等。

3. 植物光合、蒸腾作用观测

采用便携式光合作用系统测定森林群落中不同植物的叶片光合、蒸腾作用过程中的相关指标，如叶片胞间 CO_2 的浓度、CO_2 同化速率、净光合速率、光合有效辐射以及气孔导度、蒸腾速率等。

4. 植被演替现象观察

在保护区或森林保护较好的区域，通过设置样线、样方等方式，调查区域内不同的植被类型，结合演替理论，分析区域内的群落演替类型，如按照演替的起始条件划分为原生演替、次生演替等。同时，运用演替顶级学说解释区域内群落演替的方向、过程以及演替方式等。

5. 生态系统的组成和结构观察

根据实习区域不同类型森林生态系统的分布和组成情况，全面分析森林生态系统的非生物环境（如：能源、气候、基质和介质等，以及各种无机元素、化合物、有机物质等）、生产者（主要是各类绿色植物）、消费者（主要是各种动物）和分解者（主要是微生物），并结合生态系统的食物链、食物网等理论分析生态系统中各个组成成分之间的能量流动、物质循环和信息传递等相互关系，观察、分析自然生态系统是如何实现自我调节的。

第五篇

生物多样性综合调查研究

第五篇　生物多样性综合调查研究

一、调查研究的内容和方法

生物多样性综合调查研究可以是对某地域开展动物、植物、生态多样性的全面调查研究，也可以就某一具体的内容作调查研究。

全面的综合调查研究可以以某一自然保护区或森林公园或自然环境较好的区域为研究对象，综合植物多样性、动物多样性、生态系统多样性的研究方法，对研究对象的自然环境条件、植物多样性及其特点、动物多样性及其特点、植被的基本类型及分布进行研究，并对研究区域的生物多样性现状做出科学的评价。生物多样性的综合调查以研究小组为单位，一般以10~15人为宜。研究小组成员应在查阅文献资料的基础上，研究制定调查工作方案，经指导教师审查其科学性和可行性后，再行组织实施。

也可以3~5人为一小组就植物学或动物学或生态学某一专题开展调查研究。下面列举了部分题目供读者参考：

- 某地区蕨类植物区系调查分析
- 某地区苔藓植物调查及其生态研究
- 某水域浮游藻类植物资源现状调查
- 某地区大型真菌的多样性调查研究
- 不同类型植物营养器官结构差异的观察与比较
- 被子植物系统分类的形态学基础研究
- 某地田间杂草调查研究
- 某地区资源植物调查研究
- 某地区某类群种子植物区系特征研究
- 野生花卉的种类及利用研究
- 两栖动物物种多样性研究
- 两栖动物胚胎发育研究
- 两栖动物食性分析的研究
- 爬行动物物种多样性研究
- 爬行动物食性分析的研究
- 某特定区域(如校园、小区、池塘水域等)鸟类的种类及数量统计

- 观察某种鸟类的日活动规律
- 鸟巢大小、形状、密度、材质等与鸟类种类的关系
- 鸟类育雏行为观察
- 以动物园的兽类为对象，调查园内不同兽类的饲养及管理方法
- 夹日法调查某区域啮齿类的种类和数量
- 某个池塘、河流或水库浮游动物种类调查分析
- 某个池塘、河流或水库浮游动物生物量调查分析
- 某个小溪、河流或水库底栖动物种类调查分析
- 某个小溪、河流或水库底栖动物生物量调查分析
- 陆生寡毛纲动物在不同生境中的分布
- 蚯蚓卵蚕茧的观察
- 蚯蚓体节数的统计分析
- 调查土壤无脊椎动物的多样性
- 空间无脊椎动物多样性调查与分析
- 某种昆虫捕食、交配、防御等行为观察
- 某种蜘蛛的结网、捕食、求偶与交配等行为观察
- 某生境昼夜活动的昆虫类群观察
- 黑夜不同时间段活动的昆虫类群差异性调查研究
- 四川山矾种群生命表的编制与存活曲线
- 四川大头茶林、马尾松林群落样方调查及数量特征对比分析
- 收割法测定丝茅草丛群落现存生物量测定
- 四川大头茶林或桤林森林生态系统观测

生物多样性综合调查研究活动是一项严肃的教学活动，应当以认真负责的态度高质量执行和完成。在开展生物多样性综合调查的工作中，要注意以下几个方面：

(1) 按照预定方案认真实施，遇到困难要及时与指导教师沟通，积极想办法克服困难完成预定的工作任务。如遇特殊情况，不能按照预定方案实施的，必须向带队教师请示。

(2) 遵守实习纪律，不单独行动；野外实习路线必须听从带队教师的安排，不得随意活动，以防止迷路。

(3) 如用到毒瓶、毒管、麻醉类药品等危险品，一定要按照实验操作的具体要求严格执行，如在使用过程中出现上述危险品的破损、丢失、泄漏等情况，应及时报告指导教师并进行妥善处理。

(4) 注意保护自然环境和生物多样性，在保护区内不得随意采集标本或攀折、践踏花木；对动物资源是否捕捉，请按有关保护规定和指导教师的要求执行。

(5) 注意原始数据的记录工作，确保获取第一手图文或影像资料。当天的数据应当在返回驻地后及时整理，发现数据缺失，应拟定计划及时补充。

（6）在野外工作时，应充分发扬团结协作、互相帮助的精神，注意防范自然灾害或有毒有害生物的伤害。野外工作过程中决不可随意采摘野果、野菜、蘑菇等食用，也应尽量避免饮用山泉、河流、湖泊中的水，以防发生中毒现象。严禁到水库、河流游泳。

二、生物多样性综合调查研究报告

研究小组在完成野外调查工作后，应及时对调查数据进行整理和统计，结合参考资料和文献，对研究对象的生物多样性进行分析和科学评价，完成综合调查报告的撰写。

下面是研究报告的写作框架，供读者参考。

1.封面格式

××自然保护区
生物多样性综合调查研究报告

××大学

××年××月

2. 扉页格式

指导教师：××× 教授

报告编写人员：×××、×××、×××

野外调查人员：×××、×××、×××、×××

×××、×××、×××、×××

3. 正文格式

前言

目录

第 1 章 总论

1.1 地理位置
1.2 自然资源概况
1.3 社会经济

第 2 章 自然环境

2.1 地质
2.2 地形、地貌
2.3 气候、水文
2.4 土壤
2.5 自然灾害

第 3 章 植物多样性

3.1 调查研究方法
3.2 藻类植物
3.3 菌类和地衣
3.4 维管植物区系组成
3.5 种子植物区系分析
3.6 珍稀濒危及国家重点保护植物
3.7 经济资源植物

第 4 章 植被

4.1 调查研究方法
4.2 植被分类原则、单位和系统
4.3 植被类型概述
4.4 植被分布特征
4.5 植被生产力与生物量

第 5 章 动物多样性

5.1 无脊椎动物
5.2 鱼类
5.3 两栖类
5.4 爬行类
5.5 鸟类
5.6 兽类
5.7 珍稀保护与特有动物

第 6 章 生态系统多样性

6.1 调查研究方法
6.2 生态系统多样性
6.3 景观生态系统
6.4 原始林生态系统

第 7 章 旅游资源

7.1 自然旅游资源
7.2 人文旅游资源
7.3 旅游开发现状
7.4 旅游开发对环境的影响及其保护对策

第 8 章 社区社会经济概况

8.1 社区社会经济概况
8.2 产业结构
8.3 人口民族
8.4 社区发展情况

第 9 章 自然保护区评价

9.1 生物资源评价
9.2 生态系统评价
9.3 旅游资源评价
9.4 科研价值评价
9.5 管理评价

第 10 章 保护区建设与管理

10.1 保护成效
10.2 保护区建设和存在的不足
10.3 保护区管理对策

主要参考文献

附录

附表 1 ××自然保护区维管植物名录
附表 2 ××自然保护区珍稀濒危及国家重点保护植物名录
附表 3 ××自然保护区脊椎动物名录
附表 4 ××自然保护区国家重点保护野生动物名录

附录一：生物多样性实习基地

1.九寨沟国家级自然保护区

九寨沟国家级自然保护区位于四川省阿坝藏族羌族自治州九寨沟县境内，1997年被联合国纳入世界生物保护区网。该保护区面积约为6万公顷，是我国第一个以保护自然风景为主要目的的自然保护区。保护区地势南高北低，山谷深切，高差悬殊，区北缘九寨沟口海拔仅2000m，中部峰岭均在4000m以上，南缘达4500m以上，主沟长30多公里。保护区有种子植物132科，604属，1988种，国家级保护植物有四川红杉、星叶草、三尖杉、白皮杉、麦吊云杉、领春木、连香树等。保护区有陆栖脊椎动物122种，其中兽类21种，鸟类93种，爬行类4种，两栖类4种；保护区内有国家级保护动物，一级有大熊猫、金丝猴、豹、白唇鹿、扭角羚、绿尾虹雉；二级有猕猴、小熊猫、林麝、斑羚、蓝马鸡、红腹锦鸡、红腹角雉、斑尾榛鸡、雉鹑、金雕等。

2.卧龙自然保护区

卧龙自然保护区位于四川盆地西缘，邛崃山脉东南坡，四川省阿坝藏族羌族自治州东南部，岷江上游汶川县映秀镇西侧，成都平原向青藏高原过度的高山深谷地带，东经100°52'~103°25'，北纬30°45'~31°25'，东西宽60公里，南北长63公里。东与汶川县映秀镇连接，西与宝兴、小金县接壤，南与大邑、芦山两县毗邻，北与理县及汶川县草坡乡为邻。

卧龙自然保护区整个地势由西北向东南递减，皮条河从保护区的西南向东北将保护区分为两大块，河的西北部山大峰高、河谷深切，大部分山峰的海拔高度超过4000m。在西北部边缘沿巴朗山至四姑娘山，以及北部与理县接壤的山地，海拔高度均在5000m左右，构成了一道天然屏障。超过5000m的山峰近百座，境内最高峰——四姑娘山高达6250m，为四川省第二高峰，皮条河的东南部，地势相对平缓，除个别山峰外，海拔一般不超过4000m，东南部中河及西河流域的大部分地区海拔在2000m以下，东部的木江坪海拔最低，仅1150m。受地势的影响，保护区内的河流大体由西北向东南流，河谷形态多样，主要河流有皮条河、耿达河。

卧龙自然保护区属青藏高原气候区的东缘，由于本身的地理位置和地形的影响，形成了典型的亚热带内陆山地气候，年均相对湿度为80.3%，年均气温8.5℃ ±0.5℃。卧龙自然保护区森林覆盖面积达11.8万公顷，约占保护区总面积的56.7%，灌丛草甸覆盖面积约3.04万公顷，复杂多变的自然条件造成了植物种类与群落的多样性。据已采集的植物标本统计，区内植物有近4000种；记录在案的高等植物有217科，814属，1989种，其中，苔藓植物174种，蕨类植物191种，裸子植物20种，被子植物1604种；被列为国家级保护的珍贵濒危植物达24种，其中一级保护植物有珙桐、连香树、水清树，二级保护植物9种，三级保护植物13种。

卧龙自然保护区以“熊猫之乡”、“宝贵的生物基因库”、“天然动植物园”享誉中外，有着丰富的动植物资源和矿产资源。区内共分布着100多只大熊猫，约占全国总数的10%。被列为国家级重点保护的其他珍稀濒危动物金丝猴、羚牛等共有56种，其中属于国家一级重点保护的野生动物共有12种，二类保护动物44种。据统计，区内其他动物种类如：脊椎动物有450种，其中兽类103种，鸟类283种，两栖类21种，爬行类25种，鱼类18种；昆虫约1700种。

3.缙云山国家级自然保护区

重庆缙云山国家级自然保护区位于重庆市北碚区、沙坪坝区、璧山县境内，东经106°17'43"~106°24'50"，北纬29°41'08"~29°52'03"，海拔350~951.5m，为华蓥山腹式背斜山脉一个分支的一段，面积7600hm^2。缙云山自然保护区地质构造属川东褶皱带华蓥山帚状弧形构造，褶皱带由明显的北北东—南南西走向的三个背斜，两个向斜构成，构造单元由西北向东南分别为牛鼻峡背斜、温汤峡背斜和观音峡—中梁山背斜组成，背斜之间有宽缓的澄江向斜和北碚向斜谷地，嘉陵江由西北向东南横切三个背斜和两个向斜，因而形成三个险峻的峡谷，即牛鼻峡、温汤峡、观音峡。缙云山的土壤为以三叠纪须家河组厚层石英砂岩、炭质页岩和泥质砂岩为母质风化而成的酸性黄壤及水稻土。山麓地区为侏罗纪由紫色砂页岩夹层上发育的中性或微石灰性的黄壤化紫色土。

缙云山的南段为箱形山脊，顶部平缓；全山西翼较缓，坡度20°左右，东翼较陡，坡度60°~70°，因此两翼植物和植被有所不同。缙云山有植物246科，922属，1966种，其中国家级珍稀濒危保护植物45种，特色植物38种；节肢动物门共有2纲，20目，147科，1264种。其中昆虫纲有17目，119科，1071种，蛛形纲共3目，28科，193种。缙云山现有陆生野生脊椎动物共4纲，21目，51科（另有2个亚科），189种。其中两栖纲1目，3科，8种；爬行纲2目，6科，21种；鸟纲12目，30科（另有2个亚科），134种；哺乳纲6目，12科，26种。

4.四面山

四面山位于江津市南部，幅员面积213.37km^2，东经106"17'~106"30'VH，北纬28"31'~28"43'之间，系云贵高原大娄山北侧余脉，北连市域内柏林镇凤场、中山镇千年古镇景区和永兴镇大圆洞国家森林公园景区；南与贵州习水亚热带天然林保护区三岔河景区接壤；西与四川合江佛宝国家森林公园景区毗邻，紧连贵州赤水国家重点风景名胜区和赤水"活化石"桫椤保护区，组合成渝、川、黔三省（市）四县（市）旅游金三角，面积2900km^2，辖区内保存着第三世纪以来的植被，生长着3.5亿年前的古热带和古温带植物，是地球同纬度仅存的规模最大、保护最完好的亚热带常绿阔叶林区，被联合国生态专家确定为地球上难得的"天然物种基因库"，也是全球植被最丰富，水质最洁，空气最纯的地区之一，是镶嵌在地球同纬度上的一颗"绿色明珠"。

四面山属于中亚热带季风湿润气候，年日照时数867h，年均气温13.7℃，年均降雨量1522.3mm，海拔在500~1700m之间，最高海拔吴蚣坝1709.4m；四面山水资源丰富，水资源由茶坝河、飞龙河两大水系组成，天然形成了龙潭湖、洪海湖、珍珠湖等8座高山湖泊，水域面积107.1hm^2，景区内大小溪流40多条，由此造就瀑布成群，瀑瀑相连，蔚为壮观。

景区内有动植物6000多种，中华双扇蕨、桫椤等被列为国家一级保护植物。在四面山受到国家重点保护的珍稀植物有银杏、香果树、红豆杉、福建柏、秃杉等数十种，受到国家重点保护的珍稀动物有云豹、猕猴、林麝、獐子、大小灵猫、豹鼠、水獭、白鹳、弹琴娃、白鹇、红腹锦鸡等23种。

5.江西井冈山国家级自然保护区

江西井冈山国家级自然保护区位于江西省西南部，湘赣两省交界的罗霄山脉中段万洋山中部，革命圣地井冈山境内，东经114°04′05″~114°16′38″，北纬26°38′39″~26°40′03″，属森林生态类型自然保护区，总面积21499 hm^2。

江西井冈山国家级自然保护区主要保护的对象是中亚热带湿润常绿阔叶林生态系统及其生物多样性。区内植被起源古老，素有“第三纪型森林”、“天然动植物园”和“亚热带绿色明珠”之称，植被类型多样，生物资源十分丰富。分布有常绿阔叶林、落叶阔叶林等12个植被类型，92个植被群系，维管束植物达280余科，800余属，3400多种，脊椎动物（不含鱼类）有406种，昆虫有3000多种，其中有国家Ⅰ级保护野生植物南方红豆杉、伯乐树、银杏、资源冷杉4种，国家Ⅱ级保护野生植物36种，井冈山特有植物24种；有国家Ⅰ级保护野生动物黄腹角雉、白颈长尾雉、金斑喙凤蝶、豹、云豹、华南虎6种，国家Ⅱ级保护野生动物金猫、大灵猫、四川短尾猴等36种，区内还有目前世界上同纬度保存最完整的中亚热带天然常绿阔叶林，是研究中国乃至全球中亚热带生物资源的重要基地。

6.武夷山国家级自然保护区

江西武夷山国家级自然保护区位于江西省东部，铅山县南沿，武夷山脉北段西北坡，位于北纬27°48′11″~28°00′35″，东经117°39′30″~117°55′47″之间，保护区总面积16007 hm^2。武夷山国家级自然保护区是以保护中亚热带中山地自然生态系统及其生物多样性为主森林生态型自然保护区，享有“大陆东南第一峰”之称的高2160.8 m的武夷山脉主峰“黄岗山”就坐落在保护区内。保护区核心区面积4835 hm^2，占保护面积的30.2%；缓冲区面积2021 hm^2；实验区面积9151 hm^2；森林覆盖率达到95%以上，是江西极罕见的原始状态森林的主要分布区域。

保护区地处中亚热带，属海洋性气候和大陆性气候的过渡地带，年均气温为14.2℃，年平均降水量2583 mm，相对湿度年平均84%。并因特殊的地理位置，复杂的地貌，使得境内生物多样性非常丰富。现已初步查明有野生脊椎动物458种，昆虫已鉴定的有1337种，高等植物2829种，大型真菌61种。区内分布的野生脊椎动物中属国家重点保护的有50种，占江西分布种数的56.2%；属江西省重点保护的陆生脊椎动物有75种，占江西重点保护种数的66.4%；昆虫中有国家重点保护2种，属江西省重点保护的有4种；列入1999年国务院颁布的国家重点保护濒危植物名录（第一批）的有21种，占江西分布种数的40%；属江西省重点保护的植物有72种，占江西重点保护种数的44%。丰富的动植物资源、水热资源、特殊的地形和茂密的森林覆盖使该区成为中国中亚热带重要的中山森林生态系统。

7. 梵净山国家级自然保护区

梵净山国家级自然保护区位于贵州省的江口、印江、松桃三县交界处，北纬27°49′50″~28°1′30″，东经108°45′55″~108°48′30″ 面积41900 hm²，主要保护对象为亚热带森林生态系统及黔金丝猴、珙桐等珍稀动植物，是中国6个加入联合国“人与生物圈”世界性自然保护区的成员之一。

梵净山是武陵山脉的主峰，最高海拔2572 m，具明显的中亚热带山地季风气候特征。本区为多种植物区系地理成分汇集地，植物种类丰富，古老、孑遗种多，植被类型多样，垂直带谱明显，为我国西部中亚热带山地典型的原生植被保存地。保护区植物种类有277科，795属，1955种，其中，裸子植物有6科，14属，19种，占全国种类数的9.5%，种子植物144科，460属，1155种，占全国种类数的4.6%；苔藓类50科，127属，245种，占全国种类数的11.1%；蕨类38科，85属，183种，占全国种类数的7.0%，大型真菌45科，123属，372种，占全国真菌数的4.7%；其中国家重点保护植物有珙桐等21种，并发现有大面积的珙桐分布；保护区已初步记录在案的动物有800多种，其中兽类8目，23科，68种，占全国种类数的13.6%，鸟类16目，39科，191种，占全国的6.2%；爬行类3目，9科，41种，占全国的10.9%；两栖类2目，8科，34种，占全国的12.2%；鱼类4目，9科，48种，陆栖寡毛类2科，21种；昆虫18目，目前已知400多种，尚有不断的新属新种报道；其中国家重点保护动物有黔金丝猴等14种，并为黔金丝猴的唯一分布区。

8. 雷公山自然保护区

雷公山自然保护区位于贵州省东南部苗岭山地的雷公山，苗岭山脉横贯黔西、黔中、黔南及黔东南，连绵近千公里，跨雷山、台江、剑河、榕江四县。其地理位置在东经108°09′~108°22′，北纬26°15′~26°22′之间。面积47333 hm²；主峰海拔2178.8 m，属长江和珠江流域分水岭，是清水江和都柳江水系主要支流的发源地。

雷公山地区属中亚热带季风山地湿润气候区，具有冬无严寒、夏无酷暑、雨量充沛的气候特点；年平均温度山顶9.2℃，山麓14.7℃ ~16.3℃；雷公山地区气候的垂直差异明显和坡向差异显著。雷公山地区雨量较多，年降雨量大致在1300~1600 mm之间，以春、夏季降水较多，而秋、冬季降水较少。

雷公山资源丰富，气候类型多样，为多种多样的生物物种生长发育提供了良好的生态环境。雷公山山地土壤垂直带明显，自山麓至山顶分布有山地黄壤、山地黄棕壤和山地灌丛草甸土。雷公山地带性植被，属我国中亚热带东部偏湿性常绿阔叶林，主要组成树种是以栲属、木莲属、木荷属。随着地势升高，气候、土壤、植被发生了变化，形成植被的垂直分布。海拔1350 m以下是常绿阔叶林，以栲、石栎、木莲、木荷为优势；1350~2100 m 是山地常绿、落叶阔叶混交林，主要种类有水青冈、亮叶水青冈、多脉青冈；2100 m 以上是高山灌丛，杜鹃花属和箭竹占优势。

保护区种子植物有137科，349属，920种，蕨类植物有41科，89属，249种，苔藓植物有46科，76属，112种。保护区陆栖脊椎动物有20目，50科，224种，其中兽类7目，1科，34种，鸟类11目，

25科，112种，两栖类2目，8科，22种，爬行类56种，鱼类有4目，10科，29种；昆虫有18目，80科600多种。列为国家保护的植物有秃杉（台湾杉）等43种；列为国家保护的动物有猕猴、穿山甲和林麝等11种，其中的雷山髭蟾为新发现。

9.西双版纳国家级自然保护区

保护区位于云南省西双版纳傣族自治州，面积241776 hm^2（由勐腊、尚勇、勐仑、勐养、曼搞五大片组成），1993年加入联合国教科文组织“人与生物圈”保护区网，主要保护对象为热带森林生态系统和珍稀动植物。

本区属热带湿润气候，全区低山连绵、河流纵横、四季常青，是中国除海南省外热带原始林保存最好的地区，以“动植物王国”闻名中外。已鉴定的高等植物约3890种，其中国家重点保护植物有望天树、版纳青梅、苏铁、藤枣、黑黄檀、滇南风吹楠、千果榄仁、四数木、合果木、大叶木兰、红椿、粗枝崖摩、桫椤等53种；陆生脊椎动物有620种，其中国家重点保护动物有绿孔雀、黑长臂猿、亚洲象等24种。本区的特有植物有细蕊木莲等30种，特有动物有双带鱼螈等7种。

10.云南文山国家级自然保护区

保护区位于滇东南文山壮族苗族自治州的文山县和西畴县境内，地理坐标为东经103°53′~104°10′、104°41′~104°52′，北纬23°16′~23°25′、23°21′~23°24′，总面积26867 hm^2，属森林生态系统类型的自然保护区。保护区分布有维管束植物228科，1046属，3347种（据后文统计），其中蕨类植物41科，100属，262种，种子植物187科，946属，3085种，分布密度达每平方公里有12.5种维管束植物；其中有国家一级重点保护野生植物5种，二级重点保护野生植物32种。分布有兽类9目，29科，60属，86种，鸟类13目，37科，221种，两栖爬行类5目，22科，56属，92种，鱼类4目，15科，44属，60种（亚种），昆虫11目，75科，222种；其中国家一级重点保护野生动物18种，二级重点保护野生动物20种。该区也是我国植物区系的核心部分，是种子植物演化中心，古老和新生类类群在此地同时发展，而形成一个植物演化的历史博物馆，可看到许多种子植物清晰的演化史。

参考文献：

[1] 安建梅，芦荣胜．动物学野外实习指导 [M]. 北京：科学出版社，2008.

[2] 鲍毅新．生物学野外实习 [M]. 杭州：浙江大学出版社，2011.

[3] 蔡柏岐，杨新芳．华北陆栖涡虫初报——土笄蛭 [J]. 河南师范大学学报(自然科学版)，1990，2：110.

[4] 彩万志，庞雄飞，花保祯等．普通昆虫学 [M]. 北京：中国农业大学出版社，2001.

[5] 迟德富．保护生物学野外实习手册 [M]. 北京：高等教育出版社，2011.

[6] 邓洪平，孙敏，张家辉．植物学实验教程 [M]. 重庆：西南师范大学出版社，2011.

[7] 董聿茂等．中国动物图谱 [M]. 北京：科学出版社，1982.

[8] 方文珍．华南地区常见动植物图鉴 [M]. 北京：高等教育出版社，2010.

[9] 费梁，叶昌媛，黄永昭等．中国两栖动物检索及图解 [M]. 成都：四川科学技术出版社，2005.

[10] 费梁，孟宪林，王蘅等．常见蛙蛇类识别手册 [M]. 北京：中国林业出版社，2005.

[11] 冯富娟．植物学野外实习手册 [M]. 北京：高等教育出版社，2010.

[12] 冯虎元，高岚．生物学野外综合实习教程 [M]. 北京：高等教育出版社，2011.

[13] 高翔．多足纲动物的形态分类简介 [J]. 生物学教学，1989，(3)：28~30.

[14] 郭冬生．常见鸟类野外识别手册 [M]. 重庆：重庆大学出版社，2007.

[15] 国庆喜，孙龙．生态学野外实习手册 [M]. 北京：高等教育出版社，2010.

[16] 韩联宪，杨亚非．中国观鸟指南 [M]. 云南：云南教育出版社，2004.

[17] 贺学礼． 植物学 [M]． 北京：科学出版社，2008.

[18] 贺运春．真菌学 [M]. 北京：中国林业出版社，2008.

[19] 黄宏金，蔡智全，李万洲等．中国淡水鱼类原色图集 [M]. 上海：上海科学技术文献出版社，1996.

[20] 李朝品．医学节肢动物学 [M]. 北京：人民卫生出版社，2009.

[21] 李海燕，易祖盛，舒琥等．动物学野外实习教程 [M]. 广州：华南理工大学出版社，2007.

[22] 李宏庆，王幼芳，马炜梁． 植物学实验指导 [M]． 北京：高等教育出版社，2007.

[23] 林凤，邵美妮．高等植物分类学野外实习指导 [M]. 北京：中国农业大学出版社，2007.

[24] 林汉梅译．克里斯托弗•奥图尔主编．倍足纲和唇足纲．昆虫百科全书 [M]. 哈尔滨：黑龙江科学技术出版社，2008.

[25] 刘凌云，郑光美．普通动物学 [M]. 北京：高等教育出版社，2009.

[26] 刘世彪．生物学野外实习教程：实践与创新 [M]. 北京：中国农业科学技术出版社，2008.

[27] 刘月英等．中国经济动物志·淡水软体动物 [M]. 北京：科学出版社，1979.

[28] 陆时万，徐祥生，沈敏健．植物学（上册）[M]. 北京：高等教育出版社，1991.

[29] 罗蓉 . 贵州兽类志 [M]. 贵阳 . 贵州科技出版社 . 1993.

[30] 卯晓岚 . 中国大型真菌 [M] . 郑州：河南科学技术出版社，2000.

[31] 齐钟彦等 . 中国动物图谱：软体动物 [M]. 北京：科学出版社，1985.

[32] 赛道建，安利国，程波等 . 动物学野外实习教程 [M]. 北京：科学出版社，2005.

[33] 沈嘉瑞 . 中国动物志：节肢动物 甲壳纲 淡水桡足类 [M]. 北京：科学出版社，1979.

[34] 宋大祥等 . 蚂蟥 [M] . 北京：科学出版社，1978.

[35] 宋志顺，宋大祥，朱明生 . 唇足纲和蜈蚣目多足动物的系统分类 [J]. 辽宁师范大学学报（自然科学版）. 2004，27（1）：69~72.

[36] 孙红英，周开亚，盖永华，等 . 多足动物的系统发生 . 见尹文英，宋大祥，杨星科等 . 六足动物（昆虫）系统发生的研究 . 北京：科学出版社，2008.

[37] 孙振钧 . 生态学实验与野外实习指导 [M] . 北京：化学工业出版社，2010.

[38] 吴国芳，冯志坚，马炜梁等．植物学（下册）[M].．北京：高等教育出版社，1992.

[39] 王焕冲，肖蘅，叶辉 . 植物学野外实习指导 [M] . 北京：高等教育出版社，2012.

[40] 王家楫 . 中国淡水轮虫志 [M]. 北京：科学出版社，1961.

[41] 王加连，唐伯平，刘忠权 . 动物学野外实习指导 [M]. 南京：东南大学出版社，2009.

[42] 王明书，孙敏，白志川．结构植物学实验指导 [M]．重庆：西南师范大学出版社，2003.

[43] 王松主编，赵尔宓分主编 . 中国濒危动物红皮书：两栖类和爬行类 [M]. 北京：科学出版社，1998.

[44] 王幼芳，李宏庆，马炜梁．植物学实验指导 [M]．北京：高等教育出版社，2007.

[45] 王酉之，胡锦矗 . 四川兽类原色图鉴 [M]. 北京 . 中国林业出版社 . 1999.

[46] 魏学智 . 植物学野外实习指导 [M]. 北京：科学出版社，2008.

[47] 肖娅萍，田先华 . 植物学野外实习手册 [M]. 北京：科学出版社，2011.

[48] 邢来君，李明春 . 普通真菌学 [M]. 北京：高等教育出版社，1999.

[49] 徐润林，缪文波 . 生物学野外综合实习指导 [M]. 北京：高等教育出版社，2001.

[50] 尹文英 . 中国土壤动物检索图鉴 [M]. 北京：科学出版社，1998.

[51] 尹祖棠．种子植物实验与实习 [M]．北京：北京师范大学出版社，2004.

[52] 袁锋，张雅林，冯纪年等 . 昆虫分类学（第二版）[M]. 北京：中国农业出版社，2006.

[53] 郑乐怡，归鸿 . 昆虫分类（上下册）[M]. 南京：南京师范大学出版社，1999.

[54] 张崇洲，王大庆 . 多足总纲 . 见尹文英，中国亚热带土壤动物 . 北京：科学出版社，1992.

[55] 张崇洲，张福祥 . 蜈蚣与马陆 [J]. 生物学通报，1983，（6）：19~22.

[56] 赵尔宓 . 中国蛇类（上）[M]. 合肥：安徽科学技术出版社，2005.

[57] 赵宏 . 植物学野外实习教程 [M]. 北京：科学出版社，2009.

[58] 张巍巍，李元胜 . 中国昆虫生态大图鉴 [M]. 重庆：重庆大学出版社，2011.

[59] 张志升 . 常见蜘蛛野外识别手册 [M]. 重庆：重庆大学出版社，2011.

[60] 赵海鹏，张耀光 . 西南大学校园鸟类区系与资源初报 [J]. 西南大学学报，2007，29（4）：131~136.

[61] 赵文阁，刘鹏，高智晟 . 脊椎动物学野外实习教程 [M]. 哈尔滨：黑龙江人民出版社，2009.

[62] 郑光美 . 中国鸟类分类与分布名录（第二版）[M]. 北京：科学出版社，2011.

[63] 中国野生动物保护协会 . 中国两栖动物图鉴 [M]. 郑州：河南科学技术出版社，1999.

[64] 中国野生动物保护协会 . 中国爬行动物图鉴 [M]. 郑州：河南科学技术出版社，2002.

[65] 大连水产学院 . 淡水生物学（上册）[M]. 北京：中国农业出版社，1982.

[66] 湖北省水生生物研究所第四研究室无脊椎动物区系组 . 废水生物处理微型动物图志 [M]. 北京：中国建筑工业出版社，1976.

[67] 中国野生动物保护协会 . 中国哺乳动物图鉴 [M]. 郑州：河南科学技术出版社，2005.

[68] 史密斯（美），解焱 . 中国兽类野外手册 [M]. 湖南 . 湖南教育出版社，2009.

[69]Minelli A. Class Chilopoda，Class Symphyla and Class Pauropoda [J]. In：Zhang，Z.-Q.（Ed.）Animal biodiversity：An outline of higher-level classification and survey of taxonomic richness. Zootaxa，2011，（1387）：157~158.

[70]Minelli A.，Bonato L.，Dioguardi R. et al. Chilobase：a web resource for Chilopoda taxonomy. http://chilobase.bio.unipd.it. 2006.

[71]Shelly R. M. The Myriapoda（Millipedes，Centipedes）Featuring the North American Fauna，http://www.nadiplochilo.com/index.html.

[72]Shear W. 2011. Class Diplopoda de Blainville in Gervais，1844 [J]. In：Zhang，Z.-Q.（Ed.）Animal biodiversity：An outline of higher-level classification and survey of taxonomic richness. Zootaxa. Zootaxa，2011，（1387）：159~164.

图版 I

A. 红鬼笔 *Phallus rubicundus*　B. 头状秃马勃 *Calvatia craniiformis*　C. 木耳 *Auricularia auricular*

D. 灵芝 *Ganoderma mirabile*　E. 紫珊瑚菌 *Clavaria purpurea*　F. 钹孔菌 *Coltricia perennis*

G. 云芝 *Polystictus versicolor*　H. 灰鹅膏 *Amanita vaginata*　I. 耳匙菌 *Auriscalpium vulgare*

J. 白黄侧耳 *Pleurotus cornucopiae*　K. 小假鬼伞 *Pseudocoprinus disseminates*　L. 粘盖牛肝菌 *Suillus bovinus*

M. 松乳菇 *Lactarius deliciosus*　N. 裂褶菌 *Schizophyllum commne*　O. 鳞柄长根奥德蘑 *Oudemansiella radicata*

图版 II

A. 巢蕨 *Neottopteris nidus*　B. 贯众 *Cyrtomium fortunei*　C. 芒萁 *Dicranopteris pedata*

D. 中华里白 *Diplopterygium chinense*　E. 翠云草 *Selaginella uncinata*　F. 铁线蕨 *Adiantum capillus-veneris*

G. 肾蕨 *Nephrolepis cordifolia*　H. 光叶碗蕨 *Dennstaedtia scabra var. glabrescens*

I. 荷叶铁线蕨 *Adiantum reniforme* var. *sinense*　J. 狗脊蕨 *Woodwardia japonica*　K. 海金沙 *Lygodium japonicum*

L. 红盖鳞毛蕨 *Dryopteris erythrosora*　M. 华南紫萁 *Osmunda vachellii*　N. 桫椤 *Alsophila spinulosa*　O. 蜈蚣草 *Pteris vittata*

图版III

A. 苏铁 *Cycas revoluta*　B. 银杏 *Ginkgo biloba*　C. 金钱松 *Pseudolarix amabilis*

D. 华北落叶松 *Larix gmelinii* var. *principis-rupprechtii*　E. 马尾松 *Pinus massoniana*　F. 柳杉 *Cryptomeria japonica* var. *sinensis*

G. 雪松 *Cedrus deodara*　H. 杉木 *Cunninghamia lanceolata*　I. 池杉 *Taxodium distichum* var. *imbricatum*

J. 油麦吊云杉 *Picea brachytyla* var. *complanata*　K. 铺地柏 *Juniperus procumbens*　L. 塔柏 *Sabina chinensis* cv. *pyramidalis*

M. 侧柏 *Platycladus orientalis*　N. 罗汉松 *Podocarpus macrophyllus*　O. 南方红豆杉 *Taxus wallichiana* var. *mairei*

图版Ⅳ

A. 胡桃 *Juglans regia* B. 化香树 *Platycarya strobilacea* C. 板栗 *Castanea mollissima* D. 花叶冷水花 *Pilea cadierei*

E. 毛花点草 *Nanocnide lobata* F. 金荞麦 *Fagopyrum dibotrys* G. 石竹 *Dianthus chinensis* H. 紫玉兰 *Magnolia liliiflora*

I. 荷花玉兰 *Magnolia grandiflora* J. 近轮叶木姜子 *Litsea elongata* var. *subverticillata*

K. 石龙芮 ***Ranunculus sceleratus*** L. 红睡莲 *Nymphaea rubra* M. 石楠藤 *Piper wallichii*

N. 狗枣猕猴桃 *Actinidia kolomikta* O. 鱼木 *Crateva formosensis*

图版V

A. 红花继木 *Loropetalum chinense* var. *rubrum*　B. 中华蚊母 *Distylium chinense*　C. 虎耳草 *Saxifraga stolonifera*

D. 海桐 *Pittosporum tobira*　E. 火棘 *Pyracantha fortuneana*　F. 茅莓 *Rubus parvifolius*

G. 双荚决明 *Cassia bicapsularis*　H. 毛桐 *Mallotus barbatus*　I. 巴豆 *Croton tiglium*　J. 伯乐树 *Bretschneidera sinensis*

K. 马比木 *Nothapodytes pittosporoides*　L. 薄果猴欢喜 *Sloanea leptocarpa*　M. 凤仙花 *Impatiens balsamina*

N. 缙云四照花 *Dendrobenthamia ferruginea* var. *jinyunensis*　O. 石榴 *Punica granatum*

图版VI

A. 三色堇 *Viola tricolor*　B. 天蓝变豆菜 *Sanicula caerulescens*　C. 江南越橘 *Vaccinium mandarinorum*

D. 落地梅 *Lysimachia paridiformis*　E. 罗浮柿 *Diospyros morrisiana*　F. 鸡蛋花 *Plumeria rubra*

G. 牛皮消 *Cynanchum auriculatum*　H. 展枝玉叶金花 *Mussaenda divaricata*　I. 马缨丹 *Lantana camara*

J. 益母草 *Leonurus japonicus*　K. 夏枯草 *Prunella vulgaris*　L. 缙云黄芩 *Scutellaria tsinyunensis*

M. 白英 *Solanum lyratum*　N. 东风草 *Blumea megacephala*　O. 天名精 *Carpesium abrotanoides*

图版Ⅶ

A. 萱草 *Hemerocallis fulva*　B. 菝葜 *Smilax china*　C. 红花文殊兰 *Crinum amabile*

D. 蝴蝶花 *Iris japonica*　E. 鸭跖草 *Commelina communis*　F. 白鹤芋 *Spathiphyllum kochii*

G. 孔雀竹芋 *Calathea makoyana*　H. 马蹄莲 *Zantedeschia aethiopica*　I. 水蜈蚣 *Kyllinga brevifolia*

J. 风车草 *Cyperus alternifolius* subsp. *flabelliformis*　K. 垂穗苔草 *Carex brachyathera*　L. 毛竹 *Phyllostachys heterocycla*

M. 薏苡 *Coix lacryma-jobi*　N. 大花蕙兰 *Cymbidium floribundum*　O. 金兰 *Cephalanthera falcate*

图版 VIII

A. 异囊地蛛 *Atypus heterothecus* B. 新平拟隙蛛 *Pireneitega xinping* C. 拟环纹豹蛛 *Pardosa pseudoannulata*

D. 宋氏丝蛛 *Sergiolus songi* E. 伪遁蛛 *Pseudopoda* sp. F. 横纹金蛛 *Argiope bruennichi*

G. 日本拟肥腹蛛 *Parasteatoda japonica* H. 佐贺后鳞蛛 *Metleucauge kompirensis*

I. 盘触拟蝇虎 *Plexippoides discifer* J . 锡金哈猫蛛 *Hamataliwa sikkimensis*

K. 黑斑狡蛛 *Dolomedes nigrimaculatus* L. 波纹花蟹蛛 *Xysticus croceus*

图版 IX

A. 库光胫锹甲 *Odontolabis cuvera*　B. 黄粉鹿花金龟 *Dicranocephalus wallichi*　C. 尖翅吉丁 *Sphenoptera* sp.

D. 趾铁甲 *Dactylispa* sp.　E. 凸胸驼龟甲 *Taiwania tumidicollis*　F. 异螋 *Allodahlia scabriuscula*

G. 银杏天蚕蛾 *Saturnia japonica*　H. 枯叶蛱蝶 *Kallima inachis*　I. 秀蛱蝶 *Pseudergolis wedah*

J. 熊蜂 *Bombus* sp.　K. 翡螽 *Phyllomimus* sp.

图版 X

A. 短柄大蚊 *Nephrotoma* sp.　B. 金黄指突水虻 *Ptecticus aurifer*　C. 狭须甲蝇 *Spaniocelyphus* sp.

D. 硕蝽 *Eurostus ochraceus*　E. 四川犀猎蝽 *Sycanus sichuanensis*　F. 窗翅叶蝉 *Mileewa margheritae*

G. 白痣广翅蜡蝉 *Ricanula sublimata*　H. 武陵意草蛉 *Italochrysa wulingshana*

I. 圆端斑鱼蛉 *Neochauliodes rotundatus*　J. 神女单脉色蟌 *Matrona oreades*　K. 二翅蜉 *Cloeon* sp.

图版XI

A. 峨眉林蛙 *Rana omeimontis*　B. 泽陆蛙 *Fejervarya multistriata*　C. 花臭蛙 *Odorrana schmackeri*

D. 沼水蛙 *Hylarana guentheri*　E. 黑斑侧褶蛙 *Pelophylax nigromaculata*　F. 斑腿泛树蛙 *Polypedates leucomystax*

G. 铜蜓蜥 *Sphenomorphus indicus*　H. 虎斑颈槽蛇 *Rhobdophis tigrina*　I. 尖吻蝮 *Deinagkistrodon acutus*

J. 翠青蛇 *Eurypholis major*　K. 王锦蛇 *Elaphe carinata*　L. 赤链蛇 *Dinodon rufozonatum*

图版Ⅻ

A. 普通鸬鹚 *Phalacrocorax carbo* B. 苍鹭 *Ardea cinerea* C. 白鹭 *Egretta garzetta* D. 黑天鹅 *Cygnus atratus*
E. 鸳鸯 *Aix galericulata* F. 绿头鸭 *Anas platyrhynchos* G. 灰胸竹鸡 *Bambusicola thoracica*
H. 矶鹬 *Actitis hypoleucos* I. 珠颈斑鸠 *Streptopelia chinensis* J. 普通翠鸟 *Alcedo atthis*
K. 白鹡鸰 *Motacilla alba* L. 粉红胸鹨 *Anthus roseatus*

图版XⅢ

A. 领雀嘴鹎 *Spizixos semitorques*　B. 白头鹎 *Pycnonotus sinensis*　C. 虎纹伯劳 *Lanius tigrinus*

D. 黑卷尾 *Dicrurus macrocercus*　E. 八哥 *Acridotheres cristatellus*　F. 丝光椋鸟 *Sturnus sericeus*

G. 红嘴蓝鹊 *Urocissa erythrorhyncha*　H. 喜鹊 *Pica pica*　I. 褐河乌 *Cinclus pallasii*

J. 鹊鸲 *Copsychus saularis*　K. 北红尾鸲 *Phoenicurus auroreus*　L. 红尾水鸲 *Rhyacornis fuliginosus*

图版XIV

A. 乌鸫 *Turdus merula* B. 寿带 *Terpsiphone paradisi* C. 白颊噪鹛 *Garrulax sannio* D. 橙翅噪鹛 *Garrulax elliotii* E. 棕头鸦雀 *Paradoxornis webbianus* F. 红头长尾山雀 *Aegithalos concinnus* G. 白腰文鸟 *Lonchura striata* H. 金翅雀 *Carduelis sinica* I. 黑尾蜡嘴雀 *Eophona migratoria* J. 大嘴乌鸦 *Corvus macrorhynchos* K. 大杜鹃 *Cuculus canorus* L. 普通鵟 *Buteo buteo*

图版XV

寒温性针叶林（外貌）

寒温性针叶林（内部）

暖性针叶林（外貌）

暖性针叶林（内部）

常绿阔叶林（外貌）

常绿阔叶林（内部）

落叶阔叶林（外貌）

落叶阔叶林（内部）

图版XVI

硬叶常绿阔叶林（外貌）

硬叶常绿阔叶林（内部）

竹林（外貌）

竹林（内部）

针阔叶混交林（外貌）

针阔叶混交林（内部）